中共北京市委党校（北京行政学院）学术文库系列丛书

王菲 著

从讼师到律师
清末民初法律服务群体转型研究

中国社会科学出版社

图书在版编目(CIP)数据

从讼师到律师：清末民初法律服务群体转型研究 / 王菲著. --北京：中国社会科学出版社，2024.6.
(中共北京市委党校（北京行政学院）学术文库系列丛书).
ISBN 978-7-5227-3809-3

Ⅰ. D929.5

中国国家版本馆 CIP 数据核字第 2024EW2887 号

出 版 人	赵剑英
责任编辑	郭　鹏　马　明
责任校对	孟繁粟
责任印制	王　超

出　版	中国社会科学出版社
社　　址	北京鼓楼西大街甲 158 号
邮　　编	100720
网　　址	http://www.csspw.cn
发 行 部	010-84083685
门 市 部	010-84029450
经　　销	新华书店及其他书店

印　　刷	北京明恒达印务有限公司
装　　订	廊坊市广阳区广增装订厂
版　　次	2024 年 6 月第 1 版
印　　次	2024 年 6 月第 1 次印刷

开　　本	710×1000　1/16
印　　张	18
字　　数	286 千字
定　　价	108.00 元

凡购买中国社会科学出版社图书，如有质量问题请与本社营销中心联系调换
电话：010-84083683
版权所有　侵权必究

内容提要

本书以清末民初的讼师和律师为研究对象，阐述特定历史时期的法律服务群体由传统向近现代转型问题。基于讼师与律师的身份和功能角度，中国古代的讼师可视为传统法律服务人群，新出现的律师则是近现代法律服务群体。简言之，旧的是讼师，新的是律师，新旧法律服务群体发生转型，讼师消失，西式律师制度建立。

对中国而言，律师是西方舶来品。中国传统社会一直有讼师活动。讼师在中国传统社会和法律生活中，是非常特殊的存在，他们基于民间需求而生存，从未取得法定身份；从春秋时期最早的诉讼代理人，经唐宋延续，宋时讼师这一名称正式出现，再经元明清发展，至清末几乎到了"词讼必由讼师"的状况。但是讼师始终处于矛盾困境之中，一方面是官方明确的严控压抑，另一方面是民间存在的广泛需求。

清末民初中国社会发生根本性变化。西方国家势力日强，中华文明受到巨大冲击，受外力压迫，晚清政府变法修律，经数千年知识和实践经验累积的中华传统法律制度解体，西方的法律制度大量引进，律师制度被直接移植到中国。综合来看，中西方接触碰撞后中华文明优势动摇与消退，是导致各种社会转型发生的诱发因素；伴随西学东渐、民智渐开，为律师出现创造了重要的思想基础，治外法权收回的强烈司法主权愿望，形成官方推动制度变革的最直接动因；外籍律师在华租借地的司法实践，提供了引介、移植律师制度最直接的客观参照。以上种种，构成了清末民初法律服务群体由传统向近现代转型的背景条件。

其中，官方政府的制度构建构成了群体转型最直接的推动力。清末修律初创律师制度的初衷是为了治外法权的收回，受特定历史条件的局限，直到清廷灭亡，清末修律创设的律师制度和其他诉讼制度一样流于形式，并没有真正建立，但是客观上促成"律师兴、讼师灭"，直接推动了法律服务群体从传统向现代的转型。清末变法修律的诸多成果被北洋政府承继，律师制度初创于传统专制时代的清王朝，而在民主共和时期得以实施。从1912年北洋政府的《律师暂行章程》，到1927年南京国民政府的《律师章程》，再到1941年的《律师法》，中国近现代的律师制度从初创到正式确立，从实施到制度体系形成，从西方直接移植的舶来品就此在中国落地生根。

与此同时，传统讼师被摒弃于律师制度之外。清末时期的讼师群体本已成"法外之势"，已经具有重要的社会影响力，在社会转型的巨大变革时期，讼师活动依然活跃。但值得注意的是，在对传统司法体制的否定和重塑过程中，没有取得官方认可的讼师命运无人关注。这一群体天然地不在制度设计者的视野范围内，传统社会的讼师还是被排斥在国家司法体制之外。由此可见，民间百姓客观需要的讼师，根植于中国土地，却始终被官方无视或漠视。他们没有成为社会变革的受益者，而是与旧体制一起成为被革除对象，取而代之的是崭新的律师。

早在律师制度正式确立之前，晚清政府出于实施"新政"的需要，已经着手培养新式法律人才，其中有海外学成归国的留学生，也有国内本土培养的法科毕业生。这些人是新式法律人才，是新型法律服务群体的主要构成者，除此之外还有从法学教职、司法部门转行的人员，也充实了律师队伍。清末政府对新式法律人才的培养，为制度改弦更张以及人员更新提供了必要的客观条件。正因为有了新式人才的充足供给，可以满足新制度之需，所以朝廷无须考虑传统讼师的身份转化和融合，不必担心无人可用。

民国时期，随着律师制度的实际施行，越来越多的律师出现在司法活动中，律师以崭新的形象示人，他们的职业形象和自我确定的职业精神，带来种种"新气象"的同时，也不可避免地出现了"旧残留"。清末至民国，社会动荡，司法状况尤为混乱，前清法律继续援用，新式法院没有普遍建立，特别是"兼理司法"的制度遗留，加之律师制度并没有普遍推开，这些都给讼师活动提供了容留空间，让他们得以惯性生存。中国社会的特有现象再次出现了，一项法定制度的边缘总是会出现灰色地带和灰色人群；新的制度出现，随即出现新的非法定身份，在制度边缘聚集、游弋，创造生存和牟利机会。清末民初的讼师没有因律师出现而立即消失，而是在一段时间内，新旧杂糅形成执业交集，讼师基于惯性继续执业并努力生存，与律师合作且斗争。虽然其作用及影响力无法与此前相比，但是依然顽强地活动着。随着根本性的制度变革和社会转型，"律师兴、讼师灭"已成定势；但因司法的种种现实不足，由此出现的"黑律师"和"非律师"现象，却又耐人寻味。

本书通过观察清末民初从讼师到律师的法律服务群体转型的历史进程，描述"新从何处来""旧向何处去"以及新旧交集的执业状态，透过"新气象"与"旧残留"，探究特定历史背景下舍旧立新的原因，思考从"高尚职业"到"营业职业"的职业精神培育及养护等问题。

任何实质性的制度建设和推进，都离不开本土法治环境、制度土壤的适应改造。如何立足国情，借鉴西方有益经验，理性并妥善面对本土的传统法治资源，在百年前就是一个重要命题，时至今日，依然是无法回避而又必须解决的问题。简单的制度移植，既无力改变传统，也不能解决现实问题。

讼师一行，其亡也忽；律师之兴，法律人还须努力。

目 录

引 言 ………………………………………………………………… 001
 一 缘起 ………………………………………………………… 001
 二 研究现状 …………………………………………………… 003
 三 关于写作框架 ……………………………………………… 006

第一章 名称辨析：相关概念与内涵的解读 ……………………… 010
 第一节 讼师与讼棍之辨析 …………………………………… 010
  一 讼师名称的解读 ………………………………………… 010
  二 讼棍名称的界定 ………………………………………… 012
  三 讼师与讼棍之区别 ……………………………………… 014
 第二节 讼师与律师之辨析 …………………………………… 015
  一 西方早期的诉讼代理人、辩护人 ……………………… 015
  二 词汇的交流互译 ………………………………………… 017
  三 传统讼师与律师的区别 ………………………………… 020
 第三节 关于法律服务群体的界定和解读 …………………… 023
  一 法律服务群体的界定 …………………………………… 023
  二 传统法律服务群体的解读 ……………………………… 026
  三 传统法律服务群体的发展历程 ………………………… 029

第二章 社会变迁：法律服务群体转型的时代背景 ……………… 037
 第一节 西风渐强与中华文明优势的消退 …………………… 037
  一 中西方的接触与碰撞 …………………………………… 037
  二 西方法律思潮的传播 …………………………………… 043

三　日本崛起的刺激 …………………………………………… 048
第二节　西方列强欺压下的外力压迫与内在动力 …………………… 052
　　一　接触中的沉没 ……………………………………………… 052
　　二　外力压迫下的司法主权丧失 ……………………………… 055
　　三　治外法权收回的内在动力 ………………………………… 057
第三节　西方舶来品的参照与影响 …………………………………… 060
　　一　外籍律师的执业活动概况 ………………………………… 060
　　二　外籍律师在华法律事务特点 ……………………………… 065
　　三　外籍律师的执业影响 ……………………………………… 067

第三章　律师制度的创设与发展：法律服务群体转型的制度推动 …………………………………………………………… 073

第一节　清末律师制度的初创设计 …………………………………… 073
　　一　清末修律启动司法体制变革 ……………………………… 073
　　二　晚清政府律师制度的尝试努力 …………………………… 077
　　三　律师制度的初创设计 ……………………………………… 081
第二节　民国律师制度的建设发展 …………………………………… 084
　　一　临时政府对律师制度的推动 ……………………………… 084
　　二　北洋政府的律师制度建设 ………………………………… 086
　　三　南京国民政府的律师法律体系完善 ……………………… 088
第三节　民国律师制度的主要内容 …………………………………… 090
　　一　民国律师资格的限制 ……………………………………… 090
　　二　民国律师考试制度的波折 ………………………………… 093
　　三　律师义务与律师惩戒 ……………………………………… 097

第四章　法外之势：清末讼师的生存实况 ………………………… 101

第一节　清末讼师活动概况 …………………………………………… 101
　　一　讼师活动的地域分布 ……………………………………… 101
　　二　讼师的活动与民间需求 …………………………………… 106
　　三　关于讼师活动的不同表达 ………………………………… 109
第二节　清末讼师群体的构成、分类 ………………………………… 116

         一　讼师群体与科举制度 …………………………………… 116
         二　未仕的生员 …………………………………………… 120
         三　清末讼师的分类与职业化 …………………………… 125
    第三节　清代讼师的执业素养 ………………………………… 129
         一　讼师的基本文字素养 ………………………………… 129
         二　讼师的法律、经史素养 ……………………………… 133
         三　讼师的其他特殊才能与技巧 ………………………… 137
    第四节　清末典型地区的讼师活动 …………………………… 139
         一　基于《樊山政书》的讼师活动统计 ………………… 140
         二　清末陕西讼师的执业处境 …………………………… 145
         三　伴随社会变迁出现的讼师活动新变化 ……………… 149

第五章　新从何处来：律师职业群体的构成 ………………………… 152
    第一节　近代法律教育的兴起 ………………………………… 152
         一　中国传统社会的法律教育 …………………………… 152
         二　清末法政学堂的开设 ………………………………… 155
         三　民国法律教育的发展 ………………………………… 159
    第二节　新兴法律人才与律师群体供给 ……………………… 163
         一　本土法律人才的培养 ………………………………… 163
         二　留学日本的留学生 …………………………………… 168
         三　留学欧美的留学生 …………………………………… 175
    第三节　法律人才的职业转换 ………………………………… 182
         一　法律职业转换的基本情况 …………………………… 182
         二　法律职业转换的原因分析 …………………………… 188
         三　民国律师第一人 ……………………………………… 192

第六章　旧向何处去：传统讼师的命运 ……………………………… 196
    第一节　新旧交集的司法实况 ………………………………… 196
         一　民国的司法乱象 ……………………………………… 196
         二　阻碍司法建设的原因 ………………………………… 203
    第二节　新旧交集中的惯性存在 ……………………………… 209

一　"兼理司法"的旧制度容留 ·· 209
　　二　讼师的惯性生存 ·· 214
　　三　讼师活动空间的转移与身份的转换 ··························· 218
第三节　讼师与律师的合作与斗争 ··· 225
　　一　讼师的生存努力 ·· 225
　　二　与律师的合作与斗争 ··· 228
第四节　"杨三姐告状"案中的讼师与律师 ···························· 233

第七章　新气象与旧残留：变革带来的思考 ·························· 237
第一节　民国律师业的新气象 ·· 237
　　一　民国律师确立的职业使命 ·· 237
　　二　民国律师新形象实录 ··· 241
　　三　民国律师职业团体的创设 ·· 244
第二节　无法消逝的旧残留 ··· 250
　　一　律师执业乱象与社会各界的负面评价 ······················ 250
　　二　民国社会各界对律师的负面评价 ····························· 253
　　三　"非律师"和"黑律师"现象 ································· 256
第三节　思考与困惑 ·· 261
　　一　"兴"与"灭"：舍旧立新的取舍与判断 ················ 261
　　二　从"高尚职业"到"营业职业"：律师职业精神
　　　　确立与养护 ·· 266

参考文献 ··· 273

后　记 ·· 277

引　言

一　缘起

（一）本书选题的确定

1996年，我从吉林大学法学院研究生毕业后分配至北京工作，在教学同时还兼职律师工作，体会到法律人的职业满足和骄傲，也感受到太多艰辛和无奈，法律人的职业理想与现实屡屡冲突。于中国的律师而言，似乎现实是需要它的，有时却显得不重要，甚至是可有可无。中国律师的职业状况始终与理想相去甚远，似乎有一道无法逾越的障碍，无形地却又真实地存在着，阻挡着成为它本应该的样子。

我在吉林大学文科楼上的第一堂课是法学基础理论课，时至今日，我依然读法、学法、用法，算是终身以法律为业。窗外风雨时疏时紧，我一直提醒自己初心不移，多年来的法律从业生涯，我在感性和理性中尽量平衡，快乐着、满足着，也困惑着、愤怒着，在坚持中妥协，在妥协中坚持，希望找寻出答案，以期现实如理想。

2009年我重入恩师霍存福先生门下，攻读法律史博士学位，研究方向是法律文化。多年工作后再考博，还是有些辛苦的，博士入学考试后就给自己放了几天假，去杭州小休，竟然巧遇霍存福老师在杭讲学。西湖边师生闲谈时，霍老师提问：你是做律师的，考虑过没有，清末中国开始有了律师，那么短的时间，出现那么多新的律师，都是怎么来的？原来的讼师又到哪儿去了？霍老师的问题看似简单，但之后好一段时间里，我一直在查阅资料，却没有现成的答案。清末变法修律引发司法制度从传统向近现代的巨大变革，中国近现代的律师制度由此创设，但具体到律师从何处来、讼师向何处去，没有清晰的答案。

这不仅是个有趣的问题，也是一个有意义的研究选题。从晚清政府初创律师制度起，中国的律师即经历着与其他国家迥然有异的独特发展道路，当下律师执业的许多现实困惑，甚至可以追溯至律师制度创设之初，有些旧遗留至今存在，始终无法消除。历史提供给后人的，总是深刻的和耐人寻味的。

（二）研究的意义及目的

1912年民国时期的《时报》上刊登了一篇名为"新陈代谢"的文章，提到发生一系列的新旧更替，其中就有"律师兴、讼师灭"。律师制度作为西方司法制度的舶来品，在中国瞬间出现了，从讼师到律师，时人对新事物顺理成章地接受了，中国的法律服务群体发生了新旧转型。新的律师由哪些人构成，发展如何？旧的讼师是否还存在，其命运如何？新旧群体是兼容并收，还是舍旧立新？从旧到新的转型是人的转型，还是制度转型？百年前法律服务群体的新陈代谢，对当下中国律师业的发展又有何影响？这些问题具有重要的研究意义和现实价值。

中国古代自春秋时就有讼师的活动，虽然讼师从未正式取得官方的法律地位，却因为广泛的民间需求而客观存在，并且一直以独特的方式生存并活跃于社会生活中。他们半地下、半公开地执业，实际上已经构成传统社会的法律服务群体，至明清时期，在经济发展水平较高的江南地区，已经发展到"词讼必由讼师"的程度。传统社会对讼师的态度，不管是民间的赞颂，还是官方的谴责，都可以反映出一个事实：讼师的活动非常活跃，已经具备一定的社会影响力。由此就难免形成这样的局面：一直以独特方式生存并活跃于传统社会生活中的讼师群体，在清末司法体制变革中，完全被无视或漠视，取而代之的，是律师；崭新的司法制度从西方直接移植引入，律师在中国瞬间出现了。

从讼师到律师，是法律服务群体从传统向近现代的历史转型。伴随着清末司法变革进程，"律师兴、讼师灭"。本书尽可能突破现有认识的局限和不足，在梳理中国近现代律师制度创设的同时，关注历史中的人和事件，探究律师群体的整体养成，追寻讼师群体消失轨迹，尽可能地展示出讼师与律师的执业交集状态，对新旧法律服务群体的兴亡进行探索，研究清末民初从讼师到律师法律服务群体的转型问题。

本书既是对中国现代司法制度形成发展的探源，也是对传统司法文化的审视，以期实现如下研究目的。

其一，尽可能全面搜集梳理特定历史时期与讼师、律师相关的资料。挖掘客观线索，观察"律师兴""讼师亡"的背景条件，分析新从何处来、旧向何处去，客观描述律师制度的创设和律师的出现以及讼师的消失，特别是讼师和律师的交集状态。

其二，探寻舍旧立新的原因。探寻为何讼师没有借改革传统法制之机，从半地下的"非法"执业状态转化为合法的身份，为何讼师不在制度设计者的考虑范围内；解读讼师没有转型成为律师，却消逝于社会的原因。

其三，思考当今中国司法文化中传统与现代融合问题。任何西方舶来品的制度移植，其优良与否，并非为舶来品的本来基因所决定，而是与移植环境、土壤、过程关系重大，在法律移植和制度改良过程中，必然影响本土律师制度的基因塑造。

中国的律师制度自创设始，随着时代的发展和社会的进步，无论是社会公众对其的接受与认可，还是国家体制对其的鼓励发展或容纳，始终距离理想甚远。中国的律师之路非坦途，时而进、时而退，归根结底，不是自己法治土壤培育出的，必然要遭遇水土不服。如何兼容传统与现代，汲取西方有益的制度经验，取其精华、舍其糟粕，结合国情，立足本土实际，发展具有中国特色的律师制度，是值得法律人倾注热忱并持续投入研究的课题。

二 研究现状

关于律师和讼师的话题，从整体上看，前人已有的研究分别是关于讼师或者关于律师的，也有就律师和讼师二者的功能进行对比阐述的。

1994 年王申著《中国近代律师制度》，集中论述律师制度在中国的兴起和发展问题，其研讨范围涉及清末和民国时期，梳理了清政府晚期、南京临时政府、北洋政府以及南京国民政府统治时期律师制度的主要内容，也包括外籍律师的早期实践活动。1998 年张耕主编的《中国律师制度研究》，认为中国古代律师制度的萌芽是讼师的法律服务，此书简要介绍了中国近代律师的形成和发展。1998 年徐家力著《中华民国律师制度史》，将中国律师制度的研究向前推进，重点以民国颁布的三部重要律师法典为主线,深入探讨不同阶段律师的内容和特征,集中论述了曹汝霖、沈钧儒等几位著名民国律师的执业活动。2008年陈同著《近代社会变迁中的上海律师》,以近代上海的律师为研究对象,展示律师制度在上海的发生和发展过程,以及这一制度怎样影响上海社会。2012年邱志红著《现代律师的生成与境遇》,以民国时期北京律师群体为中心进行研究,对律师制度在中国的萌生与发展做了梳理,重点研究北京律师公会和律师群体的养成及其执业状态与境遇。

2005年党江舟著《中国讼师文化——古代律师现象解读》,将讼师作为中国古代的律师进行解读,介绍讼师的概况及形成原因,讼师的发展阶段及特征、讼师的执业行为及精神世界以及相关讼师秘本。2011年郭建著《中国讼师小史》,描述了讼师的产生,讼师的法律地位,讼师的执业特点和法律形象。2012年美国学者梅利莎·麦柯丽著《社会权力与法律文化——中华帝国晚期的讼师》(明辉译),是一部关于中国法律与历史的学术力著,非常难得可见的是境外的历史学者对中国讼师文化的热忱投入。麦柯丽——美国西北大学历史系教授,研究领域涉及明清时期及近现代中国史、社会史和法律文化。该书于1998年在美国出版,次年被美国图书馆权威期刊《选择》评为年度"杰出学术著作",作者在认真梳理与分析历史资料的基础上,勾勒出两个似乎截然不同却又异常鲜活的"讼师形象",分别源于官方的与民间的讼师。如作者所言,这样的不同映射出中华帝国晚期对法律问题的官方话语与民间话语之间的紧张关系,书中试图理解和解释,"法律实践与民间文化如何共同融入中华帝国晚期的法律文化之中"。

此外,1997年邱远猷、张希坡的《中华民国开国法制史——辛亥革命法律制度研究》,对近代司法制度进行了梳理;2007年徐小群的《民国时期的国家与社会——自由职业团体在上海的兴起(1912—1937)》,2009年朱英、魏文享的《近代中国自由职业者群体与社会变迁》,研究律师这一近代自由职业群体的产生和民国律师职业自治问题;2012年傅国涌的《追寻律师的传统》,其中多篇作者撰文,对本土律师的出现、民国律师的执业进行了专题描述。

近年来学者撰写的相关内容的重要论文,主要有:霍存福的《从业者、素养、才能：职业与专业视野下的清代讼师》以及《唆讼、吓财、挠法：清代官府眼中的讼师》，两篇论文从讼师执业的角度进行深度分析；邱澎生的《以法为名——讼师与幕友对明清法律秩序的冲击》，认为明清时代幕友与讼师两类虽都不属于政府编制内人员，却都是较熟悉法条规章与审判实务的法律专业人士，他们在全国各地的出现与增多，既影响明清政府的司法审判，也冲击了国家的法律秩序；陈景良的《讼学、讼师与士大夫——宋代司法传统的转型及其意义》，从多层互动的角度论证了讼学、讼师与士大夫的对立与融合；陈景良的另一文《讼师与律师：中西司法传统的差异及其意义——立足中英两国12—13世纪的考察》，从文化背景、诉讼权利、结构、诉讼机制四个方面回答了讼师与律师的不同命运。此外，还有一些以北京、上海、武汉、西安等地域为中心，研究近代律师制度的生成及执业状态、特点的论文，如台湾学者孙慧敏的《中国律师制度的建立——以上海为中心的考察（1911—1912）》《从东京、北京到上海：日系法学教育与中国律师的养成（1902—1914）》。此外，还有一些研究中国近代律师公会内容的文章。

综上，关于讼师和律师的研究成果，基本上分别围绕传统讼师和律师的各自领域。主要表现为以下几点。

其一，关于中国传统讼师文化和讼师现象，一直是学者们关注的问题。长期以来，已经积累了大量的关于宋、明、清各时期讼师现象的学术论述，学者们就传统社会中讼师的生存形态、执业特点、讼师对司法审判的影响以及在社会生活中的作用，研究深入且成果丰硕。

其二，关于现代律师群体的研究从20世纪末期逐渐引起关注。特别是随着"律师百年"纪念，律师制度的研究成果不断推陈出新，学者们不仅从制度史的研究层面关注律师制度的演进发展，还从社会史和文化史相结合的角度，研究律师群体的养成、律师公会的作用、律师的执业活动等，重视律师制度背后的各种思想文化、社会环境等多种因素对律师阶层形成的影响，特别是地区性的律师群体研究，如上海、北京、西安地区的律师群体生成及境遇，已经积累了丰富的研究成果。

其三，目前极少有人关注清末民初从讼师到律师的特定历史时期。

或许是因为资料局限，从讼师到律师的转型，如何发展演进，二者是否形成交集，律师制度创设后讼师和律师各自的生存状态，具体到讼师消失的轨迹、讼师的最终命运，相关研究明显不足，甚至还存在一些认识误区，如"从讼师到律师是从量变积累到质变"的观点以及"讼师演变为律师"的判断等，均需要重新探究、认识。

三 关于写作框架

本书共七章，关于写作框架基于如下考虑。

第一章从必要的名称辨析入手，明确与讼师相关的概念。就讼师与律师、讼师与讼棍进行辨析，解读新旧法律服务群体的认定，阐述中国历史上传统法律服务群体的发展历程。这些问题是从讼师到律师转型研究的必要前提。

第二章是社会变迁的内容，综合分析从讼师到律师转型的历史背景。中华文明优势消退，对传统体制的反思，受外力压迫促成的以收回治外法权为直接目的的变革动力；西学东渐，民智渐开，西方法律思想和制度的传播构成的思想基础，以及外籍律师在华执业的客观参照，如此种种，汇成清末民初法律服务群体转型发生的背景条件。

第三章从制度创设和发展的角度，梳理清末到民国律师制度的创设、正式确立、发展演进。因官方的律师制度构建，直接导致"律师兴、讼师灭"，这是新旧法律服务群体转型最直接的推动力。

第四章描述清末讼师的"法外之势"，对清代讼师的群体构成及从业素养、才能与技巧的阐述。这是为了说明讼师已经是不能忽视的社会力量，具有广泛社会影响。讼师原本是传统司法资源供给不足的产物，且基于百姓诉求与固有体制周旋，但在彰显民权新时代来临之际，讼师却没有成为制度变革的受益者，而是与旧体制一起被新的时代抛弃。通过清末讼师活动概况，特别是典型地区的讼师执业活动，可以反映出社会转型时期讼师执业遭遇的种种新变化。

第五章和第六章集中解决"新从何处来""旧向何处去"。第五章对新型法律服务群体构成进行分析，近代法律教育培养的大量新兴法律人才，包括本土培养的法科毕业生以及海外留学生群体，共同构成了崭新的律师群体；第六章介绍新旧交集的司法环境，描述民国司法新旧杂糕的客观现实。前清法律的大量援用，传统司法的旧遗留，特别是"兼理司法"制度的延续，加之传统社会自身的惯性力量，阻碍着律师发展，同时也给讼师活动提供了容留空间，讼师得以继续生存，形成新旧执业交集的状况，讼师努力挣扎，与律师合作、斗争，从而衍生出"非律师"和"黑律师"等新的边缘职业形态。

第七章是针对转型和变革的分析和思考。律师执业的新气象，无法消逝的旧残留，这些现象出现在清末民初法律服务群体转型进程中，值得关注。从讼师到律师，其"兴"与"灭"，无论清末民初创律师制度"舍旧立新"的态度，还是民国时期从"高尚职业"到"营业职业"的发展困惑，都引人深思。讼师退出历史是必然，其隐性存在却又似乎是当然，任何制度的简单移植，既无力改变传统也无法适应现实。

本书共七章的写作试图探究以下问题。

其一，从讼师到律师的转型，实现了中国历史上法律服务群体的新旧更替，完成了崭新制度的创设。从根本上说，讼师是中国传统社会司法资源不足的产物，从未被官方正式认可，一直处于半地下、半官方认可的执业状态。律师制度则是清廷启动司法改革创设的国家司法体制的组成部分，是国家正式制定的官方制度，律师职业得到官方的认可，以合法身份执业。因此，讼师和律师从制度层面而言完全不同。但从二者体现法律服务的具体社会功能看，讼师和律师是分别在不同社会背景和司法环境下，为社会公众提供他们需要的法律服务者，讼师是传统的、旧的，律师是新兴的。聚焦清末民初新旧法律群体的兴与亡，从根本而言是以历史视角进行群体观察。

其二，伴随"律师兴、讼师灭"，传统社会的讼师并没有转型为律师。晚清政府启动司法改革，初创了律师制度，新兴法律人才构成了崭新的律师群体，原有的讼师没有融入其中，讼师努力地挣扎生存，但最终改变不了消亡的命运。法律服务群体的新陈代谢，其结果是"律师兴、讼师灭"，只有律师新人群的出现，没有讼师身份的转化。新的兴，旧的灭，新的是西方舶来品的律师，从讼师到律师的转型，没有新旧衔接或融合，而是外科手术一样的割除，将旧的从肌体中简单割去，将新的直接移植进体内，正如同对待身体病灶的器官移植一样。传统讼师作为非主流认可的群体，最终走向消亡。新旧的转型，不只是形式上的词语变化，因为律师制度创设，律师的职业身份被官方正式认可，中国的法律服务群体实现了实质性的历史转型。有研究存在认识误区，认为律师的出现是讼师从量变到质变的结果，甚至还认为讼师中的一部分人转以律师身份执业，这些观点明显缺乏资料佐证。

其三，思考"新从何处来"，"旧向何处去"。拓展观察视野，探寻"律师兴、讼师灭"。清末民初，崭新的律师群体作为一个新兴的社会力量，在中国近代瞬间出现，时人将忽然间出现的律师，视为时代的新陈代谢，梳理新旧更替的脉络和走向，可以探寻新从何处来，旧向何处去，追寻讼师的终局命运。通过"新气象"与"旧残留"现象，思考从"高尚职业"到"营业职业"的变化。讼师退出历史是必然，在现实司法活动中隐性存在却也是当然。从民国至今，"非律师""黑律师"现象屡禁不绝，可见传统旧遗留的影响。

其四，催生律师制度的内在动力不足，晚清政府启动司法改革基于功利性目的。清末的法制变革，不是由新兴的社会阶层主张民权的制度革命，而是晚清政府迫于外来压力，为拯救摇摇欲坠的国运，不得已而为的法制变革，其初衷是移植西方的法律制度以解决最实际的问题，更直接的出发点就是为了收回治外法权。正因为创设律师制度具有强烈的功利性目的，其内在动力明显不足，没有客观地全面考虑现实基础，无视（漠视）讼师群体的客观存在和现实作用，没有给新旧群体的融合提供制度空间，律师制度的顶层设计是急促的、草率的。

其五，传统观念对舍旧立新的影响。清末创设了律师制度，宣告了讼师的终局，晚清政府主动选择了西方的司法制度，直接移植舶来品，传统中华法系因此解体。伴随司法体制改良进程，讼师的生存和命运无人理会，讼师天然地不在司法改革者的视野范围内，最终被时代抛弃。清末的讼师在全国范围普遍活动，但却没有借司法改良的时代变革契机转变为合法身份，没有任何机会融入律师群体。清末民初法律服务群体的舍旧立新，是特定历史条件下基于内力、外力综合作用下的必然结果，长期以来讼师不具有合法地位和话语权，传统社会官方对讼师的否定态度,导致其不可能正视讼师的积极作用,官员们也多将累案积压的责任归咎于讼师,他们认为,讼师的弊端刚好可以一并革除。

  本书对讼师与律师的执业交集、讼师的去向,在资料搜集上远远不够;关于律师执业的新气象和旧残留的分析,也不够深入,目前也只能遗憾地止步。

第一章

名称辨析：相关概念与内涵的解读

第一节 讼师与讼棍之辨析

一 讼师名称的解读

讼师，是指中国传统社会背景下专门替人写诉状、打官司，为民间提供助讼服务的人。"讼师"一词正式出现于南宋时期，之前史书中称呼那些提供词讼帮助者为"教令人者""为人作辞牒者"或"诈伪之民"。自有"讼师"称呼起，其语义表达即异常丰富多样，如见诸古代典籍文献中的称谓有："讼师官鬼""把持人""假儒衣冠""无赖宗室""茶食人""哗鬼讼师""刀笔先生""讼棍"等，还有人习惯上将讼师称为"状士"或者"法家"。

讼师是中国传统社会里非常独特的人群，官府从未认可其法定身份，对讼师的繁复多样的名称表达，基本反映出讼师群体的身份特点以及对讼师的评价态度。如，称讼师为"状士"或"法家"，这样的称呼体现了他们精通律法、擅长书状的专业水准，以"士""家"名之，肯定了这一人群的专业水平；如"教令人者""为人作辞牒者"，见于《唐律疏议·斗讼律》"为人作辞牒，加增其状，不如所告者"，在之后紧跟一条"诸教令人告"，由此说明唐代讼师的客观存在，其活动处于公开的状态且已经入律；如"讼师官鬼"和"把持人"，反映了他们交接官府、串役通吏，把持诉讼；如"茶食人""珥笔之人"，表述出自《明公书判清明集》，可以反映出助讼者的特点以及其活动的丰富性；

如"假儒衣冠""无赖宗室",则暗示其出身和群体构成来源;如"哗鬼讼师""讼棍""棍徒",就明显包含着对讼师挑词架讼的负面指责,是对讼师搬弄是非、聚众兴讼的直接否定;如"刀笔先生",则准确形象地反映出讼师的文字能力,更直观地确定了他们的出身及教育背景。

由此可见,对讼师的繁复称呼包含了丰富的内容,其差别反映出讼师一行的特殊性。其中"讼师"一词比较中性,以此表达助讼之人,原本并无贬义。以"师"之名,本身是有教训、引导之意,能称之为"师"者,应该具有某种超于常人的知识、技能。至于"讼"字的文字解说,《说文解字》按"从言从公",就是要公道的说法。因此简而言之,"讼师"就是可以在法律词讼上给事主提供帮助和权威指导意见的人。"讼师"这一词语表达,或许与民间助讼者的最初业务范围有关,早在西周时期,国家的司法活动就对纷争类别有了界定,"争财曰讼,争罪曰狱"①。以早期案件审理为例,西周时期审理民事案件称"听讼",审理刑事案件称"断狱"。刑事诉讼领域属于国家公权力范畴,与处理民事案件相比,更注重专制权威,官方强调司法权的专断,必然排斥民间助讼者的介入。

当然,这样的判断还缺乏确实可靠的资料作为佐证,只是大胆推测而已。依据大量典籍资料所见,宋代以后的讼师活动,已经不仅限于民事案件,明清时期的资料亦多见讼师涉足刑事案件的记载。这与前文表述的观点并不矛盾,这是讼师发展的必然结果,归根结底讼师业务范围的扩大与客观上的民间需求密切相关,如清学者崔述所说:"自有生民以来,莫不有讼。讼也者,事势之所必趋,人情之所断不能免也。"②所谓"饮食必有讼",正是因为人本性上的趋利避害,而导致争讼无法避免,有争讼即有助讼需求,有需求则必然有供给。无论民、刑事案件,民间百姓牵涉官司即畏惧怕事,担心有理讲不清,加之古代的文化普及率不高,若摊上官司,就会向识文断字的有能力的人求助。打官司时请人帮忙说理,首先就是代写书状,然后是出主意实现诉求。讼师在

---

① 《周礼·地官》。
② 顾颉刚编订:《崔东壁遗书》(卷二),上海古籍出版社1983年版,第701页。

中国传统社会提供的法律服务，基本就是代写书状、咨询、出谋划策，有些甚至串通役吏、教唆把持诉讼。一方面，民间对他们有着客观的需求，讼师活动越来越活跃；另一方面，讼师身份没有得到官方的正式认可，讼师活动受到官方严格打压控制。这是中国古代讼师执业的真实处境。

任何文字表达只是形式上的称呼，并不完全反映讼师的整体特点。事实上讼师一行良莠不齐，也可以说讼师的业务水平参差不齐。但透过讼师名称的逐一文字解读，还是可以说明一些普遍性的问题。《吕氏春秋》中专门有关于名称问题的论述，以"离谓"指言辞表达与思想相违背，以"淫辞"指言辞和行为事实相诡异。其实，就是说事实—言辞—思想三者应该具有辩证关系。如何看待讼师之"名"与"实"，具体到以何为"名"，行何之"实"，这是关于讼师研究的必要前提，这个问题的界定有助于准确把握讼师究竟是什么人，讼师又是怎样一个职业，进而可以清晰讼师的具体执业状态。

二　讼棍名称的界定

上文列举了讼师的诸多称呼，其中一个最常见的词语表达，就是"讼棍"。"讼棍"一词，从字面上看即属于负价值词语，包含贬义甚至带有明显的斥责意味。"讼棍"不仅是对讼师厌恶情绪的蔑称，在清代还是一项法定的罪名，在清代法律中的完整表述是"唆讼棍徒"，属于"光棍"的一种，是清律中明确规定的罪名。

"讼棍"名称中的"棍"字，来自"光棍"一词，中国古时民间视"光棍"为极其惹人厌烦的无赖。元杂剧中大量地使用了"光棍"一词，都是用来指那些无赖、骗子和游手好闲、不务正业的人。"光棍"原本就是指"没脸没皮"，"不要脸的人"。如，萧德祥的《杨氏女杀狗劝夫》，说杨氏女的丈夫素日里"信着两个光棍"，害了全家，那两个光棍说自己"不做营生则调嘴，拐骗东西若流水"；刘唐卿的《降桑椹蔡顺奉母》，有两个丑角自称"我两个一生皮脸无羞耻"，"至交的好兄弟，绝伦的光棍"，"平日之间别无什么买卖，全凭舌剑唇枪，说嘴儿哄人的钱使"；秦简夫《东堂老劝破家子弟》，说一败家子把祖传的房屋卖了，卖的钱又被"光棍"骗走了。此外，元杂剧中还提到了"棍徒",应该是由"光棍"发展而来,就是指"没脸没皮之徒",还有"活该挨棍抽打"的意思,如《梁山泊李逵负荆》中宋江要李逵下山"拿得这两个棍徒,将功折罪"[①]。

明初将"光棍"和"无籍之徒"(无赖)并列于《明大诰》,这是明太祖亲自编撰的特别刑事法令,被定为"光棍"者要被处以死刑。明朝的条例(刑事单行法规)中有11条列入"光棍"的罪名,主要是一些不太严重的未使用暴力的犯罪,如扰乱市场、收税时欺诈农民,相应处罚虽不至死刑,但也算比较严厉,轻则枷号(每天在街头戴枷示众),重则充军。

清朝的"光棍"是一项比前朝更严重的罪名,清时法律规定了专门的"光棍"罪,作为一项很严重的死罪,为首者处斩立决,轻者处绞监候。清条例关于光棍的罪名多达40多处,直至清末条例经屡次废止,仍有近20项死罪。"光棍"罪的范围也不同于前朝,不再是欺诈之类,而是多指一些暴力性犯罪,如拦路抢劫、劫持人口、强奸妇女等。这些犯罪行为的共同特征是"聚众",如聚众四五十人以喊冤为名闯入衙门的,就依"光棍"罪处理,为首者斩立决。如聚众人数更多,或者喊冤时"哄堂塞署""逞凶殴官",为首者则要枭首示众,凡是有殴打官员行为的,一律斩立决,所有参与者绞监候,被胁从者处杖一百。

由此看,明朝定为"光棍"罪的,系以欺诈为特征,"光棍"者多是骗子、无赖之类。而清朝只有一项保留了,即故意写他人名字来"卖身",以图陷害良民的情形,依照"光棍"罪处罚;其他被确定为"光棍"罪的,都表现为暴力聚众的明显特征,强调有光棍、耍横、以暴力抗法的意思。按照《大清律例·刑律·诉讼》规定,"积惯讼棍"要按照"棍徒生事扰害"罪名,发到云贵两广"极边烟瘴"充军,并且特别明确不能援引"存留养亲"的法律规定,即便是家中独子,或者年纪已过70岁的,仍要发去充军,不能改换其他刑罚留在原籍。依此判处充军者,在充军地点落户的"积惯讼棍",如同"积惯猾贼"一样,子孙世代不得参加科举考试。

---

① 郭建:《中国讼师小史》,学习出版社2011年版,第43页。

三　讼师与讼棍之区别

通常人们认为，讼棍就是对讼师的贬义称呼。人们往往将讼师与讼棍混同，有人干脆将讼师蔑称为讼棍，甚至当下有些人受不了律师的口齿伶俐，吃了嘴上的亏，就会不由自主地骂一句，真是个"讼棍"！在中国传统社会背景下，如何看待"讼师"和"讼棍"的区别，其实可以从"名"和"实"两个层面加以分析。

从文字形式上看，"讼师"称谓相对中性，以师为名，含有"教导"的权威意味。即便官方对讼师职业身份从未正式认可，讼师最多算是处于灰色地带的一种职业或行当。"讼棍"则明显属于蔑称，与"光棍""棍徒"同类。讼师与讼棍之区别，从形式上看是语言表达的肯定（包括中性）或否定意涵，大概而言，只为当事人提供诉讼咨询、代为起草诉状的，不出头露面到公堂代理的，行为属于"教导"助讼一类的，一般称之为"讼师"。无可置疑的事实，在某些案件中一些讼师发挥了非常积极的作用，但如果经常教唆当事人打官司，和官府里的书役属吏有勾结联系，恐吓当事人骗取钱财，还有经常顶替当事人姓名甚至伪造姓名、亲属身份代为诉讼的，结果被官府杖责过还不悔改的，就是官府眼中的"刁徒""讼棍"了。一个为百姓打官司提供助讼服务者，在官方的态度权衡间，其命运就大不相同——被看作"讼师"的，可以讼谋生，甚至还可能赢得大声名；被定为"讼棍"的，必然遭到官府严惩，甚至会丢掉性命。

从实质上分析，区分"讼师"和"讼棍"往往受到官方话语的构造与影响。究其原因，可归于官方对讼师活动的严格压抑，也与讼师的社会地位密切相关。清王有孚认为，讼师和讼棍应该区别对待，他曾在自己的笔记《一日偶谈》中努力区分"讼师"与"讼棍"之不同。他认为，凡是为了钱财去向诉讼当事人挑拨是非、愚弄乡民、恐吓良善的，"乃讼棍耳，安得以师加之""讼棍必当惩、而讼师不必禁"。在王有孚看来，如果民间安分良民迫于无奈必须打官司，若仅依靠代书来撰写诉状，不是草草敷衍，就是言不达意，根本无法引起官府重视，更别提充分地说理了，"庸碌代书"的词讼文书往往让官员看着就厌烦。如果有"智能之士"帮助，诉状能够突出重点、揭发罪犯，达到"惊心动魄"的目的，有助于引起官员重视，使案件顺利受理。讼师还可以教导当事人在庭审时如何应答，"理直气壮，要言不繁"，可以让"冤者得白，奸者坐诬"，王有孚认为讼师不只无害，还有功于世。

翻阅《樊山政书》时发现，被官府追究法律责任的讼师，大多有被官府处理过的案底，几乎没有见到不论前由，仅仅因为讼师出现替人助讼打官司的行为即施以严惩的。由此可见，对讼师的惩治多是以结果论，主审官往往会权衡讼师介讼破坏官方秩序的严重程度，讼师因为助讼行为频繁而被官方严惩，这样的情况可以理解为情节严重。之所以容忍讼师为民间提供法律服务，往往以不触犯官府权威、不破坏司法秩序为标准，以不鼓动民情、不扰乱统治秩序为防范底线。

总体而言，讼棍是个明显的贬义词，而讼师词义基本上属于中性的。讼师与讼棍的不同，更多是出于官方的角度，不超出官府容忍限度的讼师执业行为，就不会被视为讼棍定罪。应该说，区别讼师与讼棍的判断标准并不明确，完全取决于传统社会对讼师的评价，与讼师打过交道的民众，也会因为诉讼立场不同，而对助讼者所持态度大相径庭。官员们手握的自由裁量权，同样加重了认知的个人感情色彩。原本应属于法律角度的区分，实际上混淆在观念判断层面了。

第二节 讼师与律师之辨析

一 西方早期的诉讼代理人、辩护人

"律师"制度源起于西方，古希腊、古罗马早期的诉讼代理人、辩护人，就是西方律师的雏形。西方的律师制度最早萌芽于古希腊，初创于古罗马时期，衰落于中世纪，在17、18世纪资产阶级民主革命后发扬光大，从早期的诉讼代理人、辩护人，发展到逐渐完备的近现代律师制度，经历了漫长的演化过程。

早在古希腊的雅典城邦，演讲、辩论盛行，由此产生了很多雄辩家。雅典的诉讼程序中分审查与裁判两个阶段，在起诉书与反驳书宣读之后，有法庭辩论的阶段，允许当事人委托别人撰写发言稿，并让委托人在法庭上宣读，委托人的发言往往影响法官的判决。因此，当事人便

不惜花钱请精通法律又能言善辩的雄辩家相助，在某些案件审判时，口若悬河的雄辩家起到了类似现代律师的辩护作用，雅典的辩护士由此而生。同时，雅典时期的保护人通常被视为早期的诉讼代理人。雅典的法律规定，只有雅典男性公民才可享有起诉权，妇女与奴隶不享有此项权利。此外，异邦人只能通过他的"保护人"才能起诉，保护人在有异邦人的诉讼活动中起到重要的作用。

古罗马共和国早期就有 advocate（代言人）群体，这些人在法庭上给被告提供诉讼意见，后来发展为代表被告人向法庭举证并辩论。在共和国末期，形成了"保护人"制度。保护人有权为当事人提供诉讼帮助，在法庭上进行辩护或代理，实质上是充当辩护人或者代理人。古罗马的《十二铜表法》中有多处条文对此作了相应规定。罗马帝国时期，为保障频繁的经济活动顺利进行，诉讼领域需要职业法律人的帮助，加之实行控辩式的诉讼模式，这些都给职业法律人提供了大显身手的舞台。公元 3 世纪，罗马皇帝颁布诏令，确定辩论式的诉讼制度，本就受尊重的法学家的专业权威不仅体现在法律解答领域，也体现在庭审辩论与代理中。从此，法学家阶层即开始与代言人一起，正式具有官方允许的诉讼代理和法庭辩论职能，并逐渐趋向职业化。此时，罗马的辩护士、保护人发展成为"律师"，并成立了律师团体，随之产生了刑事辩护人，被称作"阿多克梯斯"，律师活动受执政官监督。由此，古罗马时代的律师开始出现专业化分工的趋势，对后世影响极为深远。

英国是近代律师制度的起源地。英国早期律师制度有出庭律师和诉状律师两种分类，即 Barrister 和 Solicitor 两个系统。Barrister 也称出庭律师或高级律师，是指有资格在高等法庭出庭的大律师。最初的出庭律师，其作用是为当事人赢得在高等法庭陈述自己权利的机会，后来才发展为以代理人的身份为当事人辩护。Solicitor 是指诉状律师或事务律师，也有人称之为初级律师，是指替人提供法律咨询、在下级法庭出庭，并协助大律师处理诉讼案件的一般辩护律师。早期的初级律师又称代办人，意指以当事人"替身"的资格完成出庭的义务。当时的律师被人们视为诉讼的"设计师"，属于代表并协助当事人行使诉讼权利的专业法律服务人员。13—14 世纪，英王爱德华一世在位期间，随着陪审制度、巡回审判制度、令状制度的推行，出庭律师和诉状律师开始结合在一起，构成了英国的近代职业律师群体，其活动范围遍及英国境内的王室法院和普通法院，走上职业化、知识化和理性化的道路，形成了西方近现代的律师制度。15世纪中期，英国伦敦先后有四所传授法律知识和律师业务的学院，即林肯律师学院、格雷律师学院、内殿律师学院和中殿律师学院，用以培养专门律师人才。

1679年，英王查理二世签署公布《人身保护法》，明文规定诉讼中实行辩论原则，承认被告有权获得辩护。从此，伴随西方各国资产阶级民主革命进程，律师制度成为新兴资产阶级反对专制，争取民主、人权、自由的武器，被各国宪法肯定其合法性和巨大作用。欧美各国先后以法典形式确认了律师职业的正当性和合法性，律师制度成为近代资本主义国家司法制度的重要组成部分。

二　词汇的交流互译

现代汉语中的"律师"，译自英语"Lawyer"。在英文中，除了"Lawyer"，还有 Advocate、Attorney、Barrister、Solicitor、Counselor 等词汇的表达。其中 Barrister 和 Solicitor，是英国早期律师制度的两种分类。在英国之外的国家，lawyer、Solicitor、Attorney、Counselor 这些词汇一般都指的是律师。Attorney 一词在美国，也可指州的检察官，Counselor 一词也可指法律顾问。

在清末民初西学东渐的知识传播过程中，一些传教士编纂的英汉-汉英字典已经列入 Lawyer、Solicitor、Attorney 等词汇，但直至戊戌年间，无论中国人还是外国人，都没有直接用"律师"一词来对译上述英文词汇，还是以"状师""讼师"对译，还有用"法师""法家"表达的。如，1847年麦都思（W. H. Medhurst）编纂的英汉字典中收录 Attorney 一词，被翻译为"代理人，管事的，状士，师爷，写呈子的，代书状的"。在随后出版的第二卷中，Lawyer 被译为"状师，讼师，书办，光棍"。以上翻译的词语选择明显存在差误，这与早期中西文化交流的不尽通畅有关。如，中国传统社会的"师爷""书办"工作虽与词讼有关，但他们尚属于官方体制内的，Attorney 与"师爷""书办"的身份性质存在很大差异。"光棍"则是法定的罪犯，以之作为 Lawyer 的对译，也显然不妥。1866年罗存德（W. Lobscheid）的

《英华字典》中的翻译要更明确一些，Lawyer 一般就是用"状师"对译。

直至 19 世纪中后期，早期的字典编纂者在解释 Lawyer 等词汇时，于"律师"一词出现之前，以"讼师"一词的解释最多。通常情况下，早期字典中对"讼师"的解释是"an attorney, a Lawyer"。从职能上看，讼师的代书词状、提供法律咨询等为事主提供的助讼行为，与律师为当事人提供的法律服务极其相似。显然，早期的外国在华传教士注意到这一现象，并将其视同为西方的 Lawyer、Solicitor 和 Attorney 而进行文字互译。这些对中西文化交流做出巨大贡献的早期传教士，同样也注意到了官方对"讼棍"的态度，他们在"讼棍"一词的解释上也含有明显蔑视的意味，如 1874 年卫三畏（S. W. Williams）编译出版的《汉英韵府》中，就用"a pettifogger, a shyster"对译"讼棍"。

19 世纪 40 年代前后，中国人开始接触西方的律师。对于一个崭新事物，人们通常会习惯性地选择自身语境中的现有资源加以利用，传统的"法家、讼师、状师"很自然地反映在文字互译上，这样不可避免地会造成误解，但发生在早期西方法律制度传播时，这也是可以理解的现象。1852 年，林则徐、魏源编译的百卷本《海国图志》刊行，就是用"讼师"一词来表达西方的 Lawyer，并且书中对西方"讼师"还作了进一步说明，"其讼师学法律，亦有考试"。这比之同时期的其他认识，已经有了他国之讼师非我国之讼师的自觉意识。1856 年，香港英华书院院长理雅各编写了英汉对译教材《智环启蒙塾课初步》，作者明确用"状师"一词来对译英文中的 Lawyer，并解释状师为"解辩律法之事"，与教师、医师等都属于"斯文生业"（即 Professions，可理解为专业技术类职业），由此说明，时人已经注意到律师之专业素养与职业功能的特征。

直到 1871 年，一位陪同清廷大员崇厚赴法国出访的翻译者第一次创造性地使用了"律师"这个概念。这个人就是京师同文馆培养的高才生张德彝，他在《随使法国记》中三次提到西方人向其介绍的律师活动，西方人介绍的律师，不是通常意义上代写诉状、代理诉讼和出庭辩护的普通律师，而是担任政府法律顾问的高级专家。也许是考虑到讼师在中国社会地位不高，张德彝没有选择"讼师"的习惯表达，而另外以"律师"相称,这是他自以为的妥当表达,我们也只能猜测影响张德彝斟酌词汇表达的原因。自张德彝使用"律师"一词后,这一称谓逐渐流行开来。但"律师"和"状师""讼师"等词汇依然混用,由此说明当时国人对"律师"的认知尚未达成一致,对西方法律制度中的这一群体缺乏准确的理解和清晰的阐释。此外值得一提的是,在清末修律之前,还有"辩护士"一词也经常用来表示律师这一职业。最先使用"辩护士"的中国人是黄庆澄,他在《东游日记》中,记述了其在日本的所见所闻,提到曾经结识一个辩护士朋友广濑充藏,并解释说,"辩护士即律师"[1]。

虽然我们尚无从考证张德彝创造性地使用律师一词时,舍弃"讼师"一词的真正原因,但"律师"的造词语境确实符合中国人的用意习惯。黄宗智认为,修律者之所以选择律师这一词语,可能是考虑到该词遵循医师、法师、厨师乃至讼师之类的造词原则,如此表达颇符合中国汉语表达习惯,西方这一职业本身熟谙法律,善于解说法律条文,并能为人解答法律疑难、提供诉讼服务,也与宗教用语中律师"熟指戒律并能向人解说"的传统含义有异曲同工之处。这种明显带有正面评价的专业词语,当然比传统沿用的"讼师"要更符合晚清政府仿效西律的初衷。1906年,沈家本、伍廷芳奉旨拟定《大清刑事、民事诉讼法草案》,官方第一次正式对"律师"进行解释,"律师,一名代言人,日本谓之辩护士","用律师代理一切质问、对诘、复问各事宜"[2]。

如上所述,清末时期讼师、状师和律师等文字互译,是在中西文化交流过程中产生的习惯性选择。对于一个新事物,最初的本能反应就是以身边熟悉的事物对号入座,长期以来,讼师在中国传统社会中发挥重要作用,因此,最初国人将讼师与西方律师混同,认为西人所谓的律师,就是中国的讼师。晚清时期的资料涉及西方律师的翻译多种多样,一方面反映了时人对新事物认知的不深入;另一方面也说明,从实用主义角度而言,考虑到特定人群的助讼作用和实际功能,讼师的确有和律师相似之处。清末在引进西方司法制度,翻译Lawyer一词时,时人确

---

[1] 黄庆澄:《东游日记》,上海古籍出版社2005年版,第40页。
[2] 《奏为刑事民事诉讼法各法编纂告成请旨颁行事(光绪三十二年四月初二日)》,中国第一历史档案馆,录副奏折,档号:03-7228-006。

实颇费脑筋。如果考虑群体的助讼功能，将之翻译为讼师也无不可，而讼师在官方话语权中，其名声不好，为了避免讼师的恶名声，对讼师一词避而不用。位于朝廷高堂的修律大臣设计新制度时选择了使用"律师"一词，从此"律师"以明确、正式的概念对译西方 Lawyer 等词汇，成为表达法律服务者的特定的专有称谓，与"讼师""状师"等词汇彻底分离。

三 传统讼师与律师的区别

关于讼师与律师之区别，学界基本达成了共识，即传统讼师与近代律师有着质的不同。因为前者是中国传统社会背景及法律制度下产生的事物，而后者是近代西方资产阶级民主法制基础上产生的职业群体。聚焦此问题，往往引申出关于法制现代化过程中本土传统和法律移植的关系之争，不可避免地会提到讼师和律师的区别与联系。

有人从实用主义的角度，就二者的身份和功能来说，认为讼师即中国古代的律师，律师即现代的讼师。作者认为此判断过于简单。讼师与律师的确有相同之处，他们都熟悉法律，并可为人解说法律，都以专业特长为当事人提供法律帮助，二者的具体法律服务也不乏近似之处。但若因此就将讼师和律师视为同一群体，的确不够严谨，并且会造成认识上的误导，不利于讼师和律师的本质特征分析。讼师与律师有明显的区别，是两个不同的概念，两种不同的社会身份。

对中国而言，律师是舶来品。19 世纪 40 年代之前，国人只知道讼师，还不晓得西人之律师。在中国古代，"律师"一词原本是特定的宗教用语，属于佛家用语或是道家修行的品号。佛家以善能解说戒律者为律师，"如是能知佛法，所作善能解说，是名律师"[①]，道家以修行到某个阶段者为"律师"，"道家修行有三号：其一曰法师，其二曰威仪师，其三曰律师"[②]。显然，古代的"律师"用语与今日律师概念迥然有异。现代汉语中的律师一词，是于中国近代社会变迁中，对未曾有过的西方舶来品的崭新表达。律师一词应该是由字面语义引申而来，律是法令、

[①] 《大般涅槃经今译》，昙无谶译，破瞋虚明注释，中国社会科学出版社 2003 年版，第 83 页。

[②] （唐）李林甫等撰，陈仲夫点校：《唐六典》，中华书局 1992 年版，第 125 页。

规则，可统称为法律；师是具有专业知识、专门技能之人。因此，律师特指那些熟悉法律并善于解说法律，以专业知识为他人提供诉讼帮助的人。现在如果用《辞海》中的严谨定义，现代汉语中"律师"一词，就是表示依照法定条件、程序取得资格，依法可以接受当事人委托或由法院指定向当事人提供法律帮助，从事有关法律事务活动的人员的总称。①

分析讼师与律师的区别，首先是二者身份的合法性不同。不管讼师在实际社会生活中是否起到积极的作用，他们从未取得正式的法律地位，讼师一直在地下或半地下进行执业活动，稍有不慎，就会被严惩，若冠以"讼棍"之名，不仅要承受蔑视或讥讽，很可能会沦为罪犯的身份。传统社会讼师活动非常活跃，至清末，有些地区的讼师已经成为颇有势力的社会力量，但在官方话语中，从未停止对讼师执业的排斥和否定。因此说，中国古代有讼师，没有讼师的法定制度，讼师的生存和发展均是自发状态，讼师在传统法律生活中处于边缘人状态。讼师活动缺乏正面引导和规范，教唆词讼、颠倒黑白、串通胥吏、欺压良善、诱害乡民、恐吓诈财时有发生，以至于形成了对讼师行当的普遍指责。没有合法土壤的滋养，即便有旺盛的民间需求，讼师的生存状态也是不寻常的，从民间传说和笔记记载的资料看，传统社会的讼师以非常独特的方式执业，其实现自我价值的途径多是扭曲的，一些民间口碑不错、颇有正义感的讼师，为打赢官司，不能正大光明地提供法律帮助，得施展奇谋巧计曲折地达成目的。如日本学者夫马进的观点，他认为律师为"国家公认"，讼师为"国家禁止"，因此实质上讼师只是与律师似是而非的一种职业。② 这一断语未免太过概略，但身份的合法性，确是二者非常重要的区别。

其次，是职业规范化程度不同。讼师的执业规范无法与律师的相比，因为讼师没有取得官方的允许，自然没有制度规制，更谈不上行业自律，官方法律对讼师活动的评判没有客观标准，只有严格压抑。讼师与衙门书役、属吏交接沟通已成惯例，讼师活动依靠的更多是关系，而

---

① 参见《辞海》"律师"词条，上海辞书出版社2000年版，第125页。
② [日]夫马进：《明清时代的讼师与诉讼制度》，载[日]滋贺秀三等著《明清时期的民事审判与民间契约》，法律出版社1998年版，第390页。

不是法律知识，讼师的专业素养要求也更复杂。西方的律师则不同，西方社会具有悠久的律师传统，在资产阶级革命之前就完成了专业化、制度化，晚清国人见到的律师制度，已经是西方国家非常成熟而又完备的司法体制的重要组成部分。律师不仅有明确规范的执业要求，还有律师公会等行业组织，这些对于中国的传统讼师行业都是无法实现的，官方对讼师唯恐禁之不及，不可能让讼师形成组织。职业身份合法与否直接决定一个行业生存和发展的规范化和制度化，不是制度化的会出现畸形，不是规范化的会导致乱象从而滋生恶行。中国古代社会官方厌烦讼师的种种乱象与恶行，可归结于传统社会没有给讼师提供法定的执业空间，为了生存，讼师们只能想方设法地应对固有体制，他们在制度边缘游弋，有时候"越线"为官府所不容，就成了对抗朝廷。讼师执业范围的局限性以及活动的隐秘性，只能加重该行业的不规范，中国古代的讼师没有成为传统司法体制的一部分，这是其有别于律师的另一重要之处。

再次，是法律服务范围的差异。讼师的业务范围与律师相比明显有局限。传统讼师的执业活动与现代律师可在诉讼全过程为当事人提供法律服务不同，讼师为事主提供的助讼服务，多集中在诉讼前的准备阶段，如书写诉状、出谋划策，讼师不可能参与全部诉讼过程。原因是不允许以讼师身份代事主出庭应诉及辩护，讼师不具有合法的资格和相应的诉讼地位。作者查阅到的讼师执业实例，仅有一例是明确以讼师身份出庭，其他代事主出庭的，大多假托亲属身份，并不能光明正大地以讼师之名参与庭审。

最后，讼师与律师的社会地位与评价不同。讼师与律师对各自的社会生活都起到提供法律服务的作用，但因为历史传统不同，二者的社会地位迥然有异。讼师在传统社会地位不高，中国古代整个社会的价值评价体系对讼师明显不利，君子远争讼，滋讼、兴讼行为是被否定的，更何况为了牟利而介入他人诉讼，无疑是有违道德的行为。虽然在民间的客观需求下，明清两代讼师活动非常活跃，甚至在某些地区已经赢得了较高的声誉，成为颇有势力的地方精英代表。但就整体而言，讼师始终难登大雅之堂，投身讼行者多是仕途无望的底层读书人。讼师与律师的处境不可相提并论，以近代律师制度的发源地英国为例，英王爱德华一世就曾请过高级律师,在13—14世纪,英国的律师被视为诉讼的"设计师",足见其在司法体制中的重要性。伴随西方资产阶级民主革命的胜利,各国纷纷用宪法确定律师制度的正当性与合法性,以保障律师执业之不可侵犯。纵观西方各国法律规定大体相同,律师是西方社会生活中必不可少的社会群体,社会普遍认同律师的专业特长,人们眼中的律师精通法律,兼有激情雄辩的口才,还有资格解释法律,并且是法官的候选人,有很高的社会地位,是普遍受人尊敬的高尚职业。

第三节　关于法律服务群体的界定和解读

一　法律服务群体的界定

法律服务,是指利用专业法律知识和技能为特定社会生活提供的专业性服务。具体来说,就是律师、非律师法律工作者以及其他法律专业人士（包括法人内部在职人员,退、离休政法人员等）或机构以其法律知识和技能为法人或自然人实现其正当权益、提高经济效益、排斥不法侵害、防范法律风险、维护自身权益而提供的专业活动。因此,法律服务群体,就是特指那些具有法律专业知识和技能,并以此身份投身法律服务职业的相对稳定的专业人群,由他们提供广泛的专业服务而形成的职业群体。

法律服务群体应该包括以下几个基本特征:第一,该群体由具有专业法律知识和技能的人构成;第二,为社会提供专业性服务并且形成了行业公认的职业要求;第三,形成了专业法律服务的知识垄断和市场垄断;第四,法律服务成为相对独立的固定职业。

从实践来看,自然人和法人、机构团体根据需要,聘请各类专业人员为自己提供帮助而进行的各种诉讼或非诉讼事务,均属于法律服务。因此广义上的法律服务包括:律师的法律服务,非律师身份提供的法律服务（包括基层司法行政部门向社会提供的法律服务）等等,即法律专业人士利用专业法律知识和技能可以为社会提供的各项专业服务均可列入法律服务的范畴。因此,广义上的法律服务群体,即以专业法律知识和技能为社会提供各类法律服务的人员所组成的职业群体。就当下而言，包括律师职业群体、非律师的法律工作人员，以及其他向社会提供专业服务的行政司法部门工作人员。而狭义上的法律服务，是特指律师提供的诉讼或非诉讼的各项法律服务，不包括法律工作者的法律服务，也不包括司法行政部门为社会提供的其他法律服务事项（如公证、人民调解等），更不包括那些处于合法边缘状态的"法律事务所"提供的法律服务。因此，狭义上的法律服务群体，就是特指律师职业群体。基于公权力而形成的法律服务人群应该从法律服务群体中剥离开来，并且在法律服务市场领域，尽可能消减行政化因素。考虑到法治社会的职业合法性问题，对于处于模糊状态的"灰色地带人群"，不应将其列入职业化群体。因此，本书关于法律服务群体的探讨，即以狭义地理解为限定范围。

法律服务群体与职业法律人群体不同。职业法律人群体的概念，应该包括法官、检察官、律师以及其他从事法律专业的人员，除了律师这一类为社会提供法律服务的群体，其他政府行政体制内从事法律事务的人员都应该涵盖其中。依照霍存福先生的观点，中国古代的职业法律人群体至少应该包括刑官（法官）、书吏、幕友和讼师。[①] 法律服务群体应该属于职业法律人群体之一，因为具备法律知识和技能的专业性特点，使其区别于其他职业群体。同时，又因为提供法律服务的职业特点，使其有别于其他的职业法律人群体。

究其根本，法律服务群体属于职业群体的一种，是具有法律专业知识和技能为社会提供广泛的专业性服务而形成的职业群体。判断一个职业群体的形成及确立，需考虑以下几个因素：一是掌握专业知识和技能的从事该特定职业的人群的形成；二是因该人群专业知识和技能形成的知识垄断和市场垄断；三是该特定职业生涯相对独立；四是法律允许范围内的职业合法性。在传统社会背景下，前三个因素的考虑是必需的，关于职业合法性的要求则比较特殊。以中国传统社会为例，因为在不同的社会背景环境下，许多职业系基于该行业的从业人群不断累积而自发形成的，并且也没有官方设定的明确的行业规制，基本属于自发形成并

---

① 参见霍存福为任喜荣《刑官的世界——中国法律人职业化的历史透视》一书所作序言，法律出版社2007年版，第1—3页。

处于自治状态。所谓"行规",属于行业民间自律层面,只有当该行业的存在和发展触及国家禁区时,国家权力才会加以控制并约束。

在不同的国家和地区,法律服务群体的出现和发展呈现出民族性和地域性的特征。因为法律传统不同,中西方法律服务群体出现的时间、执业的方式以及在社会生活中的地位和作用差异极大。即便在今天,世界范围内各个国家法律服务群体的具体情况也差异很大。就现代社会而言,社会法治程度越高,人们权利意识越强,工商业越发达,各行业所牵涉的法律问题越复杂,法律服务的专业性和广泛性也越明显。法律遍布社会生活,因此,从事法律服务业也涉足许多行业,凡从事对自然人或法人、机构团体提供的法律事务的人均为法律服务者,他们必须具备相当的专业知识。通常必须通过公开的考试,才能获取执业资格。随着时代的进步,经济持续的增长及法律服务业的蓬勃发展,各行各业对法律服务的需求不断增加,法律服务群体在社会中发挥的作用也越发重要。

我国现阶段的法律服务群体由三类人群构成:一是律师,二是基层法律服务工作者,三是其他专业法律人士(主要是公司、企业法律顾问)。依据我国法律的相关规定,法律服务的内容基本包括诉讼业务服务和非诉讼业务服务及基层法律服务。

诉讼业务服务,包括各种经济、民事、刑事、行政案件的诉讼代理和仲裁代理。非诉讼法律服务包括法律咨询及代写诉讼文书和其他法律文书、出具法律意见书,以及范围广泛的专项非诉讼法律服务。上述法律服务领域基本上都是律师在发挥作用。关于基层法律服务工作者的地位和作用,理论界和实务界一直存在争议。我国的基层法律服务工作者,是于20世纪80年代中期律师资源严重不足的情况下,逐步发展起来的具有中国特色的一种法律制度。基层法律服务工作者的法律知识结构和专业技能特点,更集中于基层的比较简单的各类纠纷,他们依照法律规定可以收取费用,但不得因此盈利,具有公益性质。因此,基层法律服务工作者的专业法律服务很难与职业律师相比。

虽然有观点质疑基层法律服务工作者的存在缺乏法律依据,目前只有司法部于2000年发布《基层法律服务工作者管理办法》对其实施调整,并且随着城市律师队伍的发展壮大,基层法律服务所的地位曾一度受到质疑。从实践看，基层法律服务工作者不仅满足了中国基层社会和低收入群体的部分法律服务需求，调解各种纠纷，防止矛盾激化，提供法律援助，为维持基层和广大农村稳定、和谐发挥了一定的作用。在我国现阶段立足国情和不同层次的社会法律需求，探索一套我国基层法律服务的新模式，实现"为一方服务，促一方繁荣，保一方平安"的独特作用，是值得肯定的，国务院保留了基层法律服务工作者执业的行政许可，弥补了基层法律服务供给不足的缺憾，基层法律服务工作者的执业完全合法，他们是中国现行体制下法律服务群体的组成部分。

二 传统法律服务群体的解读

如以前文对法律服务群体的特征界定为衡量标准，那么中国传统社会并不存在严格意义上的法律服务群体。但几乎无人否认，传统社会于民间确实存在着专以词讼为业者，并且客观上人数颇众，他们为人代写诉状，为当事人（事主）打官司出谋划策，甚至在某些诉讼案件中正当或不正当地出庭代理，实际上就是以法律知识和专业技能为社会提供法律服务，只不过这种服务来自民间，而非官方认可，提供这样服务的这些人就是讼师。

因此，传统法律服务群体就是在特定的传统社会的背景条件下，以法律知识和专业技能提供助讼服务的职业（至少是半职业化）人群。从客观生存状态看，中国传统法律服务群体并非严格意义上的职业群体，一方面是因为中国古代没有完全独立的法律职业，另一方面是因为传统社会的国家体制并未给予那些提供民间法律服务的从业者的官方许可。讼师因其执业的局限性和活动的隐蔽性，无法光明正大地形成组织及其行业规范，但即便如此，自有讼师伊始，经过各朝历代的发展，因为各种原因，民间投身讼行的人数不断增多，不管官方是否认可，实际上讼师已经成为一种可以谋生的行业，从其身份和实现的具体功能而言，完全可以确定传统社会的法律服务群体就是中国古代的讼师。

中国古代的讼师在不同社会背景下，为民间提供的法律服务的范围和内容也各不相同，与此相适应的群体名称、身份地位也有不同。美国学者伯纳德·施瓦茨说："法律职业是任何一个运转正常的社会必不可少的组成部分。"① 中国传统社会的法律服务群体是非常特殊的情况，其生存和发展的活跃与否受制于两个条件，一是基于民间的法律需求，二是取决于官方的政策。考虑到讼师在社会生活中起到的实际作用，我们可视其为古代可以谋生的一种职业（行当），因为历朝各代官方的不同的控制或许可态度，讼师的执业情况也有差异，但整体看来，讼师所能提供的法律服务范围大体相似，基本体现以下职业特征：第一，讼师普遍具有一定的法律知识、专业素养及技能，可以为事主提供助讼服务；第二，讼师活动于民间，其执业活动处于地下或半地下状态，讼师职业化系因民间需求而自发形成；第三，虽然官方认可了讼师在某些领域的执业，更准确地说是默许或放任，但是整体而言，官方体制对于讼师活动一直持严格压抑的否定态度，这就直接导致了讼师群体构成的不稳定性和合法身份的模糊状态。

中国传统社会讼师的生存方式极其特殊。他们处于民间的广泛需求和官方的严厉打压的矛盾之中，从而形成了对讼师评价的民间和官方的双重话语体系。半公开的执业身份，不被重视的社会地位，官府的访查抓捕，如此恶劣的执业环境都未能摧毁他们顽强的生命力，却导致了其法律服务方式的诡异多变，也无法形成统一的行业规范和职业道德要求。按照通常的观点，中国古代分为四大社会阶层，也就是所谓的"士、农、工、商"。古代职业亦有上九流、中九流、下九流之说，举子（读书人）、医生（郎中、大夫、药房先生）、风水先生、算命先生都属于中九流之列，而为民间百姓代写诉状者，不少人都与中九流身份者有关。南宋周辉《清波杂志》记其时社会行业共有三十六行。② 清人徐珂在《清稗类钞》中说："三十六行者，种种职业也。究其职业分工而约计之，曰三十六行；倍之，则为七十二行；十之，则为三百六十

---

① [美]伯纳德·施瓦茨：《美国法律史》，王军等译，中国政法大学出版社1989年版，第7页。

② 据（宋）周辉所著《清波杂志》记载"肉肆行、海味行、鲜鱼行、酒行、米行、酱料行、宫粉行、花果行、茶行、汤店行、药肆行、成衣行、丝绸行、顾绣行、针线行、皮革行、扎作行、柴行、棺木行、故旧行、作作行、网罟行、鼓乐行、杂耍行、采輋行、珠宝行、玉石行、纸行、文行、用具行、竹林行、陶土行、驿传行、铁器行、花纱行、巫行等三十六行"。

行；皆就成数而言。"① 中国传统社会有对各种行业的普遍性认识，但关于讼师一行的正式列入其中却无处循迹。事实上，从唐宋直至明清，讼师从业群体长期客观存在，且民间需求旺盛，而官府始终坚定地压抑控制，讼师合法身份始终处于不确定的模糊状态，他们在体制内外的冲突与共存，也正是中国传统法律文化中极具特色的现象。

中国古代与法律服务相关的职业出现得很早。据有文字可考的历史，中国西周时就出现了诉讼代理人。西周青铜器的铭文记载了一起周厉王（或许是周宣王）时代诉讼案件的判决记录。② 这是中国古代最早的关于诉讼代理人的出庭记录，距今2800年前。泾水之滨的周王行宫成为临时法庭，除了法官、原告、被告，参加庭审的还有四人，分别是诉讼代理人、证人以及两名书记员。这份完整而珍贵的史料记载着，诉讼代理人确实向法庭提供了讼辞（词）和辩护辞（词）。

学界提及中国古代早期的诉讼代理人，通常还会引用"卫侯与元咺争讼"案。据《春秋左传·僖公二十八年》记载，元咺诉卫侯冤杀叔武（卫侯的弟弟），卫侯是卫国国君，元咺是卫国大臣。法官认为，二人是君臣，依礼，他们不能平等出庭对理争讼，应由别人代理。于是，铖庄子代卫侯出庭，治狱官士荣担任卫侯的辩护士。听讼后，晋文公和法官均认为元咺有理。同时认为，士荣是卫国大士（治狱官），却不能正确断案，应当定为首罪。而铖庄子代卫侯出庭，作为代理人在法庭上一言不发，属于自知理亏，应当处刑。最终，士荣获死刑，铖庄子获刖刑。因杀人者是国君，刑不能杀，士荣作为卫的法官，担任国君的辩护人，只能代国君死。学者杨鸿烈先生曾言，"士荣必熟刑法，唯其熟刑法者，故可以为大士，唯其为大士之方也，故使与元咺相质证，则犹令列国于讼时之用律师也"③，他明确地说，"此以知士荣系律师也，特其充律师之规则，今不可考尔"④。在这起案件中，士荣因职务关系而为君主辩护，如果从宽泛的角度看，有些类似政府的诉讼代理人身份。

---

① （清）徐珂：《清稗类钞》，中华书局1984年版，第25页。
② 1975年陕西省岐山县董家村出土的西周青铜器上有铭文157字，这是中国历史上有文字记载的最早的关于司法审判和诉讼代理活动。
③ 杨鸿烈：《中国法律发达史》（上册），中国政法大学出版社2009年版，第55页。
④ 杨鸿烈：《中国法律发达史》（上册），中国政法大学出版社2009年版，第55页。

这些关于早期诉讼代理人的记载，可以证明中国古代诉讼很早就有代理人出庭的事实，这些诉讼代理与法律服务的性质不同，但是国家司法活动中允许诉讼代理人出庭，为之后讼师的出现奠定了基础。

春秋时郑国的邓析，是后人普遍认可的中国历史上最早的职业讼师。邓析私造刑法，书于竹简之上，称为《竹刑》，还招收门徒，聚众讲授法律，向他学讼的人不少，"民之献衣襦袴而学讼者，不可胜数"①。邓析在法庭内外帮人打官司，以擅长辩论著称，"操两可之说，设无穷至词"，"以非为是，以是为非，是非无度"。他收取的诉讼费不高，不过一衣一裤，"与民之有讼者约，大狱一衣，小狱襦袴"。这是中国古代为社会民众提供有偿法律服务的最早记载。荀子认为邓析的言辞"其持之有故，其言之成理"②。邓析与官方争辩的主旨是要以法为断，邓析的活动颇具后来辩护人的味道。邓析这样公开与官方"分庭抗礼"，让官方头痛，更让官方感到威胁的，是邓析编写的《竹刑》已经成郑国官吏实际断案的依据。非官方身份却染指国法，私人著作被推广应用于司法实务，显然是官方无法容忍的。因为其时唯有国家才可以公布成文法，还要刻于鼎上，以示尊严。邓析没有如古罗马法学家那样被君主奉为权威，同样是撰写法律著作、进行法律解释之类，但于不同的社会背景环境下命运与地位迥异，最终邓析被郑国执政官驷颛以"小人乱郑"的名义下令杀了。春秋时期如邓析这样操法律业属于罕见，但邓析的所作所为确定无疑是在提供法律服务。因此我们说，邓析是中国早期传统法律服务业的代表，是中国传统讼师的鼻祖。

三　传统法律服务群体的发展历程

虽然古今名称不一，关于职业群体和法律服务确定的标准也有差别，但从特定人群的身份以及助讼功能角度判断，可以确定中国古代长期存在为社会提供助讼服务的从业者，从早期的诉讼代理人到讼师，一直客观存在，特别是唐宋以后直至明清时期，讼师活动越发活跃，逐渐形成传统社会不可忽视的职业群体。

---

① 《吕氏春秋·离谓》。
② 《荀子·非十二子》。

春秋以后至秦汉相当长的时间里，都没有文字可见的民间法律服务者出现的痕迹。秦时打官司，多由当事人自己到官府口头起诉，由官府的书吏做笔录文书存档，称为"爰书"，官府开庭审理、调查的全部过程记录也称为"爰书"。秦朝秉承法家传统，国家号召"以吏为师"，完全剥夺了私人对法律的解释权。因为口头起诉的习惯，书吏的指导成为对当事人的必要帮助，否则无法进入诉讼程序。汉朝盛行"春秋决狱"，并对经学、律学的研习方向产生了重大影响。所谓"春秋决狱"，就是在司法审判时，以《春秋》等儒家经典作为审理案件的重要依据。司法官吏遵照"论心定罪"的原则，以儒家经典中的善恶标准，判定罪之有无、刑之轻重。自此，经典与法律的学习有了最实用的联结，律学风气逐渐浓厚，直至魏晋时期不减。历史上擅长引经注律的不乏高官鸿儒，相传董仲舒退休后，每遇大事，武帝仍派遣张汤亲至陋巷问策。董仲舒成了官方的特别法律顾问，他作了二百三十二条春秋决事比，详解经义答疑解惑。西汉后期，因为朝廷提倡引经注律，由此律学风气越发盛行，一大批读书人研习儒家经典，以增强对法律原则的理解和适用，如马融、郑玄等人，各自聚徒传授，世守其业，相传马融有门徒数百人，郑玄则有门徒千人之众。东汉时期，律学进一步发展，律学家在社会上皆颇负盛名，晋时张斐、杜预做《张杜律》，传统法律的官方解释具有明显的儒家化色彩。党江舟在《中国讼师文化——古代律师现象解读》一书中明确表达了他的观点，他认为，儒学大师实际上扮演讼师的部分角色，也扮演了法律释义专家的角色，可称其为"儒学讼师"[①]。

西汉至魏晋，我们可见国家高官鸿儒的法律问策，尚无处循迹民间法律服务者的活动。汉晋学律风气甚浓，甚至远盛于春秋邓析时的学讼之风，学律者动辄成百上千人，社会上积累了一大批具有法律素养的人群，他们提供着正式或非正式的司法解释，人群队伍越来越壮大。东汉末年，国家设置"律博士"，规定由律博士教授法律，由此说明法律解释开始专职化，同时也反映出一个倾向，因为民间私人注律、学律的太多，官方不得不出面干预加以规范。

---

① 党江舟：《中国讼师文化——古代律师现象解读》，北京大学出版社 2005 年版，第 35 页。

目前没有足够证据可直接证明唐代有讼师一类助讼人群的客观存在。关于唐代是否存在法律服务者，或者说是否有明确的讼师活动，唐律中的规定可以提供一些佐证。如《唐律疏议·斗讼律》规定，针对特定身份人群遭遇犯罪告发时，允许亲属家人代理出庭。年80以上、10岁以下以及严重残废者，除了告发谋反大逆、谋叛、子孙不孝及被同居亲属侵犯以外，其余案件"并不得告"。如被告发时，本人可以不出庭应诉，可由亲属家人代理。此外，"诸为人作辞牒，加增其状，不如所告者，笞五十；若加增罪重，减诬告一等"[1]。规定为人代写诉状时，只要有增减情节、没有完全按照当事人诉求书写的，就要承担诬告反坐的刑事责任。可以列入法律条文的，说明已经具有普遍性，如果仅仅是个案，不会动用国家律法加以禁止。在唐代如果不是律文禁止的"加增其状""不如所告"情形，代写诉状属于国家允许的合法行为，关于"为人作辞牒"，《疏议》专门解释，系"为人雇请作辞牒"，"雇请"自然属于有偿服务了。此外，《唐律疏议·斗讼律》还有"诸教令人告""诈教诱人犯法"的规定，说明当时确实存在教唆告诉行为。因此，我们虽然无法查找到唐代讼师活动的具体实例，但唐律对上述行为的处理，恰恰可以佐证提供助讼服务人群的客观存在。

宋朝是讼师发展的重要历史阶段。"讼师"一词，首次出现于南宋，因为社会结构的深刻变化，讼师在宋朝蓬勃兴起，自宋仁宗时，民间健讼之风初露端倪，"兴讼""健讼""嚣讼"等词语在宋代史料中比比皆是。宋都南迁后，长江流域的经济得到进一步发展，民间田土、房屋、财产流转交易增多，商业贸易行为繁盛，争利好讼之风渐盛，且好讼成普遍，并非一州一县的个别现象，"鼠牙雀角，动成讼端"[2]。《宋会要辑稿·刑法》记载：南宋开禧年间（约1205），"州县之间，顽民健讼，不顾三尺。稍不得志，以折角为耻，妄经翻诉，必侥幸一胜。则经州、经诸司、经台部。技穷其又敢轻易妄轻朝省，无时肯止。甚至陈

---

[1] 《唐律疏议·斗讼律》第九条。
[2] 比喻词讼之争之细微琐，《诗·召南·行露》曰："谁谓雀无角，何以穿我屋？谁谓女无家，何以速我狱？谁谓鼠无牙，何以穿我墉？谁为女无家，何以诉我讼？"原为形容倚强凌弱引起的讼争，后世遂以"鼠牙雀角"来比喻争讼。

乞告终惩尝未遂其意,亦敢辄然上渎天听,语言妄乱,触犯不一"①。诸如此类反映讼师活动的史料之多、记载之详,历代少见,可见宋代时讼师已然成为一种社会行业。陆游在《秋怀诗》中不无揶揄地写道:"讼氓满庭闹如市,吏胥围坐高于城。"②

宋代民间不但好讼成风,且手法千姿百态,令断案者目不暇接。在江西、福建等地,民间争讼有因"与人有怨,往往食毒草而后斗,即时毙仆,以诬其怨"③。在荆湖地区,斗殴者"以(榉柳)叶涂肤,则青赤如殴"④。蔡久轩称:"江东风俗,专以亲属之病者及废疾者诬赖报怨,以为骗胁之资。蒋百六自因病死于家,其兄蒋百五却拖移诬赖朱百八官。既以死事诬人,又其持刀拒追,可谓凶恶之最者。"⑤ 以上种种记载一方面足见当时民间好讼之人的种种不堪顽劣,另一方面也反映出民间好讼受利益驱使,为努力追求利益最大化,不惜涉讼恶争。随着民间"好讼"之风的蔓延,宋代讼学亦兴起,宋人把专门教习讼学的学校称为"业嘴社",当时教人打官司的学问被称为"讼学",江西一带的学校已经在教授法律,"编户之内,学讼成风;乡校之中,校律为业"⑥。

明清时期,讼师参与的助讼活动不仅涉及田产、钱债、继承、婚姻等民事领域,而且讼师已经在刑事诉讼中发挥了重要的作用,很多刑事案件因为讼师的参与而发生戏剧性的审判结果。甚至讼师在维护地方利益的非讼事件,如在赈灾、修路修桥等公益活动中起到民众代言人的作用,民间打官司已是司空见惯,民间延请讼师助讼更是习以为常。日本学者滋贺秀三指出,"与现在的日本的民事诉讼相比,清代中国的'打官司'与民众生活的距离要近得多"⑦。讼师在明清的社会生活中起到

---

① 转引自党江舟《中国讼师文化——古代律师现象解读》,北京大学出版社 2005 年版,第 45 页。
② 《陆放翁全集·剑南诗稿》卷十八,中国书店 1986 年版,第 312 页。
③ 《范文正集》卷十三。
④ (宋)司马光:《涑水记闻》,邓广铭、张希清点校,中华书局 1989 年版,第 288 页。
⑤ 《名公书判清明集》卷十三"以死事诬赖",中华书局 1987 年版,第 508 页。
⑥ 《袁州府志》卷十三。
⑦ [日]滋贺秀三:《清代中国的法与审判》,创文社 1984 年版,第 260 页。转引自[日]夫马进《明清时代的讼师与诉讼制度》,载[日]滋贺秀三等著《明清时期的民事审判与民间契约》,法律出版社 1998 年版,第 392 页。

了非常重要的作用,在江南①等地出现"词讼必由讼师"的情况是确实可信的。以16、17世纪明朝末年的江南地区为例,当地讼师不仅人数可观,还依照名气大小出现不同级别,"最高者曰状元,最低者曰大麦","然不但状元以此道获厚、成家业;即大麦者,亦以三寸不律,足衣食、赡俯仰"②。明末苏州嘉定县在17世纪出现了沈天池、杨玉川等几个本地知名讼师。当地人称这些颇有名气的大讼师为"状元"或"会元",这也说明讼师在当时确已成颇受注意的行业。讼师内部还有大讼师、小讼师等级分化,江南某些地方还出现了"讼学",专门教授人打官司的技巧和知识。夫马进认为:"讼师在宋代即已存在,但是此后约一千年间,尽管国家始终劝导人们讼师是如何教唆诉讼,导致委托人倾家荡产,并一贯对其施之以禁止弹压,却最终并未使之消亡。相反,如果从较长的时间段看,越接近清末,讼师的活动就越趋于活跃。"③清末讼师已经具有广泛的社会影响力,并且趋向职业化,基本上形成了职业化或者至少是半职业化的群体。

虽然官方一直明确坚持对讼师的打压态度,但并未一概予以禁止和限制。宋代在商品经济的冲击下,义利之学应运而生,官方对汹涌而至的私有财产利益之争,没有固守常法,而是本着务实又谨慎的态度面对功利主义的"好讼"之风。依宋制,凡是田宅交易引起的诉讼纠纷,欲向官府起诉必须递交书面诉状,因为民间百姓多不识字,也不熟悉官府衙门程序,由代笔人代书是宋代社会生活中普遍存在的现象。宋时以"俑笔之人""代笔人""代写状人""鬻书之人"等称呼词讼代笔人,至南宋才有了讼师一词。宋时规定,诉状必须由官府制定的"书铺"书写,书铺全称为"写状钞书铺户",须身家清白者,还要经人担保,

---

① 江南是中国地理区域概念,广义上的江南泛指长江之南,狭义上的江南一般多指长江中下游以南地区。在文化、地理、气候等不同领域,"江南"的范围、概念和定义各不相同,在历史上也是个不断变化的地域概念。江南虽最早出现于先秦和汉时期,但仅指江河以南。西晋永嘉之乱后,今中原士族相继渡淮河、长江南迁,史称衣冠南渡。自此之后,自东晋清谈玄学起,至南梁《观我生赋》及《哀江南赋》出现后,始有文化上的江南,象征美丽富饶的水乡景象。

② 参见(明)徐复祚《花当阁丛谈》卷三。

③ [日]夫马进:《明清时代的讼师与诉讼制度》序言,载[日]滋贺秀三等著《明清时期的民事审判与民间契约》,法律出版社1998年版,第390页。

由官府发给"木印"才能开业。"书铺"要在官府登记，由衙门发给专门的木牌，挂在书铺门口，状纸由官府统一印制，印上编好的序号，所有诉状，包括当事人自行起草的，仍要由书铺抄写盖上木印后才能递交官府。除了书铺书写的诉状，任何人书写的诉状都不会被受理。书铺不得为无本地户籍的人写诉状，也不得在写状的时候刁难事主勒索钱物。若经发现有此行径，立即"开落姓名"，取消书铺资格。[①]

陈景良先生认为，宋代讼师与士大夫在秩序期待、身份地位、活动方式、伦理道德、时代语境等诸多方面都存在着矛盾和冲突，但对立背后也有交融，可见宋代官方对讼师职业的矛盾态度。[②] 宋代官方对讼师并未全部禁止，而是在实际管理中网开一面，以敕令的形式加以管控。宋时要求代书人"并直述事情，不得繁词带论"，简言之，就是要求据实书写，代笔人要对所写诉状负责，并不可为案件定性。宋代承认"写状钞书铺户"的合法地位，把代写诉状人纳入官方制度的规制之下，这是司法制度根据社会生活的客观需要进行的积极调整，官方对讼师部分执业行为的认可，等于变相地承认，或者说是事实上默认了讼师法律服务行业的存在。

随后的元明清各代，都是仅仅在杀人、放火、强盗之类的紧急情况下，允许口头告诉。自宋代起，专门替人誊写诉状的"代书"成为官方许可的合法行业，从而转化成为官府衙门实际上的诉状审核人。历经元明两代，形成了各种不同的代书制度。清代的代书制度，则是明确规定各地都须设定书写诉状的专业代理人"代书"，每个地方政府衙门在该管府县须举行"代书"考试。"务择里民中之诚实识字者"，考选出两三人，由衙门责令代书取保，当地方知县将其姓名登记注册为代书之后，便可获准从事代书了。给事主的诉状写好后，要登记代书的姓名，用自制的木制印章在其收取的每份诉状上签署姓名及地点。清时和宋时一样，代书只能"照本人情词据实誊写"，不得添加，法律明确禁止他们捏改任何案件情节或伪造文书。没有代书书写的，就要"严行查究"，即使原告或者讼师已经拟好了诉状，也必须要求代书确认诉状的

[①] 参见（南宋）李元弼《作邑自箴》。
[②] 陈景良：《讼学、讼师与士大夫——宋代司法传统的转型及其意义》，《河南省政法管理干部学院学报》2002年第1期，第42页。

合法性并签盖印章。如果发现诉状不实或系伪造，代书将会因为"教唆词讼"而获罪。代书获准帮助那些目不识丁者并替衙门初审诉状，删减诉状的琐碎与离题之处。

由此产生的问题是，既然已经有了官方许可的代书人，为什么还需要讼师代写诉状？这可能与代书的半官方身份有关，代书不是官府衙门的吏役，不在衙门服役，也不从官府领取俸禄，只是收取书写诉状的劳务费，他们可以算是取得官府许可且提供垄断性法律服务，他们的半官方身份让民间百姓不完全信任他们，要打官司的人不愿向他们透露全部案情，却愿意毫无保留地与讼师磋商。诉讼当事人在拜访代书的书铺前，往往会在客栈和酒肆中邂逅讼师，讼师与事主一起私下书写诉状，商议具体的文字措辞，为打官司出谋划策，以期实现诉讼当事人的利益最大化。考虑到清代代书的实际工作强度，他们也不可能完全如涉案事主心意，对每份诉状字斟句酌。代书人数有限，客观上无法满足民间的诉讼服务。清代每个州县有3—5名代书，每一名代书平均在每个放告日书写几十份甚至上百份词讼文书。乾隆十二年（1747）明确禁止代书在他人拟写的诉状上签名。[1] 乾隆皇帝痛斥讼师和代书"串通作弊，一应呈状，虽登代书之名，实出讼师之手，狼狈为奸，势所难免。为此通谕直省督抚"[2]。台湾学者张伟仁提到，台湾"淡新档案"中的许多常规诉状是由他人代写而仅有代书签章，代书自己也承认，在根本没有调查案件事由的情况下，就在诉状上签名了。[3] 有证据证明，代书往往是讼师的有效业务渠道，清道光年间，绍兴讼师王祚恺在代书的引介下和衙门书役串通，从省府幕友休致后，一直操讼师业，直至道光九年。[4] 福建潮州府知县蓝鼎元的笔记中曾记述一起讼案，一代书承认诉讼当事人与书写诉状的讼师一道走进他的书铺，这个讼师就住在衙门附近的客栈，常年以书写诉状为生。[5]

中国历史上书铺、代书的制度规定，是官方政府对民间法律服务的

---

[1]《钦定大清会典事例》，商务印书馆，清光绪三十四年（1908）石印本。
[2]《钦定大清会典事例》，商务印书馆，清光绪三十四年（1908）石印本。
[3] 张伟仁：《清代法制研究》第1辑，台湾"中央研究院"历史语言研究所专刊第76辑。
[4]《朱批奏折·法律、其他》，道光九年四月二十七。
[5]（清）蓝鼎元：《鹿洲公案》卷下，"林军师"。

制度控制，通过官方许可，提供了一条合法的法律服务通道，将官府衙门与纠纷的当事人联系起来。代书、讼师还有书吏，则在正式与非正式的法律场域的空隙之间协调运作，以完成诉讼利益最大化，这三类人群，加之衙门里的官员和幕友，实际上已构成古代社会法律职业群体的全部了。其中，幕友的特定服务对象是官府衙门里的长官，不具备为社会提供法律服务的属性，因此幕友群体不能算入；官员和书吏是官家人，自然也不应列入；至于代书，需要考虑他们提供法律服务的垄断性，事主没有与代书协商服务的余地和空间，代书属于官方垄断行当，实际上承担着诉状初审人的作用，不属于自由职业，不能按事主需求提供全面的助讼服务。因此，传统社会的法律服务群体就是讼师。

1912年的《时报》上刊登了一篇名为《新陈代谢》的文章："共和政体成，专制政体灭；中华民国成，清朝灭；总统成，皇帝灭；……律师兴，讼师灭；枪毙兴，斩绞灭……"① 这篇文章以简练的笔墨、诙谐的语调，勾勒了清末民初风云变幻之际社会各个领域弃旧迎新的生动景象，其中提及的一系列"兴"与"灭"，是中国近代历史重要的转换标志，抑或说是转换符号。它们在向世人昭示，一个新的时代已经到来，这是数千年未曾有过的大变局。其中的"律师兴、讼师灭"，是当时社会新陈代谢中的一幕，开启了从讼师向律师的革命性的群体更替，实现了群体构成的换血，完成了从传统向现代的历史转型。

---

① 吴冰心：《新陈代谢》，《时报》1912年3月5日第6版。文章原文是："共和政体成，专制政体灭；中华民国成，清朝灭；总统成，皇帝灭；新内阁成，旧内阁灭；新官制成，旧官制灭；新教育兴，旧教育灭；枪炮兴，弓矢灭；新礼服兴，翎顶补服灭；剪发兴，辫子灭；盘云髻兴，堕马髻灭；爱国帽兴，瓜皮帽灭；爱华兜兴，女兜灭；天足兴，纤足灭；放足鞋兴，菱鞋灭；阳历兴，阴历灭；鞠躬礼兴，拜跪礼灭；卡片兴，大名刺灭；马路兴，城垣卷栅灭；律师兴，讼师灭；枪毙兴，斩绞灭；舞台名词兴，茶园名词灭；旅馆名词兴，客栈名词灭。"

第二章

社会变迁：法律服务群体转型的时代背景

第一节 西风渐强与中华文明优势的消退

一 中西方的接触与碰撞

直至18世纪，国人对西方文明仍所知甚少。中国人称自己的所居地为"中国"①，至于周围人则为"四夷"；所谓"天下"，是指臣服的属地和民众。清中晚期之前的中西方的接触，完全是压倒性的东方优势。

中西方的交流可以追溯至公元前3世纪。两汉时期，为打击匈奴等少数民族侵扰，巩固和维护中央政权，朝廷开始重视与中亚地区的沟通和控制。从那时起便有了一条可随沙漠骆驼队横穿中亚的丝绸之路，由此使中原与西域的商业贸易大大发展起来，其间海上交通以及与印度、罗马的海上贸易也得到了发展。从中华帝国运送出去的珍贵的东方物品，特别是丝绸，甚至还导致了罗马帝国的金钱外流，但地中海沿岸的欧洲居民却从未见过中国人。②

中世纪出现了新的陆上和海上丝绸之路，8世纪时中外贸易得到飞

---

① "中国"的文字表述本是指"中央国家"，在西方著作里经常被译为"中央帝国"。
② ［法］阿兰·佩雷菲特：《停滞的帝国——两个世界的撞击》，王国卿等译，生活·读书·新知三联书店2023年版，第27页。

速发展，当时中国外贸的状况表明，中国在世界经济格局中已占据了主导地位。此时中西方的交流，是东方中央王朝的绝对优势。正如西方人自己的认识，当诺曼底人坐着小船划桨沿海旅行时，中国人已熟练掌握了舵和指南针；当欧洲王廷的誊写人还在手抄他们的经文时，东方的中国人早就使用印刷术了。"英国还处于西方未开化的某个时期，中国的文明已经达到尽善尽美、永恒不变的程度了。"① 当时，中国唐宋时期的空前繁荣吸引了大量外商，成为促进贸易发展的最大因素，从日本到东非中国的商品一向都畅销海外。直到 19 世纪，中国商品一直供大于求，一方面可归于在大多时候中国的技术较为领先；另一方面是因为中国人对固有习惯的坚守，中国不需要外来的"洋货"。在早期的中西方交流中，从文明到物资，东方占据压倒性的优势。

　　1405 年至 1433 年，明朝永乐帝曾派遣郑和率船队 7 次海上远征。郑和下西洋的壮举，更多是出于政治考虑，明朝皇帝使用了怀远政策，试图通过文明传播将天下都变成中华帝国的朝贡附庸。中国帝王的统治理念与海上扩张（其实也包括疆土扩张的侵略性）素来无缘，明初的航海活动，虽然辉煌但是缺乏成效，其船队远行规模与实际成果相比，反差太大。唯一可以证明的是，当时中国的造船技术和航海水平堪为世界之先。很明显，与同时代的葡萄牙人不同，中国人对航海明显缺乏持久的兴趣，明清两代基于国防考虑，甚至采用了"海禁"政策，中央王朝对海外商机和建立殖民地毫不关注，对即将席卷全球的商业革命更是一无所知。

　　16 世纪，在郑和下西洋的一百多年后，航海技术的发展将地球的东西两半球连接起来。欧洲商人和航海家从海上向东方进发，葡萄牙的冒险家于 1514 年抵达中国东南沿海一带，首批来华的葡萄牙人没能证明欧洲文化足以与中华文化相提并论，却再次引发了欧洲人对中国美好物品的迷恋，甚至是对中国文化的敬慕。整个欧洲都对中国着了迷！17 世纪的荷兰历史学家沃修斯曾在西方社会传播一本关于中国的书，书里把这个国家说得奇妙无比。路易十四的家庭教师拉莫特·勒韦耶念诵

---

① ［法］阿兰·佩雷菲特：《停滞的帝国——两个世界的撞击》，王国卿等译，生活·读书·新知三联书店 2023 年版，第 28 页。

着,"圣人孔子,请为我们祈祷"。莱布尼兹则建议西方君主都应该向中国学习,请中国的文人,并派西方的文人去那里,以便发现"普通真理并从中产生奇妙的和谐"。伏尔泰则是肯定地说,"中国君主的身边都是文人,在人民苛求的目光注视下,文人的意见甚至是责备,他都认真地听取"①。我们注意到,那些到过中国的传教士,对中西方的交流起到了巨大促进作用,他们出于可以理解的原因,不吝对东方文明古国的溢美之词。这时期的欧洲上流社会,充斥着中国的丝绸、瓷器和珍贵的茶叶,英国女王将中国的红茶(滇红)放在玻璃器皿中观赏,法国的宫廷流行东方式样的园林。欧洲对中国的美好迷恋曾经到了无以复加的地步,但是迷恋没有回应,西方热情而积极,东方矜持而沉默,中西方的交流依然是单向的表白。

18 世纪初,欧洲大量进口了中国物品,欧洲与中国的贸易逆差越来越大,除了一些小挂钟和小加工成品外,欧洲产品在中国几乎没有市场;而中国则向欧洲出口更多的茶叶、瓷器、丝绸和工艺品。但是让欧洲苦恼的,中国人似乎什么都不需要,中国的市场一直无法顺畅打开。在伊丽莎白一世时代,左右商业的人左右世界的财富,因此也就希望控制世界。当时的英国,贸易焕发了对财富的普遍追求,金钱替代了知识,而理所当然地成为评价荣誉的标准。"在一个世纪内,英国国内建起了公路、运河、银行、矿井;使铁和羊毛的生产从手工阶段进入工业化阶段;出现了瓷器生产和棉纺业。手工作坊平地而起。"商业财富的积累,海上实力的增强,金融的发达,农业生产力的提高,人口的增长,相互促进。当时,英属东印度公司逐渐取代了荷属东印度公司在亚洲的势力。英国、法国、德国、西班牙、葡萄牙、瑞典等国纷纷开辟海外市场,并将主要的力量放在打开中国市场上。欧洲人都希望同遥远、神秘的中国王朝进行交往和贸易。尤其是英国,仅广州的"一口通商"已经无法满足日渐发达的工业和出口需求。通过工业革命已经崛起的英国日益强盛,而无法控制他们的骄傲。英国人认为,经济实力的时代来到了,世界变了,是英国人改变了世界。当中国广州的贸易已经被欧洲

---

① [法] 阿兰·佩雷菲特:《停滞的帝国——两个世界的撞击》,王国卿等译,生活·读书·新知三联书店 2023 年版,第 23—24 页。

人纳入世界贸易的轨道时，中国王朝依然在自给自足的农耕文明中享受着固有的稳定秩序，对于西方人的贸易扩张冷漠且排斥。

英国人打开中国市场的愿望是如此强烈，英国国王急于为本国产品找到市场。终于，18世纪的英国人试图打破平衡。1793年，英王乔治三世派遣马戛尔尼勋爵率领使团乘战舰前往中国。"使团人数多达近百人，包括外交官、英国青年贵族、学者、医师、画家、乐师、技师、士兵和仆役。算上水手有近700人。"① 马戛尔尼受命为英国商业打开中国大门，船队带着给中国乾隆皇帝贺寿的礼品，驶向了遥远的东方。东西方又一次相遇，准确地说是交流与碰撞，结果呢？马戛尔尼见到了皇帝，他请求清政府开放宁波、天津及其他几个近海城市以进行中英贸易，还请求在北京设置办事处。从一开始，这位英使就努力表达了自己与以往的贡使的不同，可他带来的贵重礼物一概被中国官员标为"贡品"，他们还敦促英使演练三拜九叩的礼节，但遭到了后者的严词拒绝。

从表面上看，发生的似乎是一件微不足道的小事，英国使节拒绝向乾隆皇帝叩头，引起了中国皇帝的不快。但是这场来访成为打破东西方原有平衡的开端。

后来发生的，按中国人的方式礼貌地收场了，以天朝自居的清王朝，表现出气量，宽容了"外夷"的无礼，乾隆帝下诏褒奖英王的"向化归诚之心"，但是清王朝也看出来英国使团不是真正的朝拜者身份，向乾隆祝寿只是个名义。英国派遣使团，固执地坚持以平等邦交商洽通商贸易，中国无心与任何非诚心归化者纠缠。中国皇帝告诉英国人，中国物产富庶，不需要什么外贸。英国人过于一厢情愿，尽管只有800万人口，却自认为是"世上最强大的国家"，要与3.3亿人口（当时世界人口的三分之一）的国家平起平坐，而清王朝以"天下唯一的文明国家"的姿态拒绝了他们所有的要求。

英国使团被缩短了在中国逗留的时间。按照《停滞的帝国——两个世界的撞击》作者佩雷菲特的说法，中国的大臣们尽职礼遇，恭敬而保持距离，英国人却很清醒，认为中国政府对他们态度貌似友好，心底却

---

① ［法］阿兰·佩雷菲特：《停滞的帝国——两个世界的撞击》，王国卿等译，生活·读书·新知三联书店2023年版，第3页。

蔑视。中国对外国的实力极端无知，并且盲目地相信自己的强大。中国朝廷认为，英国派遣使团只是一种效忠的表示。英国人则自信地认为："只有英国人的文明才能压下中国人几千年来自以为垄断文明的气焰。"[1]

中国朝廷同意了英国使节从陆路到广州登船回国的请求。英国使节在中国官员护送下边行边看，官员允许了他带走中国茶树种的请求，却丝毫没有意识到，英国人已经发现，清王朝的真实面貌完全不同于欧洲启蒙时期被理想化了的中国。途中所见所闻，让英国人发现一个很显而易见的事实：如果中国人禁止英国人贸易或者损害英国利益，英国只需几艘三桅战舰就能摧毁中华帝国的海岸舰队，即可控制其航运，中国将吃苦头！英国人可以用"更直接的途径"让英国的贸易打入中国。

1816年清嘉庆朝时，来华的英国使节又一次拒绝行跪拜礼。这一次朝廷不再容忍，怀柔的微笑政策转为直接斥骂，"嗣后毋庸遣使远来，徒烦跋涉，但能倾心孝顺，不必岁时来朝，如此称问化也。俾尔永尊，古兹敕谕"[2]。英使阿美士德被草率地接待，没有能够觐见嘉庆皇帝，他带着中国皇帝给英王的回信，被草草打发走了。

欧洲已经准备大规模扩张，东西方的交往却依然停留在18世纪的水平，东西方的接触依然如旧，没有影响到东方的中国，直到1840年。

1840年4月7日，在英国下议院的一场激烈讨论被佩雷菲特在《停滞的帝国——两个世界的撞击》中重现：一个来自中国的消息让议员们聚集在一起，中国政府派大臣林则徐主持禁烟，在中国销售的鸦片被销毁，远在广州的英国商人受到处死的威胁，英国准备对中国派遣远征军。议员托马斯·斯当东爵士起身发言——48年前，他还是个十几岁的孩童，却是远赴东方的第一个英国使团的成员，48年后，他作为最了解中国情况的议员，提出他的观点：英国人在中国的鸦片贸易合法，英国人的行为没有违反国际法；同时他指出，中国的两广总督用自己的船运送鸦片，既然中国官员如此，中国政府就没有理由禁止并惩罚

---

[1] ［法］阿兰·佩雷菲特：《停滞的帝国——两个世界的撞击》，王国卿等译，生活·读书·新知三联书店2023年版，第7页。

[2] 《清实录·嘉庆朝》嘉庆二十一年七月。

英国人。斯当东不反对中国政府有权强化司法措施，以制止鸦片贸易，但是质疑"北京朝廷"粗暴地判处英国商人死刑的做法。他认为对外国人的处罚，只能是禁止经商或驱逐出境，中国朝廷这样追溯既往的做法，是"对人权的不可容忍的侵犯"。斯当东颇有远见地指出，应该警惕中国人像对待他们国内叛乱分子一样，用刀剑来对待英国人的行为！他认为，有必要发动对中国的战争："如果英国人在中国不受人尊敬，那么在印度也会很快不受尊敬，并且渐渐地在全世界都会如此。""尽管令人遗憾，但我还是认为这场战争是正义的，而且也是必要的"。① 一场与鸦片贸易有关的战争，却被英国人用法律之名来启动，傲慢的英国人认为自己开始了一场正义的和必要的战争。18 世纪末期英国外交政策失败，没有叩开中国的贸易大门，转而用"更直接的途径"打开中国的大门，英国的贸易终于可以打入中国，也不必从印度走私鸦片了。英国人的所谓必要，完全是以自己的利益衡量为前提，在这个问题上，英国人更像生意人。英国人的正义当然经不起推敲，产业革命后的英国已经无法克制展现自己国家实力的强烈欲望，他们太渴望这场假借正义之名的战争。

  英国人远航到中国的"拜寿"，是一次改变中西方交流轨迹的航行。马戛尔尼到中国，表面上无功而返，他受命出使的初衷无疑是没有实现，但是之后发生的，却给英国带来无法预计的巨大收获。有句俗语，"别人的喜悦就是你的忧愁"，时值法国大革命之际，英国人没有卷入欧洲大陆的动荡，对英国而言，这是一次有远见的航行，是在为 19 世纪的英国未来投资。发生工业革命的西方国家、自由贸易文化最发达的国家和最杰出的东方文明国家也是对外面的世界无动于衷的国家，以一种特殊方式相遇了。

  18 世纪晚期东西方的相遇与碰撞，打破了长期以来中西方交流的平衡，彻底改变传统中国的国运、民运。当东方遇上西方，当敏感自负的中国人与傲慢的英国人相遇且发生碰撞，"双方都自以为是世界的中心，都把对方推到野蛮人的边缘。中国拒绝对外开放，而英国人则不管

---

① ［法］阿兰·佩雷菲特：《停滞的帝国——两个世界的撞击》，王国卿等译，生活·读书·新知三联书店 2023 年版，第 13 页。

别人愿意与否"①，东方与西方的两极在数十年间从文化冲突变成兵戎相见，两国关系的破裂引起了一系列连锁反应。随之而来的，是中国传统社会的崩溃，以及两个世界的对抗，随后这样的冲突支配了未来的整个世纪。中华文明的传统优势逐渐消退，中国传统社会的人、物、习惯、风俗将遭遇巨大变革，而不可避免地迎来社会转型时期的各种新陈代谢。

二 西方法律思潮的传播

18世纪末19世纪初期，西方通过贸易和宗教已经开始系统地了解中国的社会与法律制度，西方已经开始大力扩张，东方的中国依然闭关自守。清政府于乾隆二十四年（1759）制定了《防范外夷规条》，在嘉庆十四年（1809）又制定了《民夷交易章程》。郑和下西洋带回的对外部世界的认识，其中不乏谬误和歪曲，甚至以讹传讹，乃至成为定论。19世纪中国人了解西方的主要信息来源是在广州的西方商人，人数又少，时人对西方所知甚少，甚至无法分辨西方各国的名称。当魏源等有识之士试图了解西方时，只能求助于西方著作的译本。中国人忽然间发现，原本对付外夷行之有效的传统做法已经失去了作用。

回顾历史，欧洲人最终是以商业和宗教这两种途径接近中国的。在明末清初，一批来华耶稣会教士对中西文化交流起到巨大的推动作用，但是没有改变本来的态势，中国保持着以商业贸易为主导的优势，而西方迷恋中国商品的热忱依然不减，中国对传统体制和文化的固守更是坚定不移。西方传教士在中国的传教活动收获甚微，说服中国人皈依基督教的工作充满艰辛和挫折，不少传教士认为，中国人应该接受西方式的人类文明进步，中国人接受的西方文明越多，他们就越有可能接受西方人的信仰。1891年，威尔士人李提摩太担任"同文书会"总干事，他致力于向中国的士大夫阶层宣传革新的思想。1868年，美国传教士林乐知（Young J. Allen）在上海创办《中国教会新报》，后来改称《万国公报》，向中国的知识界广泛传播西方的思想，介绍时事消息。

---

① ［法］阿兰·佩雷菲特：《停滞的帝国——两个世界的撞击》，王国卿等译，生活·读书·新知三联书店2023年版，第14页。

1840年鸦片战争的失败给中国人以巨大打击，面临咄咄逼人的西方列强，积弱的中国不堪一击，国人不得不反思中西力量对比差距的原因。在鸦片战争前，国人接触西方文明还带有好奇的心态，而鸦片战争后，逼迫国人"开眼看世界"，一批有见识的官吏、知识分子开始主动了解和引进西方文化，加之西方传教士对西学东渐的推动与促进，西方文明开始在自发与自觉的不同层面进行传播。可以说，近代中西方不同形式的接触与碰撞，从商业贸易到宗教，从民间到政府，西学东渐，加速了西政思潮的传播，中国人民智渐开。这些是清末变法修律，进而完成新旧法律服务群体转型的重要思想基础。

近代西方靠近中国，是主动的，是谋取利益的积极接触，中国人了解西方，是被动的，是挨打后的被迫选择。1842年，林则徐组织翻译了滑达尔的《国际法》，之后清政府开始着手翻译西方的法学著作。19世纪60年代洋务运动兴起，朝廷设立京师同文馆，聘用外国教习翻译西方政治、法律书籍。1861年成立总理各国事务衙门，1907年成立的宪政编查馆，均内设专门的翻译机构，同时的江南制造局也设立了译书处，大量的西方法学著作进入中国。同文馆的美国传教士丁韪良翻译了美国人惠顿的《国际法原理》等五种。英国传教士曾在江南制造局任翻译22年，译书143种，其中有关法律的就有《公法总论》《各国交涉公法论》《各国交涉便法论》《比国考察罪犯纪略》《西法洗冤录》等20余种，1896年至1905年，输入中国的法律书籍从18种增加到73种。① 清政府官方翻译的各类法律译本涉及20个国家，兼容西方两大法系。中国人最初接触较多的西方法律是英美法系，后来清朝所译多为大陆法系内容，特别是日本明治维新后，清朝更多关注日本政治法律制度，开始明显地出现师法日本的倾向。民国时期著名的译著主要有，美国庞德原著、陆鼎揆翻译的《社会法理学原理》，英国戴雪原著、梅仲协翻译的《英宪精义》，日本穗积陈重原著、黄尊三等翻译的《法律进化论》，史尚宽翻译的《法国民法典》《瑞士民法典》，王宠惠翻译的《德国民法典》，等等。这些西方法学著作和法律文本的中文译本，是近代中国人了解外国法律制度和法学知识的主要途径。

---

① 丁贤俊、喻作凤：《伍廷芳评传》，人民出版社2005年版，第230页。

随着清末科举制度的衰落，原本传统的士绅阶层发生了整体性裂变。一批通过留学海外或新式学堂培养的新型知识分子群体，逐渐形成并不断发展壮大，他们与传统体制内卓有见识的精英分子一起，构成近代西方法律思想的传播力量。如，最早留学美国的容闳①1854年毕业于耶鲁大学，1872年容闳等人率领幼童赴美留学，开启了中国近代公费留学教育的历史，他坚定地认为，"向西方学习，也许会使中国获得新生，变得文明而强大"②。再如，清末修律大臣伍廷芳③于1882年进入北洋幕府时，就曾致力于海事、商贸、国防公法的翻译。民国时期，随着大量法科留学生归来，西方法律思潮的传播力度随之加大，有海外留学背景的大批新兴知识分子，在传播西方法律思想与西方法律制度方面起到了中西方的媒介作用。

综合来看，近代法律思想与法律知识的传播主要依靠以下途径：一是译介西方的法律书籍和法典；二是出版法学专著和法律普及方面的书籍；三是编辑出版报纸和法律杂志。19世纪末的报纸对西方法律思想的传播发挥了重要作用。新闻业是近现代化的一个重要标志，有人把清末民初以报纸为主的新闻业比作近代社会的血液，报纸对当时广泛的社会联系、信息传播、文化交流、民俗沟通起到巨大作用，是清末民初开启民智的重要途径。

在中国，报纸有着不寻常的发展史。中国历史上最早的"报"，可以追溯到西汉时传达君臣信息的邸报，但其并非正式出版物，而且形式单一。清代延续了官报传统，有京报，还有用来翻刻京报的报房。光绪年间，有人刻印《谕折汇存》，将几天的京报内容汇集成册，类似于官府文件汇编，被统称为官报，"我国之官报，在世界上为最早，何以独

---

① 容闳（1828—1912），原名光照，字达萌，号纯甫，广东省香山县南屏村人，中国近代著名的教育家、外交家和社会活动家。容闳是第一个毕业于美国耶鲁大学的中国留学生，是中国留学生事业的先驱，被誉为"中国留学生之父"。

② 容闳：《西学东渐记》，恽铁樵、徐凤石译，珠海出版社2006年版，第28页。

③ 伍廷芳（1842—1922），本名叙，字文爵，又名廷才，号秩庸，后改名廷芳，清末民初杰出的外交家、法学家。伍廷芳出生于新加坡，三岁随父回广州芳村定居，早年入香港圣保罗书院，1874年自费留学英国，入伦敦林肯法律学院攻读法学，获博士学位及大律师资格，成为中国近代第一个法学博士。1877年5月，港英政府律政司准许其在香港法庭执行律师业务，伍廷芳因此成为第一位获准在香港担任律师的中国人。

不发达？其故盖西人之报纸与民阅，而我国乃与官阅"①。也有人质疑这个说法，认为京报的翻刻、经销都是民营的，由商家印发这些所谓的报纸，有偿向全国的士大夫通报朝廷的动向和文告。②

真正将新闻报纸带入中国的，是西方传教士。鸦片战争之前，在中国境内由外国人创办的报纸不下十种，有 China Mail、《北华捷报》（又名《先锋报》）等，这些报刊在宣传基督教义的同时，也刊登了大量时政新闻、商业动态、领事公报，以及历史、科学、政治等内容。西人办报初衷当然是为了传教，但不可否认，这些新闻报纸也为中国人了解西方文化开阔了视野，提供了机会，特别是当西方传教士的活动受到中国士绅排斥和歧视时，他们的布道重点转向普通百姓和士人学子，这对西学普遍传播起到了重要作用。庚子年以后，清廷讲求新法，开通民智，各地办报之风渐开，有《湖北商报》《北洋官报》《浙报》《晋报》等相继而起。清末官员樊增祥③曾言，读报是有趣的新鲜事物，"人欲知古事，莫如读书，欲知今事，莫如读报"④，"读书一事苦而读报甘"，同时"读报以开民智"⑤，是"开通耳目之丹方，而震动愚迷之鼓吹也"⑥。樊氏曾任官的陕西，虽地偏西陲，风气较东南晚，在癸卯春也有了《秦报》，主要登载秦中政治要闻、风土人情、物产信息、人才培养等，也转载京津沪粤报纸消息，面向秦中官吏士商人群，"博观新事，以会其通，使吾秦之人皆贤皆智"⑦。甲辰年变通秦报章程的十一条中，

---

① 戈公振：《中国报学史》，上海商务印书馆1927年版，第63页。
② [美]费正清：《中国：传统与变迁》，张沛等译，吉林出版集团有限责任公司2013年版，第296页。
③ 樊增祥（1846—1931），光绪三年（1877）进士，光绪十年（1884）出补陕西宜川知县，后调任咸宁、富平、长安、渭南知县。光绪二十六年（1900），八国联军进逼北京，樊增祥应召至京，力请移避长安，因护驾功，充政务处提调，负责处理军机政务。次年（1901），升为陕西省臬司，随后累官陕西布政使、甘肃布政使、江宁布政使。宣统二年（1910）任两江总督。
④ [美]费正清：《中国：传统与变迁》，张沛等译，吉林出版集团有限责任公司2013年版，第168页。
⑤ [美]费正清：《中国：传统与变迁》，张沛等译，吉林出版集团有限责任公司2013年版，第172页。
⑥ [美]费正清：《中国：传统与变迁》，张沛等译，吉林出版集团有限责任公司2013年版，第172页。
⑦ [美]费正清：《中国：传统与变迁》，张沛等译，吉林出版集团有限责任公司2013年版，第169页。

确定"州县判决词讼，如有案涉奇异，审断公明者，冤狱平反者，大谬无理被撤参者，一概登报。盖公允者可以示劝，过于糊涂荒谬者告之通省并传诸邻省，不但可以示惩，且使现任各官各有戒心，从此不敢荒率人性，则所全者多矣"①。清末时期报纸上刊登地方官审案判词，可算观念超前的"政务公开"，这些见诸报端的案件，客观上对普及民众法律观念起到了一定作用。

另外，民国时期法学刊物频频出版，也极大地促进了民众的法律观念。根据《民国图书总数目》法律篇的统计，民国时期法律书籍出版总数近千种，这些书籍反映社会问题，阐明法理，论述各国法治思想，推动了整个社会法律观念的转变。翻阅民国时期的法学刊物，几乎每一期都有关于当时法律的解释性著作、译著、专著、法学讲义，以及有关司法官考试的参考书等书籍的宣传广告。清末至民国，国内专门法律期刊共有 78 种，其中创刊于清光绪、宣统之际的有 9 种，民国元年至 1926 年有 14 种，1927 年至 1937 年有 41 种，1938 年至 1945 年有 5 种，1946 年至 1949 年有 9 种。其中主要有：1911 年创办的《法学会杂志》，1914 年创办的《法政周报》，1916 年创办的《法政杂志》，1918 年创办的《法政学报》，1928 年创办的《法律丛刊》，1923 年创办的《法律评论》，东吴大学的《法学杂志》，等等。东吴大学出版《法学杂志》创刊号用了中英文两种文字印刷，如刘伯穆所言，该杂志的创办方针可概括为三重含义：第一，将外国法律原理引介到中国，并使外国了解中国；第二，推动中西法律原理的比较研究；第三，在中国广泛传播法律知识，为今后的法律改革做准备。这些法学刊物所起到的作用，恰如《法律评论》表明的创办宗旨，"以灌输法律新思想为己任"②。梁启超则表示，希望该杂志的编辑出版激发司法界之朝气，使其形成磅礴之势。江庸在《法律评论》的《发刊辞》中表达了以关注司法改良为重心的编辑方针。江庸认为，与政府在教育、军政、交通等领域的建设相比，司法建设尚取得一定成效，他总结了民国司法的成绩：其一，"人才齐整，胜于其他机关"；其二，"贿赂之事，确较少于往时之司谳"。

---

① 樊增祥：《樊山政书》，中华书局 2007 年版，第 170 页。
② 江庸：《发刊辞》，《法律评论》第 1—8 合刊，1924 年 5 月。

他指出，司法同时存在着两大弊端：其一，诉讼不免延滞；其二，审判不能独立。要解决此弊端即应进行司法改良，树立法官的地位，重视职业精神："当此世风颓靡，廉耻道丧之时，为天地留正气，为士类争气节，为历史增光荣，不能不有所厚望于今日之司法官矣。"①《法律评论》在关注司法改良问题时，对律师问题相当关注，曾刊登大量司法部官员律师的各项法令及解释，并在"法界消息"一栏中，集中介绍各地律师公会的近期活动；从 1927 年 10 月 9 日第 223 期开始，又增设"律师界消息"，把律师新闻独立出来，尽管该栏目前后仅十几期，但该专栏的开篇，正式将律师作为一个群体纳入公众与法律界共同关注的视野，意义重大。同时，法律期刊经常译介一些外国律师制度的文章，如《法律评论》曾刊登"美国之律师"和"日本修正律师法"。

不同途径的西方法律思想与法律知识的传播，为近代中国的法制转型和发展提供了丰富的资源，也为清廷的决策者提供了更广泛的视野，西方法律观念和诉讼制度成为晚清政府移植西方司法制度的直接立法蓝本。变革首先要在头脑中进行，西方司法制度的移植和引入，离不开西方法律思潮的传播，伴随西学东渐，民智得以开启，为民众接受新鲜事物提供了重要的思想基础，就新旧法律服务群体从传统向现代的转型而言，这也是导致转型的必要的思想基础，进而形成制度变革的内在推动力。

三 日本崛起的刺激

19 世纪中期的日本和中国情况类似，对外实行"锁国政策"。当时日本正处于德川幕府时代，德川幕府禁止外国的传教士、商人与平民进入日本，也不允许海外的日本人回国，甚至下令禁止制造适用于远洋航行的船只，只允许中国、朝鲜和荷兰的商人在长崎一带有贸易，此外还严禁传播基督教。

但是近代日本的资本主义萌芽已经出现。当时一些经济比较发达的地区，已经有为数不少的手工业作坊，作坊内出现雇佣工人。随着商品经济形态的快速扩展，商人阶层力量日益强大，旧有制度开始成为束缚

---

① 江庸：《发刊辞》，《法律评论》第 1—8 合刊，1924 年 5 月。

经济发展的桎梏，于是具有新兴资产阶级色彩的大名（藩地诸侯）、武士和商人们组成了政治联盟，与反对幕府统治的农民一起形成"倒幕派"。1853年的"黑船事件"使日本被迫"开国"，接踵而来的一系列不平等条约的签订，使德川幕府成为日本社会上下讨伐的目标，封建阵营彻底分化，中下级武士要求改革并形成革新势力。在经历了"尊王攘夷"和"倒幕运动"之后，日本结束了幕府统治。1868年日本明治天皇建立新政府，1871年明治政府派出使团出访欧美，认真地考察了资本主义国家制度，在富国强兵、殖产兴化、文化开明的口号下，进行了全面西化与现代化改革。

这场改革是由上而下的具有资本主义性质的改革，建立了君主立宪政体，进行近现代政治体制改革；积极引进欧美技术设备和管理方法，掀起工业化浪潮；学习西方文明，发展现代教育，提高国民知识水平，培养现代化人才，等等。这场改革使近代日本发生巨变，强烈地刺激了清政府。19世纪的日本原本与中国一样，承受着西方资本主义工业文明的巨大冲击，但是自"明治维新"后，经过20多年的积蓄发展，日本国力渐强，先后废除了幕府时代与西方列国签订的一系列不平等条约，重获国家主权，日本从此走上独立发展的道路。一直以中国为仿效对象的东亚小国通过变法，在短短几十年间一跃为强国；而中国一直自视为东方文明的宗主国，自鸦片战争起即饱受欺凌，加之中日甲午战争中国的惨败，更加触痛了朝野上下。从此，近代中国"师夷制夷"的重心，从科技移转至制度，政治体制和法律制度的变革开始列入清廷的议事日程。

中国盛唐时期向日本输出了中华文明，包括法律制度在内的中华文化和具体典章制度，对日本古代社会产生过深刻的影响。1884年日本法学家穗积陈重提出了五大法系说，他把世界法律分为"印度法族、中国法族、回回法族、英国法族、罗马法族"，日本人承认他们历史上的法律传统属于中国法族。日本近代以前有"公事师""出入师"，类似于中国古代的讼师。明治维新后日本社会发生了根本性的变化，1872年日本明治政府颁布《司法职务规则》，仿照西方（主要是仿照法国法）设置了"代言人"与"代书人"制度。1876年又制定了《代言人规则》，从此律师制度在日本起步。1882年日本颁布《刑事诉讼法》，正式规定了辩护制度，1893年日本首部《律师法》颁布。至此，与中国近邻的日本的律师制度已臻完备。[①] 清末新政明显有仿效日本的倾向，其时认为日本与中国"同文同洲，取资尤易为力。应该派有学有识通达中外之员前往并与日本人士接洽研求，穷其底蕴，为我制定新律之助"[②]。

直到中国在鸦片战争中败给英国，大多数的日本人都还认为，清朝是世界上屈指可数的大国强国。鸦片战争让日本对清朝的态度发生了迅速变化，1849年佐藤信渊称，"清朝是夷狄，英国也是夷狄，但是愚老（清朝）被英国打败了"，"在计算国家利益的时候，西方的夷狄的贪婪是个祸害，或者会来东方，说不定会来我国"[③]。对于日本来说，鸦片战争后的清朝对日本已无威胁，清朝帝国的强大形象已崩溃，如佐藤信渊认为，清朝"已经病入肺部和肝部，没有任何治疗的方法"，是真正柔弱的国家。日本自明治维新开始，经过多年蓄养国力，在认清了近邻的实力后，更加自信地确定扬威海疆、进占大陆、扩展大和民族势力的目标，将"比较容易得手的朝鲜、中国东北先割为己有"[④]，目的是在那里构筑实力，以攫取更大利益。1871年日本政府以琉球船民漂流到台湾、遭到岛民杀害为由，派兵攻打台湾，这次冲突最后以英使威尔玛出面调解，清政府与日本达成协议赔偿白银50万两了结。协议中，清政府承认日军侵台是"保民义举"，琉球长久与中国有藩属关系，清政府此举等于默认了琉球事实上被日本侵吞。清廷以为琉球是弹丸之地，不足为惜。而对日本而言，这是日本崛起后侵略近邻的尝试性胜利。

侵略台湾的次年，日本军舰攻打朝鲜，强迫朝鲜否认与中国长期存在的宗藩关系，实行所谓的"自主"，而"自主"实际上是日本主宰朝鲜的掩饰词。随后日本在朝鲜步步紧逼，清政府被逼应战。1894年7月23日，日本袭击中国运兵船，挑起丰岛海战。8月1日，清政府对日宣战。这次中日双方交战，实际上是两国军事现代化的较量，是检验中

---

① [日]安冈昭男：《日本近代史》，林和生、李心纯译，中国社会科学出版社1996年版，第313页。
② 《奏请派员赴日考察折》，1905年11月3日。
③ 参见[日]佐藤信渊《存华挫狄论》，1849年。
④ 参见[日]佐藤信渊《存华挫狄论》，1849年。

日两国整整一代人的军事化努力结果的首次交锋。大部分人包括西方人都认为，以中国之大当稳操胜券；然而日本人很快就证明了，他们的现代化革命更为成功，中国的军舰数量虽多，但是日本舰队的素质更高。9月16日，平壤战役清军败退，日本军队占领整个朝鲜，并追过鸭绿江，战火蔓延至中国境内。与此同时，清政府海战溃败，日本重创大清海军，北洋舰队覆灭。中日甲午战争以中国惨败结束。

这场中日战争给中国的打击不仅是军事上的失利，更多的是由此带来对国家、民族陷入危机的焦虑和恐惧。战争之初，从数量上看，中日两国的陆海军是中国占有优势，日本投入兵力大概是17万人，清军总共约35万人。清朝有当时号称四大水师的北洋、南洋、福建、广东水师，有大小舰船82艘，特别是北洋舰队按西方新制组建，舰种齐全、设备先进，官兵均接受新式训练，两艘主力舰堪称世界先进水平，号称远东第一战舰。清政府组建北洋舰队初衷，就是为了抵御日寇、巩固海防。在甲午战争的前一年，以李鸿章为首的朝廷重臣还自信地宣称，北洋海军纵不足以抵抗西方强敌，抗衡日本当能稳操胜券。结果甲午战败，北洋舰队全军覆灭，举国震惊，清廷上下无法承受如此残酷的现实，朝堂上的大臣们羞怒哀号，不知所措，民众义愤激昂，不满清朝腐败无能，出现了拒和、迁都、变法的呼号。百般无奈下，清政府屈辱求和，中日签订《马关条约》，清政府向日本割地赔款，赔偿白银2亿两，割让辽东半岛、台湾全岛及其附属岛屿和澎湖列岛给日本。空前未有的大割地、大赔款，使中华民族蒙受奇耻大辱。

有识之士已经意识到，总结军事上的失利教训，不能化解中国面临的巨大危机，唯有解决更深层次的传统体制问题，才能挽救国运。1868年至1912年，日本明治维新的伟大成就让日本的史学家无比自豪。而这段时间的清朝历史，却让中国的学者们不堪回首。日本奇迹般地在几十年内学习并赶上西方的制度与技术，中国却每况愈下。两国都曾被迫与西方列强签订不平等条约，日本很快崛起并成为列强一员，不断向外扩张势力。甲午战争中国的溃败，对晚清政府和国人都是巨大的外部刺激，日本的崛起让清廷上下彻底清醒，中华帝国的辉煌不再，中华文明的优势从动摇到彻底崩塌。

第二节　西方列强欺压下的外力压迫与内在动力

一　接触中的沉没

18世纪英国人出使中国，是东方的美好把西方人吸引到了中国，但中西方接触之后中华王朝沉没，随之而来的是西方的战舰左右了清王朝的命运，西方人开始掠夺中国的财富，侵略主权和尊严。18世纪的中国与英国，代表着东方和西方，也同样代表着东西方的固执和坚持，只是表现不同。中国人含蓄，英国人蛮横。中国人因袭传统，英国人强行打破平衡。在中西方接触碰撞中，英国人从始至终都在傲慢地盘算着自己的优势，他们得出这样的结论："中华帝国只是一艘破败不堪的旧船，只是幸运地有了几位谨慎的船长才使它在近150年间没有沉没"，"假使来了无能之辈掌舵，那船上的纪律与安全就都完了"。"船将不会立刻沉没，它将像一个残骸那样到处漂流，然后在海岸上撞个粉碎"①。

这样的表述对于18世纪的中国来说，没有人能够接受。西方人眼中的中华帝国如同他的残破不堪的旧军舰，"只能靠庞大的躯壳让人敬畏了"，英国人甚至傲慢地预言，"它将永远不能修复"②。近代的中国饱受列强欺凌，无力反抗，各国冒险家都来到了中国，借助中国的衰败来确立自己的威望，中央王朝的帝国优势消退了。被迫睁眼看世界的国人发现，民族自尊心替代不了自信心，与西方有过接触的清廷大员以及社会上的有识之士，开始意识到一个残酷的现实：尽管不情愿，但不得不承认，中华王朝落伍了，世界已经是西风压倒东风！

中国的社会与法律，被西方人称为"他们习惯于保持永久不变的谦虚和自我克制的态度"，19世纪之前，西方人见到的中国是封闭社会的

---

① [法]阿兰·佩雷菲特：《停滞的帝国——两个世界的撞击》，王国卿等译，生活·读书·新知三联书店2023年版，第403页。
② [法]阿兰·佩雷菲特：《停滞的帝国——两个世界的撞击》，王国卿等译，生活·读书·新知三联书店2023年版，第403页。

典型，在西方人眼中，中国的社会与法律稳定而有秩序，"那里的制度犹如台球那样结实——它是那么完整、精确、苛求，以至想不服从就会冒很大的风险"①。国家体制内禁止革新，只要参照惯例就足够了，要改变其中的任何内容都将是自负的表现。孟德斯鸠明确地表达了他的看法："中国是一个以畏惧为原则的专制国家"②，那里"如果不使用棍棒，人民便什么也不干"③。伏尔泰也在迷恋中国后，开始批评中国："我们吃尽千辛万苦到了中国，但中国人并不知道我们比他们优越得多。"④ 欧洲人惊讶地发现，中国人对一切中国之外的事情表现出了令人难以相信的无知，中国人认为中国处于地球的中心，他们把地球想象成一个四方形，其他国家都是四周的"番邦"而已，这些国家不为人知或者只有向中国进贡的份儿。当利玛窦神父给中国人看一个地球仪时，中国人根本不相信那是真的，中国人断然地说"中国显得太小了"。中国官话把归顺的番人称为"熟番"，未归顺的叫作"生番"，熟番是服从天命的人，生番就是未能或愚蠢得不能分享文明成果的人。中国人自认为是世上唯一的文明人。法国的佩雷菲特调侃道："任何东西都逃不过这种文明的吸引。生番一靠近中国这炉灶便开始煮东西吃。"⑤

18世纪以后的中国人不得不思考这样的问题，为什么直到16世纪和17世纪，中国仍能以大量的发明骄傲于世，一直被视为文明国度，领先于西欧而成为世界上最先进的国家？为什么随后的中国却被别国赶上，然后又被超越；而到了19世纪，中国的部分领土竟然和停留在石器时代部落居住的地方一样沦为殖民地？为何到了20世纪，中国竟然成了世界上最落后、最贫穷的国家之一？想解答这些疑问，无疑很艰难，但有一点是肯定的，这些与中国长期以来的保守、封闭有关，外面的世界已经日新月异，中国却固守王朝旧制，排斥开放、拒绝纳新，满

---

① [法] 阿兰·佩雷菲特：《停滞的帝国——两个世界的撞击》，王国卿等译，生活·读书·新知三联书店2023年版，第3页。
② [法] 孟德斯鸠：《论法的精神》，商务印书馆2012年版，第152页。
③ [法] 孟德斯鸠：《论法的精神》，商务印书馆2012年版，第150页。
④ [法] 柯蒂埃：《18世纪法国视野里的中国》，唐玉清译，上海书店出版社2010年版，第165页。
⑤ [法] 阿兰·佩雷菲特：《停滞的帝国——两个世界的撞击》，王国卿等译，生活·读书·新知三联书店2023年版，第29页。

足于自我陶醉，浑然不顾西方的进步。如果没有伴随近代航海业的进步而带来的地理大发现，东西方的交流还是有限，如果西方对东方还是遥望和想象，还只停留于商船带物品的期待和渴望，或许就不会发生近代史上的野蛮掠夺与征服，如果欧洲没有完成产业革命，那么西方人就不会以国力为后盾，觊觎东方的财富，如强盗行径般地掠夺。在逐利的驱动下，没有绅士风度，只有以国家为名义的野蛮和贪婪。

因为对传统的自信，中国社会存在着惰性，中西方碰撞后骤然遭受外力压迫，会暂时地做出应激反应，危险过后则又是依然故我。中国人口众多，社会构成庞大，国家组织系统异常稳固，无法迅速地转化为西方式的组织模式。这样的国情与日本不同，日本国家小，可以迅速做出反应，短时间改弦更张，接受并推行西方制度和观念。中国人只会在忠于自我和对外开放之间做出综合权衡和判断。清朝末年，曾在北京长期居住的美国公使夫人萨拉·康格以女性特有的细腻视角和独特观察著书描述她在中国的亲身经历，"每种外国思想都会与不相协调的中国思想相碰撞。当这种碰撞抛起杂音时，人们需要时间和细心地聆听才能捕捉到二者的共鸣"①。

清朝建立于17世纪，清朝人打败大明政权的同一时间，欧洲人建立了北美殖民地。欧洲和北美在这个历史时期是近现代发展的重要阶段，但是在地球的另一端，中央王朝又是一次周而复始的轮回。清朝代表了中国传统体制最辉煌的历史，也承载了最黯淡的一页。清王朝本来可以像13世纪的蒙古人那样，打开中国传统的大门，但是入关后的满人想法与成吉思汗、忽必烈完全不同，满人固守传统，闭关自守甚至更顽固。为了更好地统治，他们又加上了一道锁，清朝数发禁海令，对工商业贸易严格压抑，这些措施都将17世纪后的中国更深地陷入固守不变。马可·波罗赞颂的丰富多彩的中国再也不存在了。满洲人是成功的继承者，却也是拙劣的革新者，清朝皇帝变成主人后，只想安安稳稳地享受他们的猎物。自满人入关缔造大清王朝直至19世纪，足足有三百年对世界封闭的历史，与此同时，西方世界却在急剧地发生变化。1840

---

① [美]萨拉·康格：《北京信札——特别是关于慈禧太后和中国妇女》，沈春雷等译，南京出版社2006年版，第308页。

年中英鸦片战争爆发，彻底改变了世界经济、军事、政治格局，中国战败，作为世界最大的东方帝国从此倒下，在中西方的激烈碰撞中，中央王朝沉没了。

二 外力压迫下的司法主权丧失

1842年中英《南京条约》的签订，开近代不平等条约之端。随后，先后有英、美、法、德、日、俄等西方列强通过一系列不平等条约从中国获取政治和经济利益。在西风凌压之下，东方的中华帝国优势逐渐消退，19世纪至20世纪的中国，如同猎物一般，被西方列强肆意进行利益分割。从形式上看，近代列强攫取在华权益的法律依据大多是通商条约，虽然只是经济性质的条约，但是实际上近代中国的法权、财权，包括国家主权的屡遭侵夺，多源于此类条约。至1901年清廷下诏变法前，表面上《大清律》仍在形式上维持着大清帝国的法统，但实际上，外力压迫下的中国已经逐渐丧失了司法主权。

因不平等条约出现的领事裁判权、会审制度等，破坏着中国自古以来从未面临威胁的司法独立权。早在鸦片战争之前，英国政府因东印度公司对华贸易垄断权的取消，开始重视加强对海外英国人的司法管辖问题。1833年8月，英国国会通过"整理中国及印度商务案"，决定授权英国驻华商务监督在广州或是附近设置一个具有刑事和海事法权的机构，按照英国的法律机制，对中国领土和中国海岸30英里内地区英国人所涉及的犯罪案件进行审判。[1] 这是外国在华谋取领事裁判权的最早法令性文件。

继1842年《南京条约》后，1843年签订《中英五口通商附粘善后条款》，继而又签订了《五口通商章程》。该章程规定：中英两国国民在中国境内发生诉讼纠纷，由英国领事出面劝息；对于英国国民作为刑事被告的案件，"其英人如何科罪，由英国议定章程、法律，发给管事官（即领事）照办。华人如何科罪，应治以中国之法"[2]。领事裁判权制度由此在中国发端，凡在中国享有领事裁判权的国家，

---

[1] 梁敬镎：《在华领事裁判权论》，商务印书馆1930年版，第10页。
[2] 《五口通商章程》第13条。

其在中国的侨民可以不受中国法律的管辖，无论发生任何违反中国法律的违法犯罪行为，或者成为民事诉讼或刑事诉讼当事人，中国司法机关都无权裁判，只能由该国领事或该国设在中国的司法机构依据其本国法律裁判。

西方列强要求领事裁判权的理由之一，是认为中国法律的落后和野蛮，与西方国家法律制度不相吻合。1844 年中美两国签订《望厦条约》，领事裁判权制度更加明确化和扩大化。随后，法国、瑞典、挪威、俄国等国通过签订不平等条约，也相继取得了在华领事裁判权，前后在中国获得领事裁判权的西方国家有 19 个。清末政府划定上海、广州、天津、武汉等 9 个沿海、沿江城市为通商口岸城市，允许在这些地区设立领事法庭，许可外籍律师执业。

中国司法主权受到列强各国侵凌的另一表现是会审公廨制度的建立。1845 年，英国率先在上海建立第一个租界，形成中国领土内的"国中之国"。1854 年，英、法、美等国设立租界工部局，据此行使对租界的行政管理权。西方列强各国不满足于领事裁判权的范围，一直意图获得租界内的司法管辖权。1864 年，英国驻上海领事与清政府达成协议，在上海租界内设立司法审判机构，名为"洋泾浜北首理事衙门"。1868 年，清政府与英美各国领事签订《洋泾浜设官会审章程》，将租界审判机构改名为"上海公共租界会审公廨"。可以说，上海租界里的会审公廨制度是特定历史条件下产生的一个法律怪胎，在上海的外国人享有治外法权，在租界发生的中国人外国人之间的刑事、民事案件，由公共租界内的会审公廨审理。依照协议，无论理事衙门，还是会审公廨，形式上都是中国司法机构在租界内的分支，由中国政府派员主持审判，并适用中国法律。虽然名义上公廨由中国政府管辖，但是如果涉讼人为外国人或为外国在华机构服务的中国人，由外国领事派员"观审"。若案件涉及有约国外国人，则由中国官员与外国领事一起"会审"；若是无约国外国人，则由外国领事或由其所员"陪审"。实际上，有外国领事参与的会审，往往由外国领事掌握主导权，中国官员根本做不了主。

鸦片战争前，中国是一个领土完整、主权独立的国家。唐《永徽律》中有"化外人相犯"的专条，其中明确规定："诸化外人，同类自相犯者，各依本俗法；异类相犯者，以法律论。"①《大明律》和《大清律》中也都有"化外人相犯"的专条，规定凡是化外人犯罪者，一律依中国法律断处。② 中国历朝对来华的外国人的司法管辖权问题，既坚持维护国家的主权，又注意尊重对方国家风俗法制。领事裁判权的出现，导致清政府司法主权的丧失；会审公廨制度的施行，造成了同样的后果。如此，在近代中国竟然出现了"外人不受中国之刑章，而华人反就外国之裁判"的怪现象。而这一切，清政府无法阻止，只能被迫承受。

三 治外法权收回的内在动力

19世纪一场实力悬殊的鸦片战争，是西方野蛮掠夺的战争。中国的战败让中国以天朝自居的信心彻底动摇，在外力压迫下，中国如衰弱的巨龙受困浅滩，虚弱无力苦苦挣扎。随后不平等条约渐次签订，中国的司法主权无法保持完整，晚清政府已经无力维护主权国家的尊严。

各国凭借其在军事、政治上的优势，利用清政府的积弱和无能，取得了领事裁判权，建立了会审公廨制度。各国通过治外法权不断获取更大的权益，不仅体现在司法管辖上，还借机扩大了政治、经济利益。被不平等条约确定为通商口岸的土地被外国政府永久租用，每年只需付一笔为数不多的租金，形成所谓的"租界"，中国的主权在租界名存实亡。1863年英、美两国在上海设立了"公共租界"，生活着2000多名外国人，经选举成立租界委员会，直属于本国领事馆并享有治外法权。后来，该委员会包办了上海市的所有市政工作，如道路、码头、下水道、卫生设施、警察及跑马场等。就这样，上海租界成了国中之国，虽然还是中国的领土，却完全控制在外国领事手中。

外国人为了维护其既得利益，日益依赖治外法权。治外法权原本为

---

① （唐）长孙无忌等撰：《唐律疏议》卷六第48条，刘俊文点校，中华书局1983年版，第133页。"诸化外人，同类自相犯者，各依本俗法；异类相犯者，以法律论。【疏】议曰：'化外人'，谓蕃夷之国，别立君长者，各有风俗，制法不同，其有同类自相犯者，须问本国之制，依其俗法断之。异类相犯者，若高丽之与百济相犯之类，皆以国家法律，论定刑名。"
② 《大明律·名例律》《大明律集解附例》记载"凡化外人犯罪者，并依律拟断"；《大清律例·名例律》规定"凡化外来（降）人犯罪者，并依律拟断，隶理藩院者，仍照原定蒙古例"。

保护本国公民不受中国法律制裁，实际上却成为本国商人牟利的保护伞，还可免去向中国政府纳税的义务。本国未曾与中国签订条约的外国人，亦托庇在英、法、美等国领事的保护之下，同样可享受治外法权。到了19世纪末20世纪初，中国领土上的通商口岸发展为90处，在华外国人达到30余万人，并且呈日益增长的趋势。以上海为例，1890年在上海的日本人不到40人，1894年甲午战争爆发这一年突然增加到7370人。上海虽然还是中国的都市，居住着400万中国人，但其中有100万人住在公共租界，50万人住在法租界，而在上海的外国人则是拥有特权的居民。在治外法权之下，公共租界工部局对租界持有实质性统治权。工部局掌握有警察权，留着大胡子的印度巡捕是上海的名特产，他们也是工部局警察中的一员。更令人可气又可笑的是，中国人如果犯了罪，中国的检察官必须向工部局警察申请逮捕令。

至19世纪末，清政府逐渐认识到，丧失司法主权对国家政权的危害性，开始有意识地做出反应，朝廷开始表现出了态度，抵制列强继续设立会审机构及扩大会审公廨司法权限。很快，晚清政府等来了一个机会。1901年八国联军攻入北京，清廷无力抵抗，西方列强的枪炮逼出《辛丑条约》，其后不久，清政府意外地接受了一个讯号，英国在中英《续议通商行船条约》中规定："中国深欲整顿律例，期与各国改同一律，英国允愿尽力协助，如成此举，一俟查悉中国律例情形及其案断办法，及一切相关事宜，皆臻完善，英国允弃领事裁判权。"接着又有日、美、葡等国也相继做出类似承诺，遂使清廷受宠若惊，受压许久且无力应付的清廷认为这是个良机，随即发布修律上谕："一切现行律例，按照通商交涉情形，参酌各国法律，妥为拟议，务期中外通行，有裨治理。"[①]朝廷还成立了专门的修律机构——"修订法律馆"和"宪政编查馆"，委任沈家本[②]和伍廷芳为修律大臣。为了使新修订的法律"与各国无大悬绝"，沈家本提出以"模范列强为宗旨"，并在奏折中说：

---

① 商务印书馆编译：《大清光绪新法令》第一册，商务印书馆1914年版，第16页。
② 沈家本（1840—1913），字子淳，别号寄簃，浙江吴兴人。光绪二十七年起，历任刑部右侍郎、修订法律大臣，并兼大理院正卿、法部右侍郎等职。著有《古今官名异同考》《读史琐言》《史记琐言》《寄簃文存》《历代刑法考》《律目考》《历代刑官考》《刑志总考》等30余种。后人辑有《沈寄簃先生遗书》甲编22种、乙编13种。

"方今改订商约，英、美、日、葡四国，均允中国修订法律，首先收回治外法权，实变法自强之枢纽，臣等奉命考订法律，恭绎谕旨，原以墨守成规，授外人以口实，不如斟加甄采，可默收长驾远驭之效"，使"法权渐收回"①。沈家本坚信通过改革中国固有的法律和司法制度，会迫使西方列强再无借口，从而放弃领事裁判权，达到收回司法主权的目的。另一位从海外留学回国的修律大臣伍廷芳则进一步指出，关于中西会审问题长期以来屡费周章，朝廷想收回治外法权，不可能于旦夕解决，因此"中国改良律例，慎重法庭，自是切要之问题也"②。清末礼法之争中法理派代表人物杨度则认为，中国之旧律不合世界文明共同的原理、原则，外人藉此不受中国法律约束，因而确立了领事裁判权，使中国的司法主权不能独立。现在西方列强同意在中国改良法律后，便撤去领事裁判权，我们就要"力尽人事，先由自己改变法律与审判制度"③。

晚清政府对治外法权收回的意愿被民国政府延续。民国时期对收回治外法权更加重视，再度兴起法权运动，这与中国作为第一次世界大战的战胜国的现实是分不开的。1920 年民国政府收回中东铁路法院，设立东三省特别审判厅，这是民国时期中国法院具有治外管辖的开始。1925 年，国际法知名学者钱端升提出，租界的领事裁判权与国际公法的基本主权相违背，"列强在华之领事裁判权非如过去近东回教国所赋予耶教国之出于自愿，纯系鸦片战争战后列强所强加；有关租界条约所订的'按法审理'的'法'之系'程序法'而非'实体法'，领事裁判'僭越超过条约之所许'，理应废除，废除可取'先礼后兵'的办法。"④ 1926 年法权调查委员会公布调查报告书，这份报告书认为中国的司法状况没有得到彻底改善，因此建议西方各国仍不能放弃治外法权。对此，中国政府提出抗议，专门发表声明，认为中国政府近二十年来，以"深挚之诚意，不挠之毅力，对于中国法律、司法制度，及司法

---

① 《宫中档光绪朝奏折》（第 24 辑），台北"故宫博物院"1975 年版。
② 伍廷芳：《奏删除律例内重法折》，载丁贤俊、喻作凤编《伍廷芳集》上，中华书局 1993 年版，第 257 页。
③ 《资政院议场速记录》，第 23 号。
④ 钱端升：《治外法权问题》，钱瑞升卷（中国近代思想家文库），中国人民大学出版社 2014 年版，第 30 页。

行政，极力改造"，对各国不放弃治外法权表达了遗憾和不满。

1928年王宠惠就任南京国民政府"司法院"院长，开始竭力主张收回上海的领事裁判权，下令自1930年元旦起，上海临时法院即由"司法院"直接管辖。经过与西方各国多次谈判，最终达成协议，成立了上海特区地方法院，并设立了上诉机构，完全适用民国政府的法院组织法以及刑事、民事法律，使之正式转归中国政府管辖。上海领事裁判权的收回，为全国收回治外法权奠定了坚实的基础。1929年南京国民政府成立收回法权委员会，许多著名的法界人物名列其中，当时不少法学家从部门法的角度，分析收回治外法权的重要性。如周鲠生认为，国家的主权是一个国家的国际人格，国家主权的基本特征就是独立的权利与最高的权利，而领事裁判权建立在不平等条约基础上，正是对国家主权的根本侵犯。如胡长清、史尚宽等人，则从分析外国人的民事权利入手，指出不平等条约对民事法律关系的影响。许多外国人不应享有的权利，因不平等条约而赋予外国人，因此必须废除不平等条约，才能建立起相应的民事权利制度。

由此可见，因为不平等条约的签订导致中国司法主权的丧失，自然出现近代中国人形成治外法权收回的直接愿望，继而引发出强烈的司法主权意愿，进而激起改造传统司法体制的勇气。清末的司法体制变革，正是在遭受西方外力的高压下，被迫诱发了变革意愿，随之自发形成变革的内在动力，在这种内在变革动力的推动下，直接移植了西方司法制度，初创了完全崭新的律师制度，从而启动了中国近代法律服务群体的重要历史转型。

第三节　西方舶来品的参照与影响

一　外籍律师的执业活动概况

因为不平等条约的签订，1843年11月，上海以条约港的形式被强行开放，英国人在上海、广州、厦门、福州、宁波等地的居住权和贸易权被确认，这是西方列强在中国实行租界制度的发端。1845年英国人与上海道台议定了第一个土地章程，把据点设在外滩，并设立英租界；

紧接着，1848 年美国租界设立，1849 年法国租界设立。

1843 年《中英五口通商附粘善后条款》签订确定五口通商后，当时在华的外国人不过 350 名，继而扩大到上海、广州、天津、武汉等 9 个沿海、沿江城市为通商口岸，到了 19 世纪末 20 世纪初，已经发展为 90 处通商口岸，在华外国人达到 30 余万人。外来交往日益频繁，外籍律师的身影开始出现在中国各口岸城市，就这样，律师作为西方舶来品，跟随着洋枪、洋炮和不平等条约到了中国，在这些口岸商埠城市，清政府允许设立领事法庭和中外会审的司法机关，许可外籍律师执业。

1689 年到 1839 年间，各大口岸城市较大的涉外诉讼超过 30 起，如果将这一时期法庭外解决的中外民众纠纷冲突考虑在内的话，这个数字还将扩大。其中，以中英两国之间的纠纷最多。[①] 目前还不能确定是否有外籍律师介入这些司法纠纷的处理和审判，但是早在洋泾浜北首理事衙门时期前（1864—1869），就有了华人聘请外籍律师的实例。19 世纪中期，中国开始发行的报纸上已经有了洋律师法庭辩论的报道，1862 年的《上海新报》有英国状师罗林士常年刊登的业务广告，那时的中国人还按传统习惯将外籍律师称为"状师"。按照常理推测，早期在中国租界的外国律师人数不会很多，在 1872 年的《字林西报》行名簿中的确只见到 7 名律师的记载；随后的二十年内，《字林西报》行名簿记录的洋律师人数也没有太大变化；进入 19 世纪 90 年代，这个人数略有增长，直到 20 世纪最初的十余年间，外籍律师开始明显增多。[②]

关于早期上海租界外籍律师的具体人数，陈同根据《字林西报》的记录，曾进行了专门统计（参见表 2.1）。

表 2.1　　　　　　　早期上海外籍律师人数统计　　　　　　单位：人

年份	1872	1894	1900	1903	1904	1906	1908	1910	1912
人数	7	12	15	19	25	28	36	44	45

资料来源：《字林西报》行名簿，转引自陈同《略论近代上海外籍律师的法律活动及影响》，《史林》2005 年第 3 期，第 21 页。

---

① 郭卫东：《近代中国权利丧失的另一种因由——领事裁判权在华确立过程研究》，《近代史研究》1997 年第 2 期，第 216 页。

② 陈同：《近代社会变迁中的上海律师》，上海辞书出版社 2008 年版，第 43 页。

从以上统计人数看，早期在上海的外籍律师人数不多，但是考虑到早期中国律师的整体人数有限，外籍律师相对人数就不算少了。而1912年上海律师公会入会无记录，1913上海律师公会入会记录6人。①

19世纪末20世纪初开始，上海的外籍律师有了持续增长的趋势，主要原因是华洋交往开始增多，上海作为西方人看重的贸易港，贸易往来日益繁荣，加之在租界地居住的外国人数量越来越多，华洋间的各种民事经济交往明显频增。以上海租界为例，据《上海地方审判庭司法实记》（简称《司法实记》）和《上海法曹杂志》（简称《法曹杂志》）记录，1911年1月至8月，上海地方审判厅共判决105件民事案件，其中49件有外籍律师辅佐或代理出庭，有30件原、被告双方都聘请有律师。1912年9月以后，《法曹杂志》收录的地方审判厅判决数量虽然不完整，但是依然可以查阅到关于当事人委托外籍律师出庭的情况。单9月份的6件民事案件中，其中3件有外籍律师出庭，2件双方均有外籍律师代理；11月至12月的18件案件中，14件有外籍律师代理，其中8件双方都聘请了外籍律师，同时也多次出现了一方由两名外籍律师代理的记载；此外在地方审判厅审理的民事案件中，还多次出现了非律师身份的公民代理。②

清政府对于外籍律师执业活动的许可，最初只是默许，只是在各口岸租界的审判实践中，允许外籍律师出庭参与诉讼活动，还不能算是正式承认在中国的诉讼体制中采用律师制度，最初外籍律师多为其本国人提供法律服务，承办的都是外国人的纠纷案件。早期的外国律师大多是英国律师。1866年，外国人亚当生（Adanson）因为经济纠纷控告华人金基，被告聘请了英国律师连厘出庭应诉。1866年6月，英国在华高级法院成立不久，即受理了一起英国律师之间的争执案件，英国律师连厘和梅博格对另一名英国律师高易的执业活动提出异议，认为高易在担任律师的同时还从事商业活动，这样的行为损害了律师职业。他们认为，高易可以继续担任律师，但他必须停止作为拍

---

① 上海市年鉴委员会：《上海市年鉴（1935）》，司法部分，上海市通志馆1935年版，第120页。
② 依据《司法实记》和《上海法曹杂志》整理。

卖师和土地经纪人的业务。①

1869年4月,《洋泾浜设官会审章程》生效,其中确立的中外会审公廨制度使外籍律师在华的办案权限越来越大,他们不仅代理外国人涉诉的案件,也开始代理中国国民之间的案件。在审判华洋混合案件时,无论是中国人还是外国人,已经明确允许都可以聘请律师出庭,外籍律师开始为中国人代理诉讼,但是此时的华人间诉讼依然不准聘请律师。1870年5月Scheibler Mathaei 公司控告华人唐毓松一案,英国律师高易担任华人被告的代理律师,同年8月高易代理了J. M. Taylor 控告Tsoong-tah 典当行案,担任华人被告的诉讼代理人。② 英国律师文莱和担文两人在当时的执业活动也比较活跃,1879年杜夫(C. J. W. Duff)和大卫(D. M. David)控告汕头洋药公会,由律师文莱、担文担任华人被告的诉讼代理人。③

根据陈同对早期在华律师的国籍统计,最初以单一的英国国籍为主的情况逐渐有所改变,1900年的15名外籍律师中,有14人是英国律师;到了1909年,43名外籍律师中,除有3名律师无法确定国籍,其余国籍分布大致情况(详见表2.2)。

表2.2　　　　　　　　1909年在上海外籍律师国籍情况

国籍	英国	美国	法国	日本	德国	俄国	意大利	不详	总计
人数	24	7	3	2	2	1	1	3	43

资料来源:《字林西报》行名簿,转引自陈同《略论近代上海外籍律师的法律活动及影响》,《史林》2005年第3期,第23页。

这样的变化,和20世纪后上海各种涉外活动日益频繁有着密切关系,其中英、美两国的律师人数居多,从一个侧面说明,当时在上海的外籍律师参与诉讼的方式更多体现为英美法系的职业特点。

---

① 参见《工部局董事会会议录》,第6册,第760页。
② J. M. Taylor V. Proprietors of the Tsoong-tah pawnshop, *The North-China Herald*, 2 June, 22 Sept., 1870.
③ Anatol M. Kotenev, *Shanghai: Its Mixed Court and Council*, Material Relating to the History of the Shanghai Municipal Council and the History, Practice and Statistics of the International Mixed court, pp. 202-204.

随着中外交涉增多，华洋案件频出，西人控告华人或华人控告西人，均请外籍律师代理出庭，清政府对此视为成例而予默认。再之后随着时间推移，沿海各租界普遍实行了辩护制度，律师执业活动的影响越来越大。为了在华洋诉讼中保护自己的利益，晚清时，聘请律师已经逐渐成为比较普遍的现象，连清政府都逐渐与律师有了业务往来。据《工部局董事会会议录》记载：1863 年 6 月工部局曾聘用律师，1894 年二十三名上海商人联名上书道台聂缉椝："中国自与各国通商以来，于交易一端，华人往往有受亏情事，历年来稍能与之抗理者，全恃有律师得为华人秉公伸（申）诉。"[①] 清政府的官员在经济活动或解决纠纷时曾向洋律师求助，1896 年清廷重臣张之洞因为从外国购买的武器出现严重质量问题，控告经销商路易斯·司派特泽尔公司（Louis Spitzel Co），张之洞聘请外国律师 J. C. Hanson 作为自己的代理人。又如，1897 年英国商人本内兹因租用船只案由，状告江南防务度支署违约，要求赔偿损失，被告中方政府聘请了英国律师担文；律师担文做了深入的调查取证，据理力争，最后法庭确定原告行为欺诈，帮助中方政府打赢了官司。

部分经常与洋人打交道的清政府机构还与外国律师保持比较稳定的合作关系。1899 年蔡钧出席驻上海领事团召开的特别会议时，聘请律师担文作为他的法律顾问，担文还曾担任南洋大臣的法律顾问。蔡钧曾以上海道台的官员身份，向辩护律师致谢。清政府的官员们已不是被动地观察西方司法制度在中国的运作，通过与外籍律师的接触，一些清政府的官员对西方司法制度逐渐认可。到了 20 世纪初期，聘请外国律师为法律顾问已经不再是新鲜事儿。1906 年有官员在一份奏折中指出，"中国近年来通商各埠已准外国律师办案，甚至公署间亦引诸顾问之列"[②]。

早期租借地外籍律师的诉讼业务，主要是出庭代理诉讼。外籍律师主要在三类司法机构中为当事人出庭辩护或充当诉讼代理人：一是领事法院，二是领事公堂，三是会审公廨。前两类法庭对不同国籍的原、被

---

① 王辑唐：《上海租界问题》，上海商务印书馆 1924 年版，第 17 页。
② 丁贤俊、喻作凤编：《伍廷芳集》，中华书局 1993 年版，第 280 页。

告双方聘请律师没有任何限制。但在会审公廨中有所不同，会审公廨受理的纯属华人之间的案件，最初不允许原、被告双方聘请律师，这与司法体制没有律师制度相符合。这种状况大致维持了数十年的时间，法租界会审公廨的限制要更严格，直至辛亥革命后，才有新规定出台，华人间诉讼出现聘请律师的情况。

至于外籍律师的非讼业务，主要是提供法律咨询以及担任法律顾问，这些属于早期租借地的外籍律师提供的最主要的法律服务内容。从《工部局董事会会议录》记载的内容可见，当时租界内的外国企业和洋行甚至个人都聘用法律顾问或代理人，这方面的外籍律师业务以工部局的法律顾问最为典型。①

二　外籍律师在华法律事务特点

清末民初，外籍律师在中国租借地的执业活动引人注目。随着租界范围不断扩大，外籍律师在华的法律服务事务繁杂，法律顾问事务日益繁多，外籍律师出庭代理的案件也随之增多。当时在华执业的外籍律师法律事务繁杂，没有统一的规定对其业务进行规范性的要求和约束，通过整理分散的资料，大致归纳出外籍律师在华法律事务的几个特点。

特点之一为，在华租借地的外籍律师多依照本国律师执业习惯从事法律事务。以上海租界为例，外籍律师多指英国律师，他们是依照英国国内的法律惯例来处理租界内的法律事务。因为租界内设立的领事法庭属于不同的国家，各自都实行其本国的法律制度，不同国家的律师制度有着明显的区别，租界地并没有一个统一的律师制度，外国律师多按其原有的执业习惯提供法律服务。

从现有资料看，除了英国律师以外，早期在华租界活动的其他国家的律师很少，在上海的法租界几乎未见到法国律师的身影，因此分析在华的外籍律师的司法活动，即以英国律师的执业活动为观察对象。前文提到1866年在华高级法院受理的英国律师之间的争执纠纷，英国人高易在律师执业同时，还担任拍卖师和土地经纪人。英国律师连厘和梅博

---

① 以上内容参考了陈同《近代社会变迁中的上海律师》一书中关于上海租界里的外籍律师的法律事务部分内容。

格则认为，律师从事经商活动违反了律师界已经确认的成规，有损律师职业道德，他们以律师界资深者身份致信高易，要求他去英国高等法院讨论这一问题。高易不仅没有前往，在回信中还援引英国的法律为自己辩护，他坚持认为，英国的律师法没有直接或暗示禁止他作为一个土地拍卖师。他援引了此前的判例为自己的行为找到根据——曾有法律代理人参与了财产拍卖并没有受到法律的制裁，而这一判例还被其他英国法官引用过。高易不仅为自己辩护，他还对连厘和梅博格提出了质疑，他认为连厘和梅博格是大律师（即出庭律师），在上海租界，作为出庭律师却从事事务律师和诉状律师的工作，这明显属于不合规矩。上海高等法院的英国法官对英国律师提出的问题难以裁决，最后这场争议不了了之。

特点之二为，在华外籍律师的执业活动客观上无法用统一的制度加以规范和约束。这是由在华外籍律师执业所在地（租界）的特定条件决定的。中国本无律师职业，律师制度更无从谈起，但治外法权导致出现会审公廨的畸形司法现实，中国的法律机构却允许律师出庭辩护，在无律师的国度里实际上有外籍律师执业，清政府因为司法主权的丧失，客观上根本无法对外籍律师进行实际有效的约束。

整体而言，清末民初中国租界地外籍律师的执业活动是比较活跃的，但是并没有统一的规定。翻阅资料不难发现，1868年上海道台与英国、美国驻上海领事订立的《洋泾浜设官会审章程》10条内容中，没有涉及律师辩护的只言片语，外籍律师在没有正式法律规制的情况下执业，必然造成外籍律师执业活动的随意性。直到20世纪初，各国领事在修订《洋泾浜设官会审章程》时，才将与律师相关的内容列入，但是并没有具体详细的规定。1908年，经公共租界纳税人会议通过《续增上海洋泾浜设官会审章程》，其中明确规定："凡词讼、刑名各案，如有外国会审官在座，两造均可聘用律师，唯律师必须经其本国公堂允充律师，会审公堂方准充用，否则不准。"[①] 除了出庭条件，同时还规定了法官认为律师不遵守命令，即可暂停执业，暂停执业期限一个月到六个月。法租界在会审公廨设立之前，已经有"违警罪裁判所"

---

① 史梅定主编：《上海租界志》，上海社会科学院出版社2001年版，第280页。

法律机构的设置，法租界的会审公廨一直没有任何关于律师的规定，也始终不承认《洋泾浜设官会审章程》，但是中方的会审官依然据此施行。

特点之三为，在华外籍律师执业承办的法律事务为适应中国国情进行了调整。西方律师制度到了中国，不可能完全忽略国情因素，为适应客观环境进行实践调试而发生变化。外籍律师在华执业实践的结果证明，他们在中国的执业情况与其本土区别较大。

前文提到英国律师罗林士在《上海新报》常年刊登业务广告，由广告的文字表述内容可以看出早期在华外籍律师的法律事务范围非常广泛，这与英国本国律师执业状况完全不同。罗林士律师的广告写道："余向在本国熟读律例，专习状词。凡有大小案件，利弊无不精通。今来上海，寓居字林对面。设中国育民有与外育争讼者，余可代为出场听审，诉明案情原委，不得稍受冤屈。再有华育欲买欲租外育地亩，或与外育议立合同，均请来寓代为办理。缘华育不明外国例，以律致议写未合，多有争讼，余若经办，日后绝无违例事也。同治元年五月十七日，英国状师罗林士谨白。"① 这则广告可以反映出以下问题：其一，外籍律师对华人市场的重视，华人已经成为他们招揽业务的重要目标；其二，外籍律师的法律事务的范围，包括诉讼业务和非诉业务，不仅出庭代理，还提供包括书写合同、充当法律顾问、提供法律咨询等非诉服务；其三，外籍律师适应中国国情，以中国人熟悉的传统状师自居，他们使用中国人熟悉的称谓，希望尽快为华人接受，扩大对华人的涉外法律服务。

三 外籍律师的执业影响

清末民初，在华外籍律师的司法活动影响逐渐扩大，特别是上海租界的外籍律师的执业活动引起了广泛的、强烈的社会反响，客观上促进了中国人权利意识的觉醒，增进了普通民众对律师制度的认识。19世纪末20世纪初，伴随日益兴起的维新变革思潮，一些中国人已经开始理性地认识西方司法制度，加之社会变迁，国人民智渐开、权利意识觉

---

① 沈云龙主编：《中国近代史料丛刊三编》，台湾文海出版社1990年版，第2页。

醒，西方的法律观念和诉讼文化的影响也逐渐增强，国人开始关注并接受新名词、新事物和那些迥异于传统的新制度。

客观说来，领事裁判权制度和会审公廨制度的被迫适用，使中国人有机会直接接触到西方的司法制度。以上海为例，随着上海对外交往的日益频繁以及租界的扩大，租界内的中国居民不断增加，通过华洋诉讼案件的审理，律师代理辩护开始影响华人社会，其影响对象不仅是上海市民，也包括地方官员，甚至影响范围已不再局限于租界。上海的地方官员客观上无法回避会审公廨制度，上海租界的重大疑难复杂案件和上诉案件，均送呈上海地方最高级别官员——上海道台，由道台大人和外国领事会同审理，1870 年上海道台涂宗瀛就审理了多宗有外籍律师辩护的案件。在一些华洋交涉案件中，中国的官员和百姓被迫接触西方法律，由此也带来崭新的司法模式和司法制度内容，包括陌生的诉讼程序、崭新的诉讼代理人身份。晚清政府的官员们目睹了西方律师制度的实际运作，对于西方的司法制度有了大概了解；而越来越多出现的华洋诉讼，让中国官民上下都普遍意识到，中西司法制度存在巨大不同。中方当事人开始意识到律师的作用，如果在租界的诉讼，不懂外语、不懂外国法律是不行的，必须聘请律师。同时反映出这样的问题，华界的民众在传统司法体制下要更无助，西方司法制度也开始让中国民众意识到其合理性，"近来通商各埠人民延请外国律师辩案，已成习惯"[①]。

在华外籍律师的作用逐渐引起了社会各界强烈关注，晚清社会的有识之士开始营造呼吁新式制度的社会舆论氛围。1879 年，薛福成在《筹洋刍议》中主张通商口岸聘请外国律师办理华洋讼案。1891 年，上海格致书院秋季课试时，项藻馨在策论中直接建议培养本国律师。1894 年，郑观应出版《盛世危言》，对西方律师制度做了介绍，提出"中国亦宜以状师办案，代为剖析，使狱囚之冤情得以上达"[②]。郑观应所言状师，就是律师。他关注的重点在于律师可以帮助制止冤案的发生，虽然他还不能从更广义和更深层面准确地阐释律师的意义和作用，但其表达已经接近律师本意的解读了。1902 年，顾家相的文章被收入《皇朝

[①] 《政治官报·奏折类》，宣统二年三月，第 881 号。
[②] 夏东元编：《郑观应集》，上海人民出版社 1982 年版，第 501 页。

经世文新编续集》的"法律篇",文章反映了他对西方法律制度的深入理解:"泰西则务伸民气,谓人人有自主之权,彼此互争,专借律师为枢纽,苟有一端之善,一节之长,务当代为争辩,必至理屈词穷,智尽能索而后已。在承审、陪审者转若置身事外,作壁上观,直待胜负既分,坐受其成而已,其不能不重用律师势也。然则中国之严禁,恶其挠上之权,西国之重用,欲其伸民之权。"① 这样的观点已经从体制角度来观察律师执业,并且强调了因君权与民权的巨大差异所造成的结果,同时顾氏还认为,当下各国间交往贸易日益频繁,各大通商口岸华洋间诉讼必须请律师。与其请外国律师,还不如在国人中挑选熟悉西方法律的人才充任律师,同时由国家下令选"聪颖子弟入外国学堂讲习西律,一体考试,以储他日之用"②。顾家相把传统讼师与西方律师混为一物,在清末民初的中国知识分子眼中,无论讼师还是律师,二者为社会提供法律服务功能的本质是一致的。

在呼吁律师制度的舆论氛围中,报纸杂志多是塑造律师的正面形象。《上海新报》曾在头版辟有"华英案件"专栏,对会审公廨的法务活动进行报道。19世纪后期开始,《申报》上经常可以见到各类"公堂案件",能见到律师出庭的报道。1889年《万国公报》曾刊登两江总督兼南洋通商大臣曾国荃盛赞外籍律师担文的一封感谢信。③从1912年初开始,报刊上开始频频出现有关律师从事法律事务和参与其他社会活动的报道,也开始见到律师们进行自我宣传刊登的广告,而"保护人权"成为律师雷打不动的一块广告招牌。1903年《选报》的一篇文章中报道称:英国设立贫民律师会,以帮助那些"无力应对公堂费款,不能赴官控案"的贫者。④ 清末律师自始出现

---

① 顾家相:《中国严禁讼师外国重用讼师名实异同辩》,载甘韩辑,杨凤藻编校《皇朝经世文新编续集》,台湾文海出版社1972年版,据光绪壬寅年(1902)绛雪斋书局刊本影印,第349页。

② 顾家相:《中国严禁讼师外国重用讼师名实异同辩》,载甘韩辑,杨凤藻编校《皇朝经世文新编续集》,台湾文海出版社1972年版,据光绪壬寅年(1902)绛雪斋书局刊本影印,第344—345页。

③ 《南洋通商大臣、两江总督部堂致担律师函》,《万国公报》第8期(1889),第9—10页。

④ 《英国贫民律师协会》,《选报》第46期(1903),第12页。

在公众视野，就与讼师形象大不同，租借地的律师在时人眼中是陌生的，也是时髦的，是值得推重的新潮人物。清末民初是中国近代社会转型的特殊时期，也是个人价值观念觉醒的时代，律师自始就肩负着传统讼师无法承载的职业使命。

在租界审理案件适用西方司法制度最具有特殊性的案例，当数"苏报"案。这是一起清政府对本国百姓的起诉，长期以来接受固有法统的中国人，突然见到"官告民"，还是中央朝廷做了原告，因此这起案件具有历史性、转折性的重大意义。1903年5月《苏报》上大量登载邹容的《革命军》和章太炎的《驳康有为论革命书》等反清文章，文章中热烈赞扬革命，贬斥光绪是"小丑"，清政府为"野鸡政府"，在社会各界引起巨大轰动，触怒了清政府。因为《苏报》位于租界，清政府不能再按照传统的惯常做法，直接对作者逮捕、押解、处极刑，更不能直接到租界抓人，只能向租界当局求助。1903年6月30日，在清政府的要求下，公共租界工部局逮捕了章太炎，次日邹容激于义愤，自动赴租界捕房投案，这就是清末著名的"苏报"案。清政府的引渡要求被租界拒绝。因为丧失了司法主权，中国数千年从未出现的一幕上演了，清政府在自己的国家里，只好以平等的身份与"大逆不道"的"罪犯"对簿公堂。

清政府接受了英国律师担文的建议，按照西方法律程序，以清政府的名义向会审公廨正式起诉章太炎和邹容。案件在上海租界开审，原、被告都聘请了律师，清政府的律师是英国律师库柏和达鲁芒德，为被告章、邹二人辩护的两名英国律师是博易和琼斯。法庭审理基本上依照西方英美法系的司法模式，庭审中双方的律师站在各自的当事人立场，进行申诉和辩护并多次交锋，原告律师代表清政府步步紧逼，被告律师也为了当事人权利据理力争，法庭上双方辩论激烈，审判一波三折。本可以视为谋反、谋大逆者，却有律师为其光明正大地辩护，还允许与朝廷针锋相对，长期受传统司法观念浸淫影响的国人看到这一幕，所受触动和震撼不啻为一次思想革命。1904年5月21日，租界会审公廨判处章太炎监禁三年、邹容监禁二年，尽管审判的最终结果不过是清政府与西方人的政治交易，即便是形式上掩人耳目，也已经说明中国传统的司法体制面临崩溃边缘。当时租界的一些报纸称："中国国民与皇帝成为原被两造,是国民的胜利。"①

清末民初的报纸对外籍律师活动的关注,对推动律师制度起到了重要的舆论烘托。"苏报"案虽然极大地伤及清政府的颜面,却也让清政府近距离接触到了西方律师制度,外籍律师在诉讼中表现的良好职业道德和娴熟的法律技巧给清朝官员留下了深刻印象。在 1903 年"苏报"案的审理过程中,湖广总督端方曾将担文推荐给时任上海道台的袁树勋。从端方致袁树勋的电文看,端方无疑是认可了律师的作用,"逆党既然有律师代为曲辩,亟应由尊处速延律师如担文者与之抗辩"②。通过这起案件的审理,袁树勋明显地注意到律师的作用,他显然对这一制度产生了兴趣。1910 年 3 月已经任两广总督的袁树勋给朝廷上奏,请求允许在广州开设律师研究班,建议朝廷:"饬下法部,悉心核议,仿照日本《辩护士法》,订定律师专法颁行;一面通饬各省审判厅,准用律师参与审问。"袁树勋认为,采用律师制度"不独保卫人民正当之利益,且足防法官之专横而剂其平,用能民无隐情,案成信谳,法至美也"③。

"苏报"案的审判,使晚清的中国社会从清政府到普通民众,对律师的从业原则和实际作用都有了更直观、更清楚的认识。袁树勋、端方与张之洞这些人都是清政府中手握大权的封疆大吏,他们对律师的认可态度,表明长期以来朝廷对于法律服务业的认识已经出现了松动。与此同时,一部分有识之士明确提出中国应该向西方学习,培养自己的律师,如马菊生撰文《华人宜习西律说》表示:"我中国不乏颖秀之才,现在通西文者既多,宜令往西国律例学堂用心研究,学之既久,尽可从西人考试,充作律师。他日航海回华,经人延致,其费较轻,而律意精通,案情熟悉,以之博辩,不致受亏。岂不一举而两得耶。"④ 在这种氛围下,晚清时期一部分中国人以帮办、文案等身份进入洋人的律师事务所中,开始接触律师业务,还有一部分人在国外开始学习法律和律师

---

① 沈云龙主编:《中国近代史料丛刊》,第 3 编第 91 辑,台湾文海出版社 1973 年版,第 20 页。
② 《辛亥革命》(一),上海人民出版社 1957 年版,第 448 页。
③ 《拟开律师研究班以资练习》,《政治官报》,宣统二年三月,第 881 号。
④ 马菊生:《华人宜习西律说》,载《皇朝经世文新编·西律》(卷二),上海慎记书庄石印本。

业务，他们后来多成为中国近代律师业的先行者。这一系列情况说明，晚清之际，中国的律师职业和律师制度已经蓄势待发。

托马斯·史蒂芬斯曾这样论说东西方法律体系的差异："除了司法制度独立外，在西方法律系统与远东解决争端及维护社会秩序的惩罚系统之间，最明显和最重要的不同，就是西方存在着强大而独立的职业辩护者，而在中国系统中则不存在任何这样的事务甚至观念。"① 东西方司法系统的差异，在清末租借地的司法实践活动中实现了独特的融合，而最突出的也是最集中的体现，就是在华外籍律师的执业活动。客观上说，在华外籍律师是特定历史条件下的偶然产物，是因治外法权而出现的特殊人群，外籍律师作为熟悉其本国法律规定的专业法律服务者，在中国的国中之国（租界）执业，其对西方法律制度的直接适用，从本质上讲，是中国丧失司法主权的表现。但客观上，外籍律师的司法活动，给传统的中国开阔了视野，提供了一种崭新的司法程序及制度运行的模式，通过与外籍律师的接触，加深了国人对律师制度、律师职业的理解和认识，刺激了民众的法律意识，激起民众对西方司法民主的向往，由此引发民众对西方文明中平等自由、民主独立的关注与思考。在华外籍律师的执业活动给清末司法改革提供了最直接的参照物，为清政府创设律师制度提供了最直接的样式和范本。

---

① 转引自陈同《近代社会变迁中的上海律师》，上海辞书出版社 2008 年版，第 74 页。

第三章

律师制度的创设与发展：法律服务群体转型的制度推动

第一节 清末律师制度的初创设计

一 清末修律启动司法体制变革

1840年鸦片战争后，中国被迫打开国门，逐渐丧失独立的主权和领土完整，由封建社会逐渐沦为半殖民地半封建社会。西方列强入侵中国，破坏传统的自给自足的封建经济基础，刺激了资本主义因素的发展，与此同时，西方法律制度亦直接冲击了传统法律制度。清末清朝统治已经岌岌可危，君主专制的弊端日益暴露，反映在司法上的问题更是突出。清末大规模的变法修律活动，正是晚清政府为适应西风侵压下的社会巨变的应急反应，是为挽救统治危机被迫进行的立法活动，律师制度正是这场司法改革的直接产物。

清末修律正式始于1901年（光绪二十七年）颁布的变法上谕，避难于西安的光绪帝宣布新政，次年清廷下诏令出使各国大臣查取各国通行律例，送回国内以资考察，同时清廷责成袁世凯、刘坤一、张之洞等大臣，"慎选熟悉中西律例者，保送来京，听候简派，开馆编纂，请旨审定颁发"。最后，根据张之洞等人的奏保，委派沈家本、伍廷芳为修律大臣，同时聘请各国精通法律的专家、博士担任顾问，调取留学生从事翻译，修订中国律例；还专门设立修订法律馆，要求"按照交涉情形，参酌各国法律，悉心考订，妥为拟议。务期中外通行，有裨治理"①，全面修订现行律例。1900年（光绪二十六年）八国联军入侵北京后至1911年清朝结束的十年间，进行了空前频繁的立法修律活动，对以《大清律》为主体的固有法律制度、法律体系作了一系列的改革。

  清末修律在立法指导思想上，始终以"仿效外国资本主义法律，固守中国传统法统"为方针。清政府迫于时局激变，不得不"改弦更张"，"参酌各国法律"变法修律，但在根本问题上，坚持修律应"庶乎中国数千年相传之礼教民情"。清末修订后的法律表现出封建专制法统和西方资本主义法学最新成果的奇怪混合，既可以看出立法上坚持君主专制体制和封建伦理纲常"不可率先改变"的立场，也反映了修律者大量引用吸收西方法律理论、制度、原则和法律术语的态度，固有的封建法律内容与西方的近现代法律形式同时出现于新法之中。

  从修律内容看，清末修律大致可分为以下三个方面：其一，删除旧律例、废除不合时代潮流的制度；其二，制定新法律、新制度；其三，配合新法的制定，逐渐改革旧的司法体系和诉讼制度。自1904年清政府颁布《钦定大清商律》以后，清政府先后起草或颁布了一系列新法典或单行法规，内容涉及宪法、刑法、民商法、诉讼制度、司法体制等领域。清末编订的新律有《钦定宪法大纲》《大清新刑律草案》《大清民律草案》《法院编制法》《大清现行刑律》《国际条例》《违警律草案》《商律》《禁烟条例》《大清刑事诉讼草案》《大清民商事诉讼草案》《刑事诉讼律草案》《民事诉讼律草案》《大理院审判编制法》等。为了贯彻上述修律的宗旨，清政府积极组织力量翻译各国法典、法规，先后翻译了法、德、俄、意、美、日、芬兰等国刑法，德国民法，日、德、美等国诉讼法，共30余种，为修订新律提供了蓝本。

  在上述三方面修律内容中，司法改革是非常重要的组成部分。中国传统法律在法律编纂形式上，程序法与实体法不分，在机构设置上，行政与司法合一。清末修律的重点之一，就是仿行西方的司法制度和诉讼模式，建立起一套新的司法体制。具体而言，主要是通过诉讼领域立

---

① 《奏删除律例内重法折》，载丁贤俊、喻作凤编《伍廷芳集》（上），中华书局1993年版，第259—206页。

法，制定实施与实体法律相对应的程序法，通过推进一系列司法改革的法律文件，从而实现司法制度领域的近代转型。1906年（光绪三十二年）9月1日清廷颁布"仿行预备立宪"诏令，发布官制改革上谕，宣布仿照西方资产阶级国家"三权分立"原则"更定官制"，司法与行政分立，改变几千年来司法行政合一的传统体制，正式启动了近代司法体制改革的工程。

清末启动的司法改革，标志着中国社会司法与行政分离历程的开始，从形式上结束了行政与司法合一、皇帝总揽司法大权的传统沿袭，初步确立了司法与行政分立的原则，直接影响了民国时期各个政府的司法制度建设。如北洋政府就继承了清末修律的成果，1915年就清末的《法院编制法》稍加修改即正式公布。

1905年，清廷委派大臣考察西方宪政，时隔五年后，再次委派京师高等检察厅检察长徐谦、奉天高等审判厅厅丞许世英等人，远赴欧洲各国专门考察西方司法制度。这些大臣考察回国后，向朝廷提交了一份《考察司法制度报告书》，详细说明了西方司法制度的合理性，并具体指出，中国司法改革可从司法行政、审判、监狱管理、感化院、司法警察五个方面全面引进西方的司法制度。报告中重点提及律师制度，对中西方的法律服务者（律师和讼师）有专门针对性的表述："欧美虽法派不同，要使两造各有律师，无力用律师者，法庭得助以国家之律师。盖世界法理日精，诉讼法之手续尤繁，断非常人所能周知。故以律师辩护，而后司法官不能以法律欺两造之无知。所谓我国讼师刁健，法律所禁。不知律师受教育与司法官同一毕业于法律。其申辩时，凡业经证明事实，即不准妄为矫辩。是有律师，则一切绞供及妇女、废疾之紊乱法庭秩序在我国视为难处者，彼皆无之。因律师之辩护而司法官非有学术及行公平之裁判，不足以资折服，是固有利无弊者也。"[①]

其实，早于《考察司法制度报告书》提交给朝廷之前，因为租借地外籍律师的执业影响，国内的有识之士对律师制度已经予以高度关注，国内舆论已经开始呼吁清廷引进律师制度。在清末政府主持变法修律期间，严复开始翻译孟德斯鸠的《法意》，他在一则注文中指出：

---

① 《政治官报》，台湾文海出版社印行，第31卷第103页。

"夫泰西之所以能无刑讯而情得者,非徒司法折狱之术,而无情者不得尽其辞也,有辩护律师,有公听之助理,抵瑕蹈隙,曲证旁搜,盖数听之余,其狱之情,靡不得者。而吾国治狱,无此具也,又况诪张之民,誓言无用,鹘突之宰,唯勘不明,则舍刑讯,已无术矣。"① 严复对比中西司法制度,直言中国司法之不足,他认为,没有律师制度在司法体制内发挥作用,正是应该重视的问题。

清廷委任的两名修律大臣沈家本和伍廷芳,对律师制度给予了高度重视,他们将律师制度作为移植西方司法制度的重点。修律大臣上呈朝廷的奏折中提出:"律师,一名代言人,日本谓之辩护士。盖人因讼对簿公庭,惶悚之下,言词每多失错,故用律师代理一切质问、对诘、复问各事宜。"② 还对设立律师的必要性作了阐述:"民事诉讼,非俟人民起诉不能成立。既有起诉人,则必有相对人。起诉人一曰原告,相对人一曰被告,其所受委任而从事诉讼者,则有诉讼代理人。其偕同而就审判者,则有诉讼辅佐人,命名既殊,地位各异,唯讼廷责无旁贷。案牍绝少牵连,庶两造有平等之观。"③ 沈家本明确强调"一宜用律师也",如果由律师代理诉讼事宜,就能杜绝案件的"枉纵深故"。设立律师制度对案件承审官起到制约与促进作用,"拟请嗣后,凡各省法律学堂,俱培养律师人才,择其节操端严、法学渊深,额定律师若干员,卒业后考验合格,给予文凭,然后分拨各省,以备辩案之用。如各学堂骤难造就,即遴选各该省刑幕之合格者,拨入学堂,专精斯业,俟考取后,酌量录用,并给予官阶鼓励。总之,国家多一公正之律师,即异日多一习练之承审官也"④,可将律师列为法官的后备军。

修律大臣伍廷芳本人就是律师,早年留学英国,在伦敦大学攻读法律,后考取英国律师,是中国人中获得外国律师资格的第一人。伍廷芳在奏折中阐明了引入律师制度的可能性,也表达出支持律师制度的两个

---

① [法]孟德斯鸠:《孟德斯鸠法意》,严复译,商务印书馆1981年版,第419页。
② 《奏为刑事民事诉讼各法编纂告成请旨颁行事》(光绪三十二年四月初二),中国第一历史档案馆,录副奏折,档号:03-7228-006。
③ 《奏为刑事民事诉讼各法编纂告成请旨颁行事》(光绪三十二年四月初二),中国第一历史档案馆,录副奏折,档号:03-7228-006。
④ 《奏为刑事民事诉讼各法编纂告成请旨颁行事》(光绪三十二年四月初二),中国第一历史档案馆,录副奏折,档号:03-7228-006。

理由：一是维护本国国民的权利，二是控制治外法权的进一步扩张。伍廷芳认为，近年来通商各埠已准外国律师办案，而且有的公署也请外国律师为顾问，说明律师制度在中国是可行的。他还认为，中国人在中国打官司，却请外国律师，于国情、于法理不通："夫以华人讼案，借助外人辩护，已觉扞格不通，即使遇有交涉事件，请其申诉，亦断无助他人而抑同类之理。"[①] 而且，这样会使领事裁判权等治外之权滋蔓，后患不堪设想。

清末修律从主观上看，是被动、被迫的，有着根本性的缺陷和局限性，但客观上，清末修律引发的直接后果，不仅是中华法系的解体，也由此开启了中华法律由传统向近现代转型的历史进程。在特定历史条件下，传统中华法系从形式到内容全面受到冲击，数年间清政府极力模仿列强，颁布了几十部法律和单行法规，立法之频繁，变化之巨大，亘古未有，没有这场迫于外力的清末变法修律，有着数千年因袭的中国传统司法制度，无法在短时间脱离传统司法理念和整体架构，很难有任何实质性的突破和变革。

西方列强通过签订一系列不平等条约，在中国攫取了各种经济、政治特权及领事裁判权，强烈冲击了中国传统法制。在这样的外力压迫下促成了法律变革的内在需求。清末朝廷被迫变法修律，意图纠偏补弊，解决因为社会激变而出现的各种社会问题。但借此得以打破传统法统，改革旧律中的保守落后内容，迅速确立一系列新的法律制度，客观上促使中国法制走向近现代化发展轨道。清末司法制度领域变化之大、影响之深，不啻为一场革命性的巨大变革，而这一切，为中国近代律师制度的创立提供了客观条件。

二 晚清政府律师制度的尝试努力

1906年（光绪三十二年）3月，在吸收外国司法制度经验的基础上，沈家本、伍廷芳奉旨修订的《大清刑事民事诉讼法草案》完成。《草案》共5章260条，有总纲、刑事规则、民事规则、刑事民事通用

[①] 《奏为刑事民事诉讼各法编纂告成请旨颁行事》（光绪三十二年四月初二），中国第一历史档案馆，录副奏折，档号：03-7228-006。

规则、中外交涉事件处理规则,另附颁行例3条。仿效英美司法理念及制度,《草案》第一次区分实体法和程序法,第一次在法律中引入西方的律师制度与陪审制度,将律师制度作为一项"我国亟应取法者"正式列入。①《草案》第四章"刑事民事通用规则"专列"律师"为第一节,共有9条内容,规定了律师的资格、注册登记、职责、违纪处分、外国律师在华通商口岸公堂执业等。除了这个专节外,《草案》另有多处都提及律师内容,260条中涉及律师制度的多达30余条,这是中国近代律师制度的初步立法尝试。

《大清刑事民事诉讼法草案》完成后,由朝廷转发各省督抚、都统等"体察情形、悉心研究"②。许多掌握实权的地方督抚纷纷提出质疑,如四川总督锡良、广西巡抚林绍年、山西巡抚恩寿、江苏巡抚陈夔龙等人均认为,草案确立的新制度与中国传统习俗极其不符合,与原有诉讼体制区别太大,很难被社会公众接受。其中湖广总督张之洞的反对意见最为激烈,他认为在承审官、陪审员以至律师、证人等都尚未具备"专门学问"和"公共道德"的情况下,贸然实施律师制度,势必会导致"良懦冤抑,强暴纵恣,盗已起而莫惩,案久悬而不结"的结果。他明确表达了对施行律师制度的担忧:"遽准律师为人办案,恐律师品格尚未形成,讼师奸谋适得尝试。且两造若一贫一富,富者延律师,贫者凭口舌,则贫者虽直而必负,富者虽曲而必胜矣。"③

总体而言,北方各省和西部省份对律师制度持反对意见,如山西巡抚恩寿于1907年(光绪三十三年)上呈朝廷一份奏折,他认为在缺乏合格的专业法律人才的情况下,不适宜施行律师制度:"唯中国当此预备之初,民间之知识未尽开通,新政之人材(才)尤须培植,晋省地偏西北,近数年来,风气虽已渐开,地方士绅尚未有输入法律思想,而审判人员亦非能仓促养成。此原奏内陪审员、律师两项不免有待踌躇

---

① 《奏为刑事民事诉讼各法编纂告成请旨颁行事(光绪三十二年四月初二日)》,中国第一历史档案馆,录副奏折,档号:03-7228-006。
② 《奏为刑事民事诉讼各法编纂告成请旨颁行事(光绪三十二年四月初二日)》,中国第一历史档案馆,录副奏折,档号:03-7228-006。
③ 《湖广总督张之洞呈刑事民事诉讼法扞格难行各条摘录原文加具按语清单(光绪三十三年七月二十六日)》,中国第一历史档案馆,录副奏折,档号:03-9289-006,03-9289-007。

也。奏颁刑事、民事诉讼各法，大要准中国之情形。"[1] 也有少数南方省份对律师这一新事物持接受态度，如两广总督袁树勋称"近年来通商各埠延请外国律师辩案，已成习惯"[2]，他甚至径自开设律师研习班，并上呈《拟开律师研究班以资练习》奏折，要求朝廷"饬下法部，悉心核议，仿照日本《辩护士法》，订定律师专法颁行；一面通饬各省审判厅，准用律师参与审问"，"律师则据法律以为辩护，不独保卫人民正当之利益，且足防法官之专横而剂其平，用能民而无隐情，案成信谳，法至美也"[3]。《两广官报》辛亥闰六月第八期对《考察司法制度报告书》进行了详细报道，可见当时的珠三角地区对于引入律师态度是积极的。

尽管修律大臣沈家本、伍廷芳向朝廷官员们屡屡强调律师制度和陪审制度的益处，提出这些西方制度可以防止贿赂包庇，促进公正裁判，并且是收回治外法权的关键，但最终反对意见还是占了上风。以张之洞为代表的地方各省督抚认为律师制度与中国民情不符，不宜施行，在各地督抚强烈反对和要求延缓施行的议论中，这部法典被搁置下来而未能颁布实施。

清政府随后于1907年12月颁行《各级审判厅试办章程》，这部法案本是与搁置的《大清刑事民事诉讼法草案》相配套，其中自始至终未出现"律师"二字，但是该章程第三章第一节中规定的代理与代诉制度，可以视为律师制度的内容。法案中规定的代理制度大体延续传统，规定如果职官、妇女、老幼、废疾为原告时，可以委托他人代诉，但审判时须本人到庭。这样的委托代理制度，延续了传统司法中官吏不躬坐狱讼、老幼废疾可委托代理的原则，体现了传统司法一贯矜老怜弱的人道精神。此外，关于代诉制度的内容相对完善，规定不得充当代诉人的人员包括"妇女、未成年人、有心疾及疯癫者、积惯讼棍"[4]。按照该法规定，代诉人在诉讼中的行为及供述，"均作为本人之代表"，

---

[1] 《宫中档光绪朝奏折》（第二十四辑），台北"故宫博物院"1975年版。
[2] 《政治官报·奏折类》，宣统二年三月，第881号。
[3] 《政治官报·奏折类》，宣统二年三月，第881号。
[4] 《大清法规大全·法律部》卷7。

但上诉、和解、放弃诉讼物及承认被告之请求，必须经本人许可。① 整体而言，《各级审判厅试办章程》还是比较保守的，也许正因此才没有受到非议，得以顺利颁行，其中关于代理和代诉人的实施规定，为律师制度的创设铺垫了道路。

1910年（宣统二年），《法院编制法》颁行，该法案重申沈家本等人在初拟《大清刑事民事诉讼法草案》时对律师制度的相关规定，进一步明确了关于律师代理和律师辩护的内容。《法院编制法》在体例和内容上明显参酌日本的《裁判所构成法》，其中第七章"法庭之开闭及秩序"中，规定了律师代理、辩护的行为规范，确定了律师责任等。该法案从法律条文上确认律师活动的合法性，更值得一提的是，该法案规定，律师执业如达到不同年限以上者，即可担任候补推事、候补检察官、高等审判厅推事、高等检察官、大理院推事、总检察官等。此规定体现了清末司法改革顶层设计者的全新构想，即使在今天仍具有先进性。该法案还规定了法庭参加人的具体着装要求，确定在"法庭执务时均应服一定制服，律师在法庭时亦同"，此条规定可以视为确立了律师在辩护中拥有与法院推事、检察官平等的诉讼地位。同时针对律师的辩护活动作出专门规范："律师在法庭代理诉讼或辩护案件，其言语举动如有不当，审批长得禁止其代理辩护。"②

清政府关于律师制度的态度颇让人费解。《大清刑事民事诉讼法草案》初创律师制度即遭遇朝廷大员强烈反对，该《草案》也因此胎死腹中，随后颁布的《各级审判厅试办章程》与《法院编制法》却都涉及律师制度的设计，还有更为细节性的规定。特别是《法院编制法》，这部法案已经视律师制度存在为当然，虽然该法案属于法院组织法，侧重点在于规范审判机关的内部组织，相对而言其涉及律师的内容还是简略，但毕竟"律师"是堂而皇之地列入清政府生效的法律条文之中。《法院编制法》原本要和诉讼法配套施行，未料想《大清刑事民事诉讼法草案》被搁置，1910年颁布的《律师法考试草案》同样被搁置下来。因此对律师如何执业，如何参与诉讼，依然没有详细规定。自初创即遭

---

① 《大清法规大全·法律部》卷7。
② 《法院编制法》第七章第64条、第68条。

遇反对的律师制度，再次被列入顶层制度设计，竟又无人在意，竟然没有引起什么反响。

如此怪现象正是晚清司法改革的客观现实，在社会转型的特定历史条件下，清末修律不只是技术层面的问题，基于治外法权收回的功利性目的，没有自下而上的内在需求作为推动力，很难保证其宗旨目标和具体制度匹配，清末变法修律是"摸着石头过河"，清末司法改革直接移植了西方律师制度，并以异于寻常的方式完成了制度初创。改革的仓促和草率，正如法学家杨鸿烈所说："律师制度，尚未采用，虽规模初具，亦徒有其名而已。"① 清末的诉讼法力求取法西方司法制度，同时兼顾本土传统，在一定程度上考虑了变法修律的"中外通行"的宗旨。然而关于传统讼师的现实存在，明显被忽视或者说被漠视了。讼师是传统司法体制的衍生品，官方却从不认可或鼓励讼师活动，讼师的存在客观上是中国的国情，但明显属于政府无须考虑的国情。研议《大清刑事民事诉讼法草案》时，地方督抚们不约而同地用讼师的负面形象反对引入律师制度，虽然与官员们的保守谨慎有关，但由此也说明，直至清末，讼师社会地位依然不高，因此讼师被排斥于新制度之外，没有通过立法给予法定身份的机会，也是意料之中的。

三 律师制度的初创设计

《大清刑事民事诉讼法草案》遭否决后，清朝廷要求沈家本等修律大臣以先前立法草案为基础，吸收大臣及督抚的意见，重新修订草案。1910年12月完成《刑事诉讼律草案》六编和《民事诉讼律草案》四编，于1911年1月送交宪政编查馆核议，继续立法程序。不久辛亥革命爆发，上述草案同样未颁行。

这两部草案吸收了西方国家最新的诉讼制度，其中详细规定了律师制度，许多内容被民国初期的北京政府继承并明令实施。《刑事诉讼律草案》将保护被告人的合法权益作为一项基本原则，刑事被告人与公诉人的待遇平等，考虑到被告人处于弱势，故为其设置辩护人或辅佐人。该草案第55条至62条中，集中对辩护人的资格、人数、权利和义务等

---

① 杨鸿烈：《中国法律对东亚诸国之影响》，中国政法大学出版社1999年版，第19页。

做出专门规定。《民事诉讼律草案》吸收之前的教训，避免因过于激进而遭各省督抚反对，因此特意强调该草案的制定要"参酌中外"。这部草案共4编800条，提及律师制度的有9条，在第2编第3章中规定了"诉讼代理制度"，强调其立法理由是仿行各国通例，"近世之社会，法律关系至为繁杂，非有法律知识及特别技能之人，不能达诉讼目的。故各国咸认诉讼代理之制度，并认以诉讼代理为职业之律师制度"①。该草案规定律师有两种，即民事诉讼中的代理人或辅佐人、刑事诉讼中的辩护人，同时指出律师并非国家官吏。另外规定："以本人诉讼为根据，盖以律师之学识、经验及道德，不能皆臻于完美，故愿否委其事于律师，一任当事人之自择。""但非为律师之人，若许其任意代理当事人，而为诉讼行为，恐养成唆讼之风，而妨害司法。故非律师者而为诉讼代理，必应先受审判衙门之许可。"② 这些规定无疑都考虑了国情，使律师制度的推行没有再遭遇太多阻碍。该草案第4章规定了"诉讼辅助"制度，"当事人得以律师或其他与诉讼行为能力者为诉讼辅佐人，偕同到场。但非律师而为辅佐人者，应受审判衙门之许可"③，就辅佐人的权限做出具体规定。

晚清时期对律师制度的初步设计可以归纳为三个方面。

第一，关于取得律师资格的规定。一是须为法律学堂毕业，并获取能作为律师的文凭，才能具备律师资格；二是各省法律学堂均培养新兴法律人才，合格者给予文凭，分拨各省；三是选派"刑幕之合格者"，送入新式法律学堂进行培训，以补充骤然间新式学堂就读资源不足。

第二，关于律师执业申请手续的规定。申请人须持文凭到省高等公堂检验，并立誓声明没有假冒情节。为了进一步加大对律师从业者道德自律的督导，根除讼师的陋习，要由与两名其相识的殷实之人出面担保该申请人品行良好。申请经批准才可受委托公堂办案。申请人被批准后，应向公堂照章宣誓。宣誓内容：不在公堂作伪，不故意唆讼或者助

---

① 《修订法律大臣刑部右侍郎沈家本进呈大清刑事诉讼法草案事（宣统二年十二月二十四日）》，中国第一历史档案馆，录副奏折，档号：03-7579-017。
② 《修订法律大臣刑部右侍郎沈家本进呈大清刑事诉讼法草案事（宣统二年十二月二十四日）》，中国第一历史档案馆，录副奏折，档号：03-7579-017。
③ 《修订法律大臣刑部右侍郎沈家本进呈大清刑事诉讼法草案事（宣统二年十二月二十四日）》，中国第一历史档案馆，录副奏折，档号：03-7579-017。

人诬控，不因私利、私怨陷害他人，尽分内之责，代授权委托人辩护，恪守法律。

第三，关于律师职责的规定。原告一方的律师职责包括：代写控诉词；准备各种法律文书；陪同原告参与公堂调查；在公堂上代原告陈述；质问被告及证人；当被告一方对所控事实进行申辩后，可当堂批驳。刑事案件的被告有权委托辩护人，如果被告人罪行可能判处五年以上徒刑，或者被告人未满十二岁以及属于聋哑、精神病患者，未请辩护人时，审判机构应为其指定辩护。辩护人享有查阅案卷、会见被告等权利。刑事被告方律师的职责包括：代被告答辩；收集有利于被告的证据；为被告辩护；注意公堂审讯是否根据证据；代被告对原告及证人对质；在原告及其证人公堂陈述之后，陈述辩护词提纲，传唤被告方证人上堂做证，等等。

虽然清朝末年对律师制度进行了酝酿、筹设，包括：制定前出国考察，制定时关注舆论反应，制定后组织讨论，等等。但就总体而言，清末律师制度以简单移植为导向，以收回治外法权为目的，其制度的整体创设过于仓促草率。一项制度的建立，不仅要充分考察该制度实施的社会环境，还要兼顾其他，包括这项制度与其他既有制度的协调关系，还要注意在制度实际施行中不断修正、调整，才能发挥制度功能，实现制度创设初衷。修律的重点，不是论证制度的科学、合理，而是借此收回领事裁判权。因此，清末律师制度的筹备步伐缓慢，且浮光掠影，缺少一项新制度建立所必需的扎实的基础。虽然清末初步完成了律师制度的框架设计，由于种种原因，清末变法修律时制定之诉讼法最终未能施行，仅停留在制度层面，但是律师制度和西方法律观念已广为传播，并被民众逐渐接受，这些都为民国律师制度的正式确立奠定了社会基础。当时就有人这样高度评价律师制度，"诉讼者信法官之心，终不如其信所延律师之深。故法官之言难入，律师之词易受"[①]；律师接受当事人聘请，参加诉讼，"然后当事者能各尽其辞，然后法官按律判决，实为上下两便之法"，"是有律师，方以尽司法独立之妙处"[②]。

---

① 雪堂：《司法独立之缺点》，《法政杂志》1911年第6期，第69页。
② 雪堂：《司法独立之缺点》，《法政杂志》1911年第6期，第70—71页。

第二节 民国律师制度的建设发展

一 临时政府对律师制度的推动

1911年（宣统三年）10月，辛亥革命爆发；1912年1月1日，中华民国南京临时政府（又称南京临时政府）成立，孙中山就任临时大总统；1912年2月12日，清帝发布退位诏书。辛亥革命宣告了中国两千多年封建帝制的终结，创建了民主共和国，南京临时政府存续虽短，但民主共和的社会风气已定，晚清政府确定的近现代司法改革方向不变，民国各时期政府延续清末修律成果，律师制度因此得以继续推动。

南京临时政府成立后不久，临时大总统孙中山高度关注和支持律师制度的制定与施行。1912年3月，孙中山对《律师法草案》明确批复："查律师制度与司法独立相辅相成，夙为文明各国所通行。现各处既纷纷设立律师公会，尤应亟定法律，俾资依据，合将原呈及草案发交该局，仰即审核呈复，以便咨送参议院议决。切切！此令。"[①]辛亥革命后，前清廷修律大臣伍廷芳受邀任南京临时政府司法总长。伍廷芳任职期间积极倡导并推进司法改革，在律师制度没有正式建立的情况下，尝试将律师辩护引入审判，推动了中国历史上律师辩护的首次实践。

1912年初，前清江苏省山阳县令姚荣泽被控告"惨害革命志士"、"枉杀亲属"，该案被称为"民国第一案"。姚荣泽被捕后，社会各界、政府高层对如何审判激烈争执数月。民国肇始，基于革命胜利的热情，国人为烈士报仇的愿望浓烈，希望斩杀凶手的声音占舆论上风。当时任沪军都督的陈其美[②]私自委任审判官，即希望从重从快惩治姚荣泽。伍

[①] 孙中山：《大总统令法制局审核呈复律师法草案文》，载《临时政府公报》1912年3月22日第3版。

[②] 陈其美（1878—1916），浙江湖州吴兴人，中国同盟会元老。1906年赴日本留学，入东京警监学校，同年加入同盟会。1908年奉孙中山命回国，往来江浙京沪津各地联络革命党人。1909年创办《中国公报》《民声丛报》宣传革命。1911年在上海发动武装起义，光复后被推为沪军都督。1912年被袁世凯解除沪军都督。1913年二次革命爆发，被推举为上海讨袁军总司令。1916年被袁世凯派人暗杀。陈其美遇刺后，孙中山疾呼："失我长城。"

廷芳与陈其美展开了激烈争论,他批评陈其美干涉司法独立,坚决主张按文明办法审理,应在诉讼中引入律师,"准两造聘请辩护士到堂辩护"。伍廷芳认为,当下中国法律趋势已定,已经有律师公会设立,各省裁判所开始允许律师到堂办理案件,姚案审判应该"先由辩护士将全案理由提起,再由裁判官动问原告及各人证,两造辩护士盘诘,俟原告及人证既终,再审被告。其审问之法与原告同。然后由两造辩护士各将案由复述结束",他强调"法庭之上,断案之权在陪审员,依据法律为适法之裁判在裁判官,盘诘驳难之权在律师"①。这位前清修律大臣、现任司法总长,希望借此案为国民树立遵循法治的榜样,"民国初立,办理此等重大案件,不得不注意前时滥用法权之覆辙,凡此非为姚荣泽一人计,为民国之前途计也"②。

伍廷芳与陈其美之间的争论,反映了民国伊始现代法治观念与传统人治观念的激烈冲突与碰撞。伍廷芳的主张得到了孙中山的赞许和支持,孙中山认为不宜听一面之词,应专设"临时裁判所",由法庭公开审讯,允许两边各聘律师参与诉讼。最终,"民国第一案"按照伍廷芳主张的诉讼程序进行了审理。按照老皇历,胜者为王、败者为寇,革命已经胜利,在社会舆论占上风的情形下,刚好可以清除敌人,怎么可能还允许请律师为其辩护?可见世事已变,文明已至,社会向前,人治终将让步于法治。

1912年5月13日,王宠惠新任司法总长,此人与伍廷芳一样有海外留学背景,在英国留学期间还曾获得律师资格。他在参议院会议上对律师制度进行专门说明:"近今学说以辩护士为司法上三联之一,既可以牵制法官而不至于意为出入,且可代人之诉讼剖白是非,其用意深且远也。且以中国现状而论,国体已变为共和,从事法律之人当日益众。若尽使之为法官,势必有所不能。故亟宜励行此制,庶人民权利有所保障,而法政人才有所展布。此关于辩护制度之所以亟宜创设也。"在王宠惠的倡导下,当时的南京临时政府明确了推进律师制度的态度,"司法独立,推检以外,不可不设置律师与相辅

---

① 沈云龙主编:《近代中国史料丛刊》第66辑,台湾文海出版社1976年版,第55—74页。
② 刘永峰:《姚荣泽案》,登载于《律师文摘》2011年第三辑。

相制，必使并行不悖，司法前途方可达圆满之域"①。江苏、上海地区的律师组织和律师们纷纷到都督府领凭注册、出庭办案，在社会上产生了极大影响，在这种氛围下，内务部制定了《律师法草案》，交法制局审查，并咨请参议院决议，但后因临时政府很快解散而中途夭折。

二 北洋政府的律师制度建设

1912年4月，袁世凯就任中华民国临时大总统。北洋政府统治时期的15年间，时局动荡，军阀割据。但民国的民主共和基调已定，各种近现代化制度建设发展的势头不减。清末司法改革的许多重要成果被保留下来，其时制定、颁布的一系列法律、法规被继续援用，并取得了新的进展，一些法律草案经过简单修改，完成了立法程序并颁布、生效。清政府未及付诸实践的律师制度，以及司法改革的其他内容，在辛亥革命以后得以践行。

北洋政府时期的律师制度，基本上延续了清末的制度内容。1912年9月16日，北洋政府颁布《律师暂行章程》，这是中国历史上第一部正式颁行并实施的律师法规，标志着中国近代律师制度的正式确立。该章程明确规定，律师是自由职业的身份，弱化了政府对律师的控制，符合近代律师发展的潮流。该章程规定了为无力聘请律师辩护的当事人提供法律救助制度，受法院指派提供法律服务的律师无正当理由不得拒绝，还规定律师不得兼任公职，不得经营商业。同时受传统礼教的影响，该章程规定女子不得担任律师，表现出局限性。从颁布至1926年为止，该章程历经多次修订，终民国时代，各时期的律师制度一直是以此为基础而发展、演变。

为了推进律师立法，北洋政府时期以《律师暂行章程》为中心，相继出台了《律师应收义务》《律师登录暂行章程》《律师惩戒会暂行规则》《律师考试令》《律师考试规则》《甄拔律师委员会章程》《复查律师惩戒会审查细则》《无领事裁判国律师出庭暂行章程》《律师甄别章程》等，基本构建起一整套律师法律体系，建立了包括资格、考试、

---

① 罗志渊编著：《近代中国法制演变研究》，台湾正中书局1976年版，第418页。

职责、惩戒等比较全面的近现代律师制度。

北洋政府时期，律师制度已经被国人普遍接受，不少有海外留学背景的北洋政要高官和知名法律专家纷纷下海执业，如曹汝霖、唐宝鄂、刘崇佑、汪有龄等都曾做过律师。一时间引领新兴法律人转行从业律师之风，全国各地的律师以及律师职业团体发展迅速，改变了外籍律师一统天下的局面。整体说来，民国律师发展迅速，一方面，清末创设的律师制度在民国时期得以正式实施并继续推进；另一方面，这样的发展是在曲折中艰难前行的。自1912年《律师暂行章程》施行，至1940年《律师法》出台，与律师执业有关的多项具体制度几经反复。以1912年《律师暂行章程》为例，该章程实施不到半年时间，即因管辖地域问题重新修订，时隔不久，又因社会各界对律师惩戒制度多有非议，不得不再次进行修订。国家出台一份法案，公布实施的第二年即两次修订，可见律师制度起步的曲折和艰难。

其时律师制度的立法规定不可避免地存在诸多漏洞。如关于律师参与诉讼的合法地位，《律师暂行章程》已经有了相关明确规定，但在民国初期的司法实践中却无法落实，律师制度在全国不同审级的实施情况差别极大。《律师暂行章程》第14条规定，"律师受当事人之委托或审判衙门之命令，在审判衙门执行法定职务，并得依特别法之规定，在特别审衙门行其职务"。中央机构正式颁布的法令内容，当然具有全国范围内的法律效力，而不应该出现地区或审级上的例外。但该法案公布实施不到半年，1913年2月14日，北京政府司法部即颁布《未设审判厅地方诉讼暂不用律师制度令》，通过审级限定，否定了全国地方审级范围内的律师制度实施。

1914年4月，律师制度推行遇到更大的现实障碍，北洋政府颁布《县知事兼理司法事务暂行条例》，该条例规定："凡未设法院各县之司法事务，委任县知事处理之。"县知事兼理司法事务的规定，明显属于传统体制的旧遗留，而律师参与诉讼程序，属于新式司法模式的重要内容，与"兼理司法"制度格格不入。随后司法部颁行《未设审判厅地方诉讼暂不用律师制度令》，确定未设定新式审批机构地区普遍不实行律师制度，还专门制定《县知事审理诉讼暂行章程》，为没有设新式法院的县做出特别限制性规定，防止律师辩护以其他方式出现在县一级的审判衙门中,导致"偏重不全之弊"。民国初期,不仅律师制度施行范围在地方和审级上受到限制,在已经正式实施律师制度的新式法院,律师制度的具体运作也会遭遇重重障碍,如江苏省高等审判厅专门发布"示谕",对当事人聘请律师做出限制性规定。

北洋政府时期律师制度的实施范围明显存在局限,但无论如何,不管遭遇何种阻碍,民国律师制度还是在艰难中起步了,并且明显地持续向前发展。

三 南京国民政府的律师法律体系完善

1927年7月,南京国民政府制定《律师章程》和《甄别律师委员会章程》,随后于1929年颁布了《律师惩戒委员会规则》,1930年颁布了《高等考试司法官、律师考试条例》,1936年颁布了《律师公会标准会则》。1935年,国民政府启动律师制度的正式立法,拟定《律师法草案》,几经修改后于1940年通过"立法院"审议。1941年1月,国民政府正式公布并实施《律师法》。

《律师法》实施之后,与之相配套的一系列法规相继制定、颁布。1941年3月《律师法施行细则》颁布,之前的《律师章程》就此废止。1941年后,一系列立法相继而出,有《律师登录规则》《律师惩戒规则》《律师检核办法》等。律师制度历经近三十年的发展演进,进入了成熟、定型阶段,民国律师制度亦得以宣告体系完备。

南京国民政府的一系列律师制度立法,大体上以1927年北洋政府修订的《律师暂行章程》为基础,同时针对社会的实际需要进行修订调整,赋予了许多新的内容,推动律师制度逐渐完善。如,立法延续了关于律师"自由职业者"的身份确定,律师这一群体法定身份的正当性得以保留、继承、巩固。1941年"立法院"审议《律师法》时,还曾有人提出变律师"自由职业"为"国家公职人员"的主张,但是没有被当局采纳。[①] 如:增加律师消极资格条款,强调律师须遵循诚实信用、积极维权、交往回避、消极诉讼等职业道德;比较详细地规定了律师检核制度,律师登录限定于两个地方法院和高等法院,增加新的律师

---

① 曾宪义:《台湾律师制度》,法律出版社1993年版,第26页。

惩戒特别程序，增设惩戒复审委员会；建立律师公会和律师自治制度，立法规定在同一地的地方法院登录律师满 15 人，可在该地设立公会，不满 15 人的，可加入邻近法院所在地的公会或与邻近法院所在地共同组成公会，律师不加入律师公会不得执行职务；规定了关于外国律师执业内容；解除妇女担任律师的限制；等等。

在南京国民政府律师法律法规修订过程中，解除关于妇女担任律师的限制具有重要进步意义。1912 年颁布的《律师暂行章程》第 2 条明确规定，只有"中华民国人民满二十以上之男子"可充任律师，女性被排除在新兴的法律服务职业之外。1920 年 12 月 12 日的《申报》刊文《沪上将有女律师出现》，一个美国军官的夫人毕业于某大学法律系，随同丈夫来上海公干，准备在上海代理诉讼业务。① 民国时期上海法租界的法庭上，出现过著名女律师郑毓秀②的身影，郑毓秀持法国律师执照，才得以执业。在该章程颁行后的十几年间，在全国各地法院，罕见女性律师执业身影。随着时代进步，观念更新，民国女性意识觉醒和独立，不少新女性接受现代法律教育已成事实。福建法医学会代表沈孝祥出席全国司法会议时，即提出了采用女律师制度，借以"增长女子自立之天性及服务社会之能力"③，该提案最终获得通过。1927 年颁布的《律师章程》顺应时代潮流，废除了关于女性从事律师职业的限制，对律师资格不再有性别的要求。但是在民国时期，女律师仍是凤毛麟角，直到民国晚期，司法界的女律师依然不多见，在 1912 年至 1941 年北京律师档案中，只有四名女性律师。④

南京国民政府律师法律体系整体架构的完成，标志着民国律师制度的逐步完善，由此促进了民国律师业的整体发展。南京国民政府时期，

---

① 《沪上将有女律师出现》，《申报》1920 年 12 月 12 日第 10 版。
② 郑毓秀（1891—1959），别名苏梅，广东新安人。中国近代著名社会活动家、女权运动倡导者。1926 年获准为上海法租界会审公廨出庭律师，成为"中国女律师第一人"。郑毓秀是中国历史上第一位女性博士，第一位女性律师，第一位省级女性政务官，第一位地方法院女性院长与审检两厅厅长，推动了我国的法制建设和女权运动，1959 年 12 月病逝于美国洛杉矶。
③ 陈霭琳：《全国司法会议通过女律师案》，《妇女杂志》第 9 卷第 4 号，1923 年 4 月。
④ 《北京律师公会会员册》，北京市档案馆馆藏档案，"北平地方法院"，J65-3-545。

上海、南京、北京、天津等大城市的律师业发展很快。1930 年上海有律师 659 人，到 1931 年有 828 人，1934 年发展到 1112 人，四年增长了 450 人左右；1934 年南京已经有律师 1200 余人。① 1927 年到 1935 年，仅上海律师公会会员就从 323 人增加到 1282 人；到 1933 年，全国律师协会总共有 7651 名注册会员。② 初步估计，1949 年中华人民共和国成立前的从业律师总数在一万人左右。③

第三节　民国律师制度的主要内容

一　民国律师资格的限制

自 1912 年《律师暂行章程》出台，到 1940 年《律师法》公布施行，民国时期关于律师资格方面的立法规定，经历了多次重大修改。

1912 年颁布的《律师暂行章程》，很明显地效仿日本律师的资格、注册程序、义务和惩戒程序内容。第一条即规定，非依照本章程合格者，不得充任律师。随即确定律师应具备的两项条件：其一，"中华民国人民满二十岁以上之男子"；其二，"依律师考试章程合格或依章程有资格免试者"。该章程规定了当时有意参加律师考试者需要满足以下条件：第一，"国立、公立、私立法政学校法政专业修满三年以上取得毕业文凭的"；第二，"在本国或外国专门学校法科修满二年以上获得证明的"；第三，"在本国或外国专门学校法政速成科学满一年半以上取得毕业文凭的"；第四，"在国立、公立、私立大学或专门法政学校讲授律师考试章程规定主要科目之一且任教满一年半的"；第五，"曾任推事（法官）、检察官的"。

该章程对不经考试即充任律师的情况做出具体规定：第一，"在外国大学或专门学校修满法科三年以上获得毕业文凭的"；第二，"在国立、公立、大学或专门学校修满法科满三年以上获得毕业文凭的"；第

---

① 茅彭年、李必达主编：《中国律师制度研究》，法律出版社 1992 年版，第 38 页。
② 陈同：《近代社会变迁中的上海律师》，上海辞书出版社 2008 年版，第 185 页。
③ 黄宗智：《法典、习俗与司法实践：清代与民国的比较》，上海书店出版社 2003 年版，第 44 页。

三,"曾为判事官、检事官或试补及学习判事官、检事官(见习司法官员)的";第四,"在国立、公立、私立大学或专门学校讲授律师考试章程规定主要科目之一且任教满三年的";第五,"在外国专门学校速成法政科修满一年半以上获得毕业文凭的,并曾担任推事、检察官、巡警官或曾在国立、公立、私立大学或专门学校讲授律师考试章程内主要科目之一且任教满一年的";第六,"任律师后,经本人请求撤销律师名簿之登录者"。该章程对不能充任律师的情形亦做出规定:第一,"曾被判处徒刑以上的,但国事犯已恢复权利者不受此条限制";第二,"被宣告破产后尚没有裁判确定复权者"。

《律师暂行章程》还设有"律师名簿"专章,律师不再和讼师一样隐秘活动,可以光明正大地合法执业。该章程规定:高等审判厅设置律师名簿,司法部设置律师总名簿。持领证书的律师如愿意在各高等审判厅管辖区域内执业,即应将证书呈交高等审判厅验名后须登录在律师名簿,并交登录费二元。律师在登录律师名簿后,应在最高审判厅管辖区域内执业,如果愿意同时兼在其他高等审判厅管辖区域内执业的,应依照前条之规定另行申请登录。

最初关于律师资格的立法规定较为宽泛,尤其是针对某些具体条件的限制语焉不详,因此常无以为据,不能保证律师的从业素质。因为缺乏对获取学历学校的明确定性,律师考试资格和免试资格认定一度陷入混乱。一些非正式的教育机构为盈利,在学生没有得到正规教育甚至有未入学的情况下,就直接颁发学历证书,而持有这类证书者,依规定可以取得律师考试资格,甚至还享有免试资格。

民国政府为杜绝此类现象,曾对《律师暂行章程》几次修订。1916年修订后的《律师暂行章程》,规定只有经过在"国立大学"或经"司法部、教育部认可"的"国立、公立、私立大学"及"专门学校"修满法律专业三年以上并获得毕业证书者,才能作为免试获取律师资格的学历依据。随后,民国政府1927年修订《甄拔律师委员会章程》,明确限制获取律师免试资格所持国外学历证书的颁发机构:第一,"以国立、私立区分外国大学和专门学校";第二,"在外国国立大学或专门学校法科修满三年以上且取得毕业文凭的";第三,"满足上两个条件者,还需要同时获得中国驻该国公使馆或留学生监督处证明书,才可以甄拔方式取得律师资格";第四,"无论国内国外学校学习,均须至少掌握一门外语,针对留日学生多用汉语的情况,还特别设立一项制度,规定在日本学校毕业的,必须掌握他国的一门语言";第五,"对在国立、公立、私立大学或专门学校讲授司法官考试主要科目的教员,增加了数项条件限制,将授课期限由原满三年增至满五年"。其任教的大学或专门学校如非国立,即须经司法部、教育部认可,课程须经教育部备案,且须掌握一门外语。关于律师的免试资格,甚至严格规定,经认可的学校学习并获取毕业文凭者,必须成绩优良,才可取得免试资格;如果成绩未达到优良,平均成绩也须为 70 分以上,还必须同时提供教育部或该校校长的证明文件。

经过逐年修订,自 1912 年公布《律师暂行章程》,到 1940 年《律师章程》废止,其中关于律师资格的限制,特别是关于免试资格的限制明显渐趋严格。进入 30 年代以后,民国时期的整体教育体制逐渐完善,不同层次的高等教育学历体系逐渐形成,近代教育体制培养的新兴知识分子开始大量步入社会,具有新式法学背景教育的毕业生充实了律师的后备队伍,律师行业从业人员的基本素质明显提高。因此,民国政府对于以免试方式取得律师资格的条件做出进一步限制。1933 年修订《甄拔律师委员会章程》,对于通过甄拔取得律师资格的条件进行重大修改,"凡是在国立或经最高教育行政机关立案或承认的国内外大学、独立学院、专门学校学习法律专业满三年以上的,获取毕业证书者,只有同时具备以下条件,才能接受甄拔:成绩特别优秀者;毕业后进入研究院从事法律研究满一年半以上,类似于硕士课程者;毕业后出国留学,研究法律专业满一年半以上者;毕业后写作、出版有关于法律主要科目的著作者;毕业后在国立或经最高教育行政机关立案或承认的国内外大学、独立学院、专门学校讲授法律主要科目,任教满一年以上者;毕业后在司法或司法行政机关担任实职满一年以上者;毕业后参加文官高等、普通考试或县长、承审员考试,成绩及格者"。该章程对于在高等学校从事法律教育的教师的律师资格,也做出新的规定:"在国立大学或者经最高教育行政机关立案或承认的大学、独立学院、专门学校任教满五年以上者,所讲课程必须是民事、刑事法律,如果其所讲授课程是其他科目,仍然不具备甄拔资格"。

1941年公布施行的《律师法》根据实际需要对律师资格进行了调整。该法规定，经律师考试及格者，可以任律师。经过检核确定符合以下条件的，可以任律师：第一，"曾经任推事或检察官者，经考试院会同"司法院"、行政院确定，不包含县司法处审判官、行政院评事、军法人员、特种刑事庭审判官在内"；第二，"曾经在公立大学或者经立案的私立大学、独立学院法律专业毕业，在公立大学或者经立案的私立大学、独立学院教授满二年、副教授满三年、讲师满五年，讲授主要法律科目满二年以上的"；第三，"曾经在公立大学或者经立案的私立大学、独立学院法律专业毕业，曾经任司法行政官并办理民、刑事案件满四年以上，成绩优良者"；第四，"曾经在公立大学或经立案的私立大学、独立学院法律专业毕业或者经军法官考试及格，或担任相当于荐任职军法官满四年以上的"。

《律师法》还专门规定了不得充任律师的情况，如已经充任的，要撤销其律师资格，具体规定是：其一，"背叛中华民国经判决确定的"；其二，"曾经被判一年有期徒刑以上刑罚的，但因为过失犯罪者不在此限"；其三，"曾经被律师法除名处分者"；其四，"曾经担任公务员而受到撤职处分，其停职任用期间尚未届满者"；其五，"曾经公立医院证明属于精神病者"；其六，"被宣告破产尚未复权者"。

民国时期律师资格渐趋严格，与近代教育的普及发展、新兴法律人才的大批培养不无关系。律师补充供给的人数增多，后备队伍宽裕，才有条件择优选任，至民国晚期，已经基本改变了民国初期因人才匮乏而不得不放宽律师条件限制的状况，渐趋严格即意味着渐趋完善，由此亦可见，此时民国的律师制度已经逐渐趋于成熟。

二 民国律师考试制度的波折

《律师暂行章程》规定，律师资格考试由"考试院"负责主持，经过考试合格者，颁发及格证书，再由司法行政部进行登记入册，履行律师执业手续。但是该章程通过后却石沉大海，未见实施下文。

1928年10月3日，南京国民政府先后颁布《训政纲领》和《国民政府组织法》，据此国民政府下设五院："行政院""立法院""司法院""考试院""监察院"。其中"考试院"作为国家最高考试机关，负责主持公务员及专业技术人员的资格考试。1929年12月,"考试院"成立,各类人员的资格考试开始积极筹备,但是具体到律师考试权,却发生了体制上的重大周折。

首先是考试权的行使。"考试院"作为国家最高考试机关,应该独立行使考试权,负责主持各类考试,包括专门职业与技术人员的资格考试。根据《考试法》和《考试法施行细则》,律师考试明确被纳入"考试院"主管的各项考试当中。但实际情况是,律师考试的主管部门依然沿袭北洋政府旧制,继续归司法行政部门。其次是立法,《考试法》和《考试法施行细则》有关于律师考试的具体规定,《律师章程》同样规定了律师考试的内容,但是这些法律法规分属不同效力层次。然后是主管部门,"考试院"名义上是独立行使各项考试权,不受其他部门特别是行政部门的干预,然而司法行政部门却径自行使了律师考试权。因此,无论是法律规定,还是主管部门,都不同程度地存在着矛盾冲突,台湾学者任拓书对这一阶段的律师考试制度评价为"有违于五权分立之精神"。之所以存在这种冲突,究其原因,仍然可归于习惯性地因循旧制,北洋政府时期的律师考试,历来由司法行政部门主管,依据北洋政府司法部1927年7月颁布的《律师章程》,无论律师考试还是律师的甄拔,都由司法部负责主管。南京国民政府成立之后,虽然名义上实行五权制度,也成立了五院,但是在律师考试问题上,依然保持了北洋政府时期的惯例,而未作任何实际变动。

1929年8月1日南京国民政府公布了《考试法》,1930年12月30日《考试法施行细则》公布,明确规定了作为"应领证书之专门职业及技术人员"的律师,必须通过考试获取执业资格。1930年12月27日南京国民政府"考试院"公布了9项考试法规,其中即有《高等考试司法官、律师考试条例》。该条例全文共17条,名义上是针对司法官与律师两类人员的考试法规,但其中绝大多数内容都是有关司法官考试问题,只在第9条第2款提及"有司法官初试及格证书者,得依法充任律师"。该条例通过考试程序的分别规定,将司法官与律师人群明显置于两个层次。该条例规定,司法官考试共有三个阶段:初试,学习,再试。初试阶段,又分作三次考试,包括第一试、第二试、面试,分别就国文、党义、国民政府组织法、民法、商事法规、劳动法规、土地法、刑法、民事诉讼法、刑事诉讼法等内容进行考核。初试及格者，可颁发"司法官初试及格证书"。按照条例规定，获得"司法官初试及格证书"者，即可依法充任律师。就立法者的立法意图来看，获得"司法官初试及格证书"者，并不能提任司法官，仍须继续完成考试的后两个阶段，即学习阶段与再试阶段。再试又分成三项内容，笔试、面试及学习成绩审查。三项均合格者，方颁发"司法官再试及格证书"。经此全部过程通过考试者，才能获得提任司法官的资格。

对于司法官与律师群体在知识结构以及能力方面的具体职业要求不完全一致，也是客观的。但是在资格考试中明显地区别等级，以表明律师和司法官职业的相关知识结构和业务能力存在不同，演绎成为资格上的等级高低，不仅无法体现两种职业的区别，也不符合民国法律所标榜的自由、平等原则，进而必然因资格、身份上的优劣定位，造成司法官和律师间心理隔阂。

《高等考试司法官、律师考试条例》和《律师章程》中对律师考试的规定也存在冲突。《律师章程》第2条第2款规定，律师应具备资格是"依《律师考试令》考试合格者，或依本章程有免试之资格者"，第3条规定，有不经考试可以充任律师的，"即依据司法官任用法令具有司法官资格者"，然而《高等考试司法官、律师考试条例》第9条第2款则规定，"有司法官初试及格证书者，得依法充任律师"。依据《律师章程》中关于律师资格获取的规定，必须通过依据《律师考试令》组织的律师考试，但是按照《高等考试司法官、律师考试条例》的规定，律师资格的获取须通过司法官考试的初试，至于司法官考试，又并非依据《律师考试令》所组织的考试。因此，一方面基于《律师章程》的立场，依据《高等考试司法官、律师考试条例》规定，通过司法官考试而获取律师资格，实际上并不具备执业律师的法定身份，因为不符合《律师章程》第2条第2款所规定律师资格的法定条件；另一方面，基于《高等考试司法官、律师考试条例》的立场，律师考试与司法官考试合并进行，其法律依据是《高等考试司法官、律师考试条例》，却不是《律师章程》或《律师考试令》，实际上又否定了依据《律师章程》和《律师考试令》组织律师考试的合法性。

还有一个问题，《律师章程》关于律师免试资格的规定与《高等考试司法官、律师考试条例》规定亦不吻合。依据《律师章程》，律师免试资格者包括"依司法官任用法令具有司法官资格者"，而依据《高等考试司法官、律师考试条例》规定，"有司法官初试及格证书者，得依法充任律师"，依据获取司法官资格的程序规定，"有司法官初试及格证书者"尚不具备司法官资格，必须继续通过学习程序并再试合格者，才能获得司法官资格，实际上《高等考试司法官、律师考试条例》与《律师章程》存在着明显冲突。这些立法上的技术疏漏以及不同法规在内容上的矛盾冲突，引起了当时社会各界的普遍关注，因此民国立法者于1933年5月23日修订《高等考试司法官、律师考试条例》，匆匆删除标题中的"律师"二字，该条例不再适用于律师考试，以此对立法错误进行纠正。

民国时期关于律师考试的实施操作存在着重大瑕疵。按照《律师章程》规定，律师资格的取得，主要是通过两种途径，即考试合格和具有免试资格。从立法本意看，通过正规考试获取律师资格，属于执业律师取得资格的主要途径，免试作为通过考试的例外，必须符合法定的特殊条件，方能获得律师资格。《律师章程》规定了几项特殊条件，符合其中之一者，即可不通过考试，就能直接获取律师资格：一是"依司法官任用法令，具有司法官资格者"；二是"经甄拔律师委员会审议合格者"；三是"曾任执业律师，但有撤销登录者，撤销登录之原因可以是经律师本人请求，也可以是因为兼任公职或兼营商业的情况"；四是"在该章程实施前就已领取律师证书者"。其中关于"经甄拔律师委员会审议合格者"的免试条件，实际上起到极其重要的作用，自该章程生效到《律师法》出台的十几年中，民国时期获取律师资格的，绝大多数出自此途。作为获取律师资格主要途径的正规考试，竟然从未举行过一次，律师考试规定不过一纸具文，形同虚设。

1931年民国政府成立后，举行了第一届高等考试。这是"考试院"正式行使考试权，第一次进行全国范围的考试，其中没有设立司法官、律师考试类科，法官考试继续沿用《法官初试暂行条例》，如此操作违背了《考试法》与《考试法施行细则》的立法初衷。不举行律师考试，客观上阻塞了获取律师资格的正常渠道，使大批符合法定条件者难以通过考试途径进入律师群体，也在一定程度上影响了执业律师的整体素质。

三 律师义务与律师惩戒

1912年北洋政府颁布的《律师暂行章程》，就律师义务设定专章。对律师兼职情况、律师代理、委任及具体执业做出规定。具体内容如下：第一，"律师不能证明其有正当理由，不能拒绝司法机构所命之职务"；第二，"律师已经接受诉讼代理委托，却提前终止的，即应通知委托人方，律师未通知或通知有迟延的，应赔偿因此所造成的损害"；第三，"律师不得收买双方当事人之间所争之权利"；第四，"律师应于执行职务的法院所在地，设置律师事务所，并向所在地审判厅及检察厅报告"。

该章程同时对律师兼职情况做出具体规定：第一，"律师不能兼任有俸禄之公职，但是充任国会或地方议会议员、国立或公立学校教授，或者担任行政特别之职务的，不受此限制"；第二，"律师不得兼营商业，但是如有律师公会的许可，不受此限制"。同时，还明确规定有下列情形的律师不得代理：第一，"曾接受过委托人之利害相对人的委托或者赞助的"；第二，"曾任职推事或检察官时处理案件的"；第三，"依据公断程序，曾以公断人的资格处理过事件的"。

1915年7月，在《律师暂行章程》原内容基础上，北洋政府司法部新颁布《律师应收义务》五条，规定"饬知该律师公会遵照。嗣后律师执行职务，应由该管审判厅酌量情形之轻重，照修正律师章程第三十三条、第三十四条移送惩戒"[①]。该义务的制定宗旨原为"补救流弊"，意图加强对律师的控制和管理，但是该法立法语言随意，概念界定不严谨，如"律师于民事诉讼案件发现人显无正当理由后，仍继续代理或赞助委任人而为诉讼行为者，应负担诉讼费用，并对于委任人之相对人负损害赔偿责任"。何为"显无正当理由"，其界定必然因为难以掌握客观标准而出现争议。至于"对于委任人之相对人负损害赔偿责任"的规定，则是把律师与参加诉讼的当事人混同，意味着律师只能胜

---

① 《规定律师义务由》，载《北京律师公会历年办事报告》，北京律师公会1925年印行，第22页。

诉，不能败诉，否则将自身难保。此外，"律师有扛帮词讼、教唆供述、虚构事实或其他滥用诉讼程序情事"的表述，很容易造成误伤，律师的正常代理也可能会被归入其中。可以看出对讼师"扛帮词讼、教唆供述"的文字表述，被移至约束民国律师的义务规定。

1927年南京国民政府的《律师章程》对律师义务进行了调整，增加了关于律师诚信执业、合理收费等义务规定。如，"律师应以诚笃及信实行其职务，对于法院或委托人不得有欺罔行为；律师除约定的公费以外，不得另立名目向委托人索取报酬；律师不得利用委托关系，另为利益有损害委托人的法律行为；律师必须以善良管理者之注意，慎重处理委托事务，如因懈怠过失致委托人遭受损失的，应负赔偿责任；律师不得故意延滞诉讼程序"。对于律师兼职的规定有所改动，包括：第一，"律师执行职务时，不可兼任官吏或者其他有俸之公职，但是任国会地方议会议员国立、公立、私立学校讲师或执行官署特命之职务者不在此限制"；第二，"律师执行职务时不可兼营商业，如果无职务亦无碍律师公会许可者，可不在此限制"。该章程关于律师开办律师事务所后的报告义务也进行了调整，确定不需要向检察厅报告，只需向律师事务所设立地法院报告即可。

随着民国律师法律体系的完备，相关律师义务规定更加具体。1940年的《律师法》中关于律师义务的内容共有20条，与之前相比，有明显内容变化的：一是，"律师不得有足以损及律师名誉或信用之行为"；二是，"律师不得以自己或他人名义，刊登类似恐吓之启事"；三是，"律师不得与执行职务区域内的司法机构人员往来应酬"；四是，"律师不得代理当事人为明无理由之起诉、上诉或抗告"。该法针对司法官员、律师转换频繁的情况，特别做出了限制性规定，"司法人员于离职之日起三年内，不得在曾任职务的管辖区域内执行律师职务，律师自注销登录后一年内，不得在曾执行职务区域内的法院担任司法官"。

《律师法》对律师义务的规定明显增多，说明随着民国律师法律体系的建立，律师制度趋于完备。但《律师法》中"律师不得教唆诉讼，或以不正当之方法招揽诉讼"的规定，明显没有摆脱传统观念的影响。律师作为西方司法制度的舶来品，以崭新的法律服务群体身份执业，但是律师执业的土壤依然是传统的，律师面对的委托人和司法官员依然是中国人。《律师应收义务》提及的"律师有扛帮词讼、教唆供述、虚构事实或其他滥用诉讼程序情事",无疑是将律师与讼师视为一路。从律师制度创设伊始至《律师法》出台,律师制度已施行三十余年,国家立法依然用指责讼师的态度对待律师,由此可见中国近现代的律师制度发展的客观阻碍。

关于律师惩戒,从《律师暂行章程》《律师章程》到《律师法》均有相关规定。依据《律师暂行章程》规定,如律师有违反本法及律师公会会则行为的,律师公会会长应依常任评议员或总会的决议,提请地方检察长予以惩戒。地方检察长接到提请后,应即呈请律师执业所在地的高等检察长,至律师执业所在地的高等审判厅提起惩戒之诉。被惩戒的律师或者提请惩戒的高等检察长对惩戒裁判不服的,可以提起上诉至大理院。依据该章程规定,律师的惩戒处分具体分为四种,包括:一、训诫;二、五百元以下罚款;三、停止执业二年以下;四、除名。[①]

《律师章程》对不服惩戒的上诉请求做出修改,不再向大理院提出,而是改为向司法部长提出复审的请求,司法部长接受后提交审查律师惩戒委员会。惩戒处分保留了训诫,但不再有罚款,对停职期限的规定具体确定为一个月以上两年以下,并且进一步做出规定,受除名处分者四年以后才可再充任律师。

《律师法》很重视对律师违反律师义务之规定行为的惩戒处分,如该法规定,律师有犯罪之行为应受刑罚制裁的,有违背律师公会章程之行为情节严重的,应予以惩戒。律师惩戒委员会由高等法院院长、庭长以及四名推事组成,院长担任委员长。律师的惩戒处分依然为四种,包括:一、警告;二、申诫;三、停止执行职务二个月以上二年以下;四、除名。与《律师章程》相比,该法删除了罚款处分,并且规定了停止执业的最短时间。

回顾清末民初律师制度的创建,可以清晰地发现其发展脉络。作为清末司法改良的重要成果,律师制度从西方直接移植,于清末初步完成立法设计,制度框架得以初创。民国初建,为适应民主政治、共和政

[①] 参见《中华民国现行司法法令》(第六类)"律师",上海商务印书馆1914年版,第1—9页。

体，立法者努力在短期内迅速形成新的法律体系。因此在政局不稳、社会动荡不安的情况下，北洋政府匆匆颁布《律师暂行章程》。该章程的公布施行，虽然标志着中国律师制度的正式确立，但是其产生的特定时代背景，决定了近代律师制度的先天不足，之后各时期的民国政府只能通过频繁的立法修订加以弥补。

清末在西方国家诉讼法的基础上制定出来的各法典，基本上被民国时期各届政府吸收，其中的律师制度经过各时期政府立法的推进，内容不断完善并趋向体系完备。从清末到民国，一系列有关律师制度的立法规定，形成了清末民初法律服务群体从传统向现代转型的制度推动力，这也是最直接的推动力。律师制度在中国得以确立，不仅促进了中国社会法律观念的更新，也奠定了中国司法体制近代化的发展方向。至于西方律师制度的直接移植是否成功，以及在其本土化发展进程中呈现出来的各种问题，已经超出了法律技术层面，不是靠简单的制度建设所能解决的，而是更复杂层面的问题了。

第四章

法外之势：清末讼师的生存实况

第一节 清末讼师活动概况

一 讼师活动的地域分布

清中晚期，随着商品经济的逐渐发展，诉讼活动日益频繁，讼师活动较前代更活跃，其活动范围也更加广泛。18、19世纪的清朝面临各种问题，如国家官僚体系的简化、人口增加、商品经济的发展以及因此导致的各种社会"竞争"，司法领域的纠纷不断增多，导致讼案积压。官府不得不面对汹涌而来的"讼潮"，地方官员也不得不接受一个现实：清末的讼师活动已经远远超出朝廷所能控制的局面，全国范围内普遍存在着讼师的执业活动。

人们通常认为，讼师多活动于商品经济活跃的东南部地区，特别是富庶多产的江南一带。有不少学者认为，在富庶的长江下游和附近地区，因为商品经济的发展，已经形成了独特的"竞争性"文化，导致当地出现"好讼文化"，而"讼棍显然在江苏和浙江两省人数众多"[①]。乾隆年间，有人曾批评讼师介入苏州司法的严重情况："吴中有三大蠹，一为讼师，民间凡有狱讼，出为谋主，幻词狡诈，惑乱官长，往往顷人

[①] [美]梅利莎·麦柯丽：《社会权力与法律文化——中华帝国晚期的讼师》，北京大学出版社2012年版，第102页。

之家——司牧者为民除弊，当以此为首务。"① 明清时期，江南一带的讼师业已成为颇受关注的行业，有不少人借此行业发财、出名，当地人甚至称有大名气的讼师为"状元"或是"会元"。美国学者梅利莎·麦柯丽曾统计了被认定为讼棍或讼师的104起案件，来说明清末讼师活动的地理分布情况，她的统计结果表明，有77起发生在中国各大区域的"中心地区"。所谓中心地区，就是指那些富饶多产且人口稠密的区域。仅有27起发生在偏远区域。其中：福建20起，排名第一；江苏13起，排名第二；湖北和山东各12起，排名第三；湖南10起，排名第四；浙江6起，排名第五。② 清代经济最富庶的江苏竟然排在福建之后，这个结果出人意料。这也说明，对讼师活动的地域分布需要重新认识，通常认为的经济因素不必然是讼师活跃的唯一因素。

嘉庆十二年（1807），朝廷下令各省巡抚报告长期困扰省府衙门的积案情况。湖南上报最多，共有3228起未结讼案，紧随其后的是福建上报2977起，广东上报2107起，江西上报1610起，安徽919起，直隶645起，陕西208起，广西201起，山东193起。③ 清代地方官员们对于累案积压严重的责任，一致坚定地认为与自己的治理能力无关，他们将之归咎于讼师教唆愚民争利。其实，导致清代积案的原因很多，诸如经济发展水平、人口规模、民风传统和世情习惯等，都会对当地诉讼率的高低产生影响，从而给官府审结案件带来困难。在几种决定诉讼率的因素中，人口规模的影响要远小于其他方面。以乾隆五十二年（1787）为例，安徽省的人口（2890万）远远高于福建省人口（1200万），广东省（1600万）、湖南省（1610万）甚至连陕西省的人口（1320万）也高于福建省。④

关于讼案发生的原因，麦柯丽教授的观点具有代表性。她基于对晚清司法实况分析得出结论，确定财产纠纷是讼案发生的主要原因。这就意味着，民间争讼根本上是因为实质性的经济纠纷，其中各种土地所有

---

① 乾隆《元和县志》卷十，《续修四库全书·史部·地理类》，上海古籍出版社1997年版，影印乾隆二十六年（1761）刻本，第107页。
② ［美］梅利莎·麦柯丽：《社会权力与法律文化——中华帝国晚期的讼师》，北京大学出版社2012年版，第103页。
③ 《朱批奏折·法律·其他》。
④ 《朱批奏折·法律·其他》。

问题和涉及迁居与开垦的问题，属于湖南和东南沿海省份（福建与广东）的特殊性问题，占据了这些地区相关讼案与上控案件的大部分比例。此外，如广西巡抚所言，两广地区及湖南之所以有较高的诉讼率和较多的积案，原因就在于上述地区经历了较庞大规模的移民潮，导致出现很少定居却较为好讼的特定人群。[①] 按照麦柯丽教授的统计，在官方眼中，福建省是讼师滥用词讼并且冲突事件爆发最多的地区。该地区具有独特的多重权利并存的土地保有制度，在此地域已经形成了具有流动性且可转让的财产观念，而家族暴力争斗和人命案件的频出，更让官府认定东南沿海地区介入诉讼的讼师具有极其恶劣的狡黠、刁顽特性。18世纪至19世纪早期，朝廷对这些地区一直依赖官兵强力维持地方治安，地方政府将具有地域性特征的财产制度和讼师活动视为词讼积压和税收减少的替罪羊。

讼师活动和上述的民间财产观念当然不是地方词讼积压的主要原因，有限的政府控制力，不断增长且开始流动的人口，日益复杂的经济形态，以及将诉讼看作家族之间、家族内部矛盾延伸地域的传统认识，才共同导致了清中晚期地方累案积压严重，没有证据可以证明讼案的发生和积压与讼师的密集活动存在必然关系。根据嘉庆年间对地方官员清结讼率的统计，陕西地方巡抚清结了当年受理的89起讼案中的65起，从而使其结案率达到73%，远远高于其他地区。如果仅根据该地区上诉层级的积案率相对较低，即推断整个北方地区的诉讼率低于商品化程度较高的南方地区，甚至由此确定北方的讼师活动整体不如南方普遍，就是过于武断了。根据《樊山政书》[②]记载，清末的陕西地区讼案积压并不严重，但是讼师活动却极其活跃，几乎当地每一个县都有讼师的身影出现。这更加证明了通常关于讼师活动范围的判断，确实存在着认识误区。

清末江南地区最富庶，讼案积压却并不是最严重。值得注意的

---

① ［美］梅利莎·麦柯丽：《社会权力与法律文化——中华帝国晚期的讼师》，北京大学出版社2012年版，第228—241页。
② 《樊山政书》于宣统二年（1910）编成，收录了晚清时期臬司、藩司的日常司法行政文牍，可视为十年间清朝地方司法之部分实录。全书以判词批语为主，还包括咨、详、札、牌示、章程等，内容或批复县文禀，或判决百姓讼案，或申详部院，或访查民隐，除此，还收进一些政论性内容的文章。

是，人们通常认为以盛产师爷闻名的浙江省，与其他地区相比，该地有据可查的讼师活动并非人们想象的那样活跃。① 麦柯丽教授查到的案件记录中，仅有一个被拘捕的绍兴讼师王祚恺，生员出身，曾是个师爷（幕友），受聘于礼部的办事厅。他擅长撰写法律文书，在一桩讼案中曾替其中一个人写了 49 份法律文书，为另外两个人分别拟写了 12 份和 18 份文书，他还与山阴县的书吏和代书保持着特别的联系。政府官员指斥王祚恺词状粗俗恶鄙，却没有提及任何实质性的捏词虚假情节。道光九年（1829），王祚恺之所以被官府注意到，是因为他的租户拒付租金，王祚恺诉至衙门，请求县令强令执行。经县府催促却始终徒劳无功，长期处于僵局之中的王祚恺与租户打了一架，租户赴巡抚衙门控诉王祚恺曾多次鞭打他。当地方官试图调查此案时，王祚恺极不明智地用之前拟写的控诉信威胁租户，最后当省府衙门受命拘捕他时，他逃跑了。② 浙江地区的挑词兴讼之人，主要是已经退休的书吏，这些人熟悉官府明里暗里的衙门作风，他们比其他地方的讼师更精明，且有更好的社会关系，因此也不大容易陷入困境，不至于被列入讼案记录。如讼师王祚恺的被捕，是比较偶然的，清代官府对讼师的大规模清查活动也并不常见。道光十四年（1834）的一次大范围调查中，山东省按察使和布政使亲自督导，从 17 个州县拘捕了 24 名"词讼恶徒"③。这样的专项治理活动往往事出有因，清末讼师大多因牵涉诬告或者涉及比词讼引发的骚乱更为严重的犯罪而被拘捕。

清道光年间上报朝廷的三桩讼师被捕的案件，除了上文的王祚恺，还有讼师冯华潮和冯朗斋。冯华潮原是兴国州的教书先生，丢了教职后，开始操起"刀笔先生"的讼师生涯。道光二十七年（1847），冯华潮来到省府武昌，以代写诉状和充任包讼人谋生，在两年内，他和帮手黄大兴一起处理了武昌府和安陆府 9 个州县的近百起讼案。冯华潮显然非常擅长处理省府衙门的上控案件，有来自 9 个不

---

① ［美］梅利莎·麦柯丽：《社会权力与法律文化——中华帝国晚期的讼师》，北京大学出版社 2012 年版，第 103—104 页。
② 《朱批奏折·法律·其他》，道光十四年六月二十八日。
③ 《朱批奏折·内政·保警》，道光元年三月二十五日。

同州县的事主向他求助，根据冯华潮的供词，他参与的所有讼案都是一般的民事争产，包括继承、婚姻、田土及钱债。冯华潮颇具声名，他还有可以将众多事主引到他面前的关系网络。① 冯华潮是在为一个事主代写过多份词状，同时还为另外两个事主两次赴京上控之后，在道光二十九年（1849）才引起官府注意，他两次控诉都规避了下级衙门，其中一次控诉还属于诬告。和冯华潮同一年被捕的，还有冯朗斋。他从30公里外的黄陂县迁至汉口，汉口当时是个非常繁荣的商业城市。据冯朗斋说，他每年拟写40份至50份词讼文书，涉及各种各样的细琐纠纷，他已经没有办法清晰记得参讼的各种细节了。冯朗斋被捕，是因为道光二十六年（1846）他代一个寡妇拟写了6份状词，牵涉了一些没有具体说明的不当行为。除此，并没有其他明确的证据可以证明冯朗斋有滥用诉讼或者其他更严重的行为。冯华潮曾被官府追捕而逃至汉水与长江交汇的地区，讼师往往有更换姓名的情况，当差役们四处追问冯姓讼师时，或许有人告发了汉口操讼业的冯朗斋，而官差或许以为他们拘捕之人就是武昌的罪犯。

与康熙朝、乾隆朝相比，清末讼师的流动性趋强，有些讼师会更换居住地，寻找工作机会。绍兴讼师王廷举，曾在省城任书吏，休致后迁至绍兴以助讼为生。浙江省缙云县的一个讼师，因替无关之人非法包讼而遭到官府鞭笞，于嘉庆十二年（1807）从本乡的云和县移至缙云县。但他并未收敛讼师活动，在嘉庆十二年（1807）至嘉庆十七年（1812）间，一直以词讼为业而未被官府发觉，直至嘉庆十七年他在一次契约纠纷中出错，才被官府抓捕。②

清末讼师活动的活跃程度与地区经济发展水平高低存在一定的关系，但是没有证据表明北方地区（如西北、华北地区）的讼师活动整体上不如南方普遍。从文字资料记载分析，清朝中晚期，讼师已经在全国范围普遍活动，并逐渐形成了地域性特征，各地讼师介入司法的具体情形与涉讼程度不一。正如有官员在乾隆年间观察到："南方健讼，虽山僻州邑，必有讼师……若北方则不然，讼牍既简，来讼者皆据实事直

---

① 《朱批奏折·法律·其他》，道光二十九年四月二十三日。
② 《朱批奏折·法律·其他》，嘉庆十七年四月二十九日。

书数行可了。"① 乾隆朝名幕万维翰曾分析北方与南方的不同情况:"北方民情朴实,即有狡诈,亦易窥破;南省刁黠,最多无情之辞,每出意想之外,据实陈告者,不过十之二三。必须虚衷片断,俟质询以定案。"② 由此推断,北方不是没有讼师,而是通常情况下北方的讼师介入司法的手段相对更简单。

诸多资料表明,至清末司法改革前,全国范围内的讼师活动已经非常普遍。许多笔记、戏曲、小说都从不同侧面描述了讼师的执业状况,无论经济富庶、商业发达的地区,还是边远省份、贫困落后的地域,都可见讼师活动的身影。当然,这样的普遍性还就各行政区域的中心区而言的。人口密集、民间文风隆盛、商业化氛围浓厚、经济发展水平较高的区域,讼师活动明显更活跃,在不同地域的行政中心地区,讼师活动也相对密集。讼师活动的分布密度与行政区域案件审理的管辖权相关,远离各行政中心的偏僻地带,少有讼师活动,就如在当下,在偏远地区的律师执业活动也不多。据《刑案汇览》中涉及讼师的许多案件及奏折分析,清中晚期的讼师活动范围大多集中在江苏、江西、四川、安徽、陕西、河南以及直隶地区。③ 而在边远地区,讼师活动也并非完全绝迹,据道光二十七年(1847)的描述,生存于极其贫困状况下的苗民,也会在偏僻的贵州乡镇中遭遇讼师。④

二 讼师的活动与民间需求

讼师执业活动的普遍性与民间需求紧密相关。从现存各类档案记录、笔记小说等记载情况看,清中晚期,无论东南部的经济发达地区,还是偏远边陲之地,都可见讼师频繁活动的痕迹。尽管官方一直对讼师助讼的法定身份不予认可,但讼师活动并未因官方的打压而销声匿迹,因为广泛的、旺盛的民间需求滋养着讼师的生命力。

在中国传统社会生活中,讼师一直以非常独特的方式生存着,自讼

---

① (清)袁守定:《图民录》,载《官箴书集成》(第5册),黄山书社1997年版,第202—203页。
② (清)万维翰:《幕学举要》,载《官箴书集成》(第4册),黄山书社1997年版,第732页。
③ 《刑案汇览》(第49册),第24—27页。
④ 《朱批奏折·法律·其他》,道光二十七年十一月十三日。

师出现直至清末讼师消失，讼师的执业活动一直是模糊、曲折甚至还带有戏剧性的。通过晚清时的笔记、小说、公牍及判词的记述，不只不识字的底层百姓有对讼师的需求，有文化的读书人遇到诉讼，也会找讼师助讼。基于传统的无讼、贱讼法律观，远争讼是理想生活，百姓不愿意过多涉足诉讼，讼师的行为不会被认为是高尚的，所谓君子重让非争，但有讼师代为出入公堂可以保持自己的体面。有些地方乡绅想方设法维护个人利益或地方利益，躲避对上义务，也会求助于讼师，甚至有些地方官为了应对官场倾轧，往往也需要讼师的谋划。只要民间存在利益纠纷及诉求，就需要讼师助讼，讼师一行自然就争取到生存空间。如此一来，社会的多方客观需求滋养了讼师的生存土壤。

宋朝官员蔡久轩说："大凡市井人民，乡村百姓，本无好讼之心。皆是奸猾之徒教唆所致，幸而胜，则利归己；不幸而负，则害归别人。"① 针对对讼师"唆讼"的指责，霍存福先生撰文指出，讼师中确实有无事生非者，但还有其他普遍的情形："民人或官员在遇事时，往往求见讼师出谋划策，以求解决。"② 这个比率还是比较高的，霍存福先生统计的 23 个案件涉及 19 个讼师，其情节无例外都是"谋于讼师"和"往投讼师"之类。

按照霍存福先生的观点，讼师为社会提供了专业的法律服务，不能将其活动一概理解为"唆讼"。清中晚期下层文人的社会地位不断恶化，原本以科举为出路的读书人仕途无望，于是纷纷投身讼行，成为非官方认可的法律服务人群。清中晚期官僚体制的简化，无法面面俱到地体现公权力的威严，讼师活动客观上为正式司法体制提供了必要的有益补充。根据清朝的法律规定，在民事诉讼中，有功名者、未成年人、老人、无知识的人和妇女由他人代理诉讼，这一制度也被称作"抱告制度"。对于有功名者和未成年人、老人，不需要他们亲自出庭，有优待和保护的意思；而对于妇女和无知识人群，要求他们由他人代为"抱

---

① 见《名公书判清明集》第十二卷："大凡市井小民，乡村百姓，本无好讼之心。皆是奸猾之徒教唆所至，幸而胜，则利归己，不幸而负，则害归他人。故兴讼者胜亦负，负亦负；故教唆者胜固胜，负亦胜。此愚民之重困，官府之所以多事，而教唆公事之人，所以常得志也。"

② 霍存福：《唆讼、吓财、挠法：清代官府眼中的讼师》，《吉林大学社会科学学报》2005 年第 6 期，第 131 页。

告",就有歧视的味道了。这些人群如涉讼,代他们出庭打官司的,最有可能的人,除了近亲属就是讼师了。实际上,清末讼师的客户,远远超过了官方确定的"抱告制度"规定的范围。

　　清朝的地方官吏对管辖区域内的讼师活动也不是一概禁止,或许地方官员们希望讼师起到官方需要的"好"作用。如:帮助陷入纠纷的庸碌无知百姓书写诉状,词讼文字上能够突出重点,言辞达意,使案件顺利被受理;教导事主庭审时如何应答,"理直气壮、要言不繁",以加速庭审进程,等等。但官员们发现,讼师参与的司法活动,并没有在官府希望的规范、效率等问题上给官家提供多少帮助,反倒是让案件更加复杂难审。地方百姓很难控制驾驭,常常赴省上控,而讼师则坐省包控包准。于是官方话语转而形成了统一认识,即讼师帮助老百姓滋讼缠讼,百姓愚钝,讼师唆讼、吓财、挠法,给官府增添了无尽烦恼。

　　考虑到民间对讼师法律服务的需求,也为了补充正式司法体制的不足,清政府延续了宋代书铺的做法,制定了"官代书"制度。通过官方批准的垄断性的书铺,变相对讼师的部分法律服务予以官方认可,并通过地方政府组织的考试将代书人纳入官方规制。但实际上,清时的"官代书"远远不能满足民间法律服务的需要。清朝每个州县大概有3至5名代书,每一名代书平均在每个放告日书写几十份甚至上百份词讼文书,官代书不会完全满足事主心愿,不可能对每份诉状都字斟句酌。因此,有限的代书服务无法满足民间的助讼需求,加之代书是官府设立的垄断性行业,这样的半官方身份,无疑也会造成事主和代书的阻隔,百姓没有与代书协商的余地和空间,自然无法完全相信他们可以站在自己的立场。百姓还是愿意相信非官方身份的讼师,事主可以毫无保留地和讼师磋商,畅所欲言,往往在去代书的书铺之前,事主已经找到讼师学习如何书写诉状,已经商议了具体措辞,甚至让讼师为打赢官司出谋划策,以实现事主利益的最大化。

　　清末讼师的执业活动处于特定的结构性变迁背景之下。清中晚期的社会局面日益复杂,人口的增加,财产关系的变化,下层文人相对于上层科举地位身份的恶化,等等,这一切都是清政府必须面对的问题。在宽泛的经济活动中,经济繁荣地区出现的社会经济转型发展还是缓慢的,不会立即表现出任何与传统的突然断裂。但清末社会商业经济范围开始逐渐扩大,并且日渐复杂化,这样的发展趋势对各层面的社会关系都产生了巨大影响。清代朝廷权力的行使与民间对权利的主张,出现前所未有的对抗,甚至在一定范围内矛盾激化。虽然还没有如西方那样,形成明确主张民权的浪潮,但通过众多让官府头疼的案件,还是清晰可见民众维护权利意识的抗争。

讼师在民间与官府的周旋抗争中,起到了非常重要的作用。传统社会关系中,老百姓出于习惯,通常避免和官府直接打交道,各级地方官员对基层社会的控制,主要依赖乡绅和书差等人群,此外就是讼师这一类与官府也有着密切联系的群体。与乡绅、书差的立场不同,讼师是为民间助讼的,他们与官方体制往往容易产生矛盾与冲突。不仅如此,如果将讼师们的助讼、健讼行为置于基层社会结构的整体框架中,就可以发现寻求讼师帮助本身就是对权利的诉求。因为官方司法资源的严重不足,百姓向有能力的民间"权威"寻求帮助,就成为很自然的现实需求。讼师提供的法律帮助多种多样,远远超过代书的范畴,甚至不仅限于民事纠纷,还有刑事命案;更有讼师出面维护地方利益,带头参与赈灾抗捐抗粮等非讼事件。讼师这一独特的社会阶层,在清末特定的社会背景下,实际承担的使命已经趋于复杂,不仅有传统层面的代书词状、为打官司出谋划策,还逐渐在社会生活中发挥着其他作用。《樊山政书》记录了西北地区的司法实录,其中记载了数件因清末赔款加重民间捐赋而引发的案件。在这些讼案中,讼师代表了地方利益,出面抗捐抗粮。讼师实际上开始代表民众和地方的利益诉求,有了维护"民权"的味道。讼师干讼不仅为生存,还有意无意地代表了社会平民阶层的利益诉求,让官府厌烦而憎恶。因讼师多是下层文人的身份,官方本就对他们轻视,如讼师带头抗捐抗粮、拒不执行中央政府的政令之类,就是公然对抗朝廷,这是撼动朝廷根本的大祸患。如此一来,官方对待讼师的态度更加冷酷无情,讼师成为中央朝廷和地方政府都希望严厉打压的社会力量。

三 关于讼师活动的不同表达

清末的讼师活动处于传统社会的特殊执业背景中。不管官府的态度如何,清末讼师一行已成职业,讼师已成为职业群体或者说至少是半职业化的群体。关于讼师活动，民间和官方有着不同的表达。

清中晚期的民间话语中，讼师是极富话题的描述对象。他们大多是狡黠机智的，有的还不乏正义感，他们不仅是官方眼中诡计多端的人，有时还会无赖行事，有时又散发出豪侠气质。民间认为，讼师是长于刀笔功夫之人，善于舌战之人，精于词讼智慧和变通之人。光绪三十年（1904）的常熟地方志中记录了几位本地讼师的事迹，他们解决了"上百起词讼"，还促使当事人在极其困扰的案件中和解。在民间话语表述中，讼师代表着地方下层文人精英群体，不仅满足了民众的法律需求，还保护了地方不受中央政府的盘剥。一些民间故事讲述了讼师如何以机智狡黠打赢官司，并大快人心地羞辱了地方官吏以及有权势的富人。这些故事多少有些神化了讼师的机智和才能，但是也透露出一种观念，在一个道德混乱的时代，只能通过不正当却强有力的力量获取正义，这样的做法在民间是实际且有效的。

与民间态度形成鲜明对立的，是官方对讼师截然相反的评价。清官员曾编写押韵文辞，劝导民众远离讼师的愚弄："劝吾民，要息讼。讼师与尔写呈词，教口供，不过贪尔酒肉，将尔银钱弄。赢了官司，百般索谢；一有不遂，架人将尔控。输了官司，说你不会说话，丢财惹起，落个不中用。讼师之言，千万不可听。"[①] 言者谆谆，官员苦口婆心地劝说百姓远离讼师。

讼师介讼，帮人打官司还以此牟利，这样的行为有悖于传统价值观。在中国古代政治、社会生活中，诉讼以及与诉讼相关的一切活动都被认为与道德沦丧、社会混乱有关，甚至还意味着地方官吏治理能力低下。传统观念认为，诉讼从根本上讲是不道德的，因此私人法律服务在道德上不可能是正当的。以《周易》对"讼"的解读为例，"讼，有孚窒惕，中吉，终凶"。讼是消极的，这就意味着，执着于打官司，对个人和社会都将有大危险。儒家认为，品性高尚的君子不会为利益争执，只有斤斤计较的小人才会拘泥于蝇头小利而争讼不休。在官家看来，纵然讼师才智超群，刀笔功夫了得，但以词讼为生就算不上是真正的文

[①] （清）柳堂：《宰惠纪略》，载《官箴书集成》（第9册），黄山出版社1997年版，第493页。

人，更谈不上是君子，只能同列道德败坏的下等人。读书人为了获取利益而涉足诉讼，本身就有不道德的嫌疑。如《中国四大恶讼师传奇》中所说，读书人如果因为仕途不畅，便把满腹才学发泄到做讼师的邪路上，纵然能得逞一时，却终难得逞一世。结果人固受害，亦自误。该书作者警醒世人，有才干之人当"悚然自惧，自爱其身"①。

不管讼师是否在诉讼中起到了好作用，清时官方从未放弃反对讼师的宣告。乾隆三十四年（1769），江苏巡抚高晋称："江苏系讼多之省。依民人品性而言，松江［府］人多诽谤、慢法、背义之事。"② 长期以来，传统社会主流精英的意识形态，一直强调讼师的道德败坏和政治危害，异常刻薄地渲染着讼师的种种劣迹，如：捏造词讼文书的诬告，对法庭的操纵利用，对获取非分利益的贪婪。官方眼中的讼师为害乡里、祸害公门，玩文字游戏，混淆视听，意图牟利，这样的行为让人反感，他们串通胥吏、左右诉讼的种种伎俩，实际上就是干扰吏治清明了。更难以容忍的是，讼师以娴熟的笔墨功夫在词讼上大做文章，已经形成了百姓认可的专业权威，如果百姓信服民间权威，必然折损官威。令官府无法容忍的，是讼师对官方法律权威（或者说官方权威）的挑战。受长期的官本位意识影响，衙门公堂之上只能有官老爷权威，官方无法容忍公堂上再出现另一个权威。

官方坚定地认为，讼师是百姓不安分的根源，是朝廷累案积压的罪魁祸首。18世纪的清政府试图在一定程度上控制讼师，通过法律限制讼师的执业活动。雍正二年（1724）颁行的官修典籍《圣谕广训》共16条，其中4条涉及讼狱，主旨是劝民息讼、无讼。皇帝苦口婆心地警告子民："（讼师）操刀笔，逞词讼。告不休，诉不已。破身家，谁怜尔？……每一事，须三思。远棍徒，屏讼师。虑其终，慎其始。无大仇，辄自止。"看《圣谕广训》说起讼师，大体等于恶棍刁徒，其行径不外乎"直入公门，挟制官吏，以曲作直，以无诈有，造桥捏鬼"。讼师上瞒下欺，使良善百姓拿不得主意，落进圈套，皇帝如此看讼师，讼师在传统社会的地位也就钦定了。

---

① （清）吴麟瑞：《中国四大恶讼师传奇》，高天平编译，中国华侨出版社2003年版，第2页。
② 《朱批奏折·法律·其他》，乾隆三十四年九月初八日。

不管皇帝是否喜欢，要把讼师的非法身份确定，还需要明确的法律依据。在清代官吏的案例指南《刑案汇案》中，几乎所有涉及词讼专条的案件中，均不加区分地交替使用讼师和讼棍两个词语。至清雍正朝，大清律试图区分二者，法典将前者认定为"教唆词讼"①，后者则被确定是串通胥吏和欺弄乡民的"积惯讼棍"②。即便清朝法律尝试对讼师和讼棍进行严格的界定，也意图划分正常助讼和那些扰法害民的不同情形，但实际上很难设定准确且客观的标准，可以严谨地将二者区分开。"讼棍"实际上是个简称，在清代法律用语中，完整的文字表述为"唆讼棍徒"，属于"光棍"的一种。揆诸典籍，"讼师"或谓"讼棍"，意思即明显包含贬义。

自雍正朝至道光年间（1723—1850），国家立法更加致力于谴责和清除不被官方认可和控制的词讼把持者。清律例载，"凡教唆词讼，及为人作词状，增减情罪诬告人者，与犯人同罪。若受雇诬告人者，与自诬告同，受财者，计赃，以枉法从重论"③。如果依靠讼师捏写本状，越诉以致叩阍，或者"赴督抚并按察司官处"，被查出是诬告，即"发近边充军"。再严重的，"若系积惯讼棍，串通胥吏，拨弄乡愚，恐吓诈财"，即按照"棍徒生事扰害"罪名发配到云贵两广"极边烟瘴"充军。在其他条例中还特意明确，凡此判"积惯讼棍"充军的，不能援引"存留养亲"的法律规定，即便是独子，家中老人已过70岁的，仍然要执行充军，不得改归。④ 大清律中还有更严厉的特别规定，被判处充军的"积惯讼棍"，在充军地落户的，如"积匪滑盗"，其子孙永远不得参加科举考试。若唆讼者系"积惯讼棍"，那么他会受到非常严厉的惩罚。⑤

随着民间讼师人数越来越多，官员和讼师间的紧张关系随之渐趋严重。为对付讼师，清廷在既有"教唆词讼"法律条文外，又增添许多法令。特别是雍正三年（1725）以后，中央政府屡屡颁布新例

---

① 《大清律例》卷三十《刑律·诉法》第五条。
② 《大清律例》卷三十《刑律·诉法》第八条。
③ 《大清律例》卷三十《刑律·诉讼》，"教唆词讼条"。
④ 《大清律·律例·诉讼》，"教唆词讼"。
⑤ 《清会典事例》第2册卷112，"吏部·处分例·严禁讼师"。

及上谕,督委地方官吏查拿讼师、讼棍。有些官员是主动积极地在本地勘察、抓捕讼师,有些官员则是迫于朝廷压力而访拿讼师,本地讼师活动一旦被上级官员查获,地方官员就会因为"失察讼师"而受到处分。这就使清朝地方官员与讼师之间的紧张对立,成为日渐严重的现实司法问题。

清朝的各级官员及书吏、幕友对讼师少有赞词。一般来说,讼师与幕友在法庭上是对立的,甚至是敌对的,这是由双方与司法官员的关系所决定的。对掌握司法审判权的地方官而言,幕友协助其审案并判决,最重要的是做到下可服众、上可应对,判决要让百姓心服口服,还要在审结期限内送呈,并通过审转复核。在地方官员眼中,讼师总是起不到好作用,要么唆使良善民众去各级衙门"刁告",要么在法庭内外带来各种意料中或意料外的大小麻烦。对讼师的憎恶,出现在许多官员的言论中:"吴、楚地多讼棍,往往哄诱愚民,诪张为幻,或小事而驾成大狱,或睚眦而妄指奇冤。及至审虚反坐,而彼则脱然事外,是以讼师例禁甚严,尔等百姓切勿堕其术中。"① 清乾隆年间名幕汪辉祖②关于讼师的看法颇具代表性。汪辉祖由幕友后至任官,无论处客位还是主位,他对讼师一直持否定意见:"唆讼者最讼师,害民者最地棍。二者不去,善政无以及人","盖词之控,多人者必有讼师主持其事或以泄忿旁牵,或以左袒列证,不堕其术,往往以经承弊脱为词,百计抵诉,甚且含沙射影,妄指幕友关通,启官疑窦"③。汪辉祖惩治讼师的手段也相当独特,他在任湖南宁远知县时,曾抓到一名"更名具辞"的讼师。他不急于审理案子,而是隔天问点事,每天把抓来的讼师绑在大堂柱子上,"令观理事"。涉案讼师被锁在法庭前示众,不到半月,讼师疲不可支,"哀吁悔罪",江辉祖才将讼师从

---

① (清)尹会一著,张受长辑:《健余先生抚豫数条教》,载官箴书集成编纂委员会编《官箴书集成》第4册,第699页。
② 汪辉祖(1731—1807):二十三岁时始任幕友、掌书记,二十六岁转入常州知府胡文伯幕中,始学刑名,其后即佐江浙地方官多人,先后在幕三十四年。乾隆四十年(1775)四十六岁时成进士,乾隆五十一年(1786)谒选担任渭南宁远知县,五十二年到任。在任四年,因病卸篆。但忤犯臬司被参,次年被朝廷革职。返乡里后授徒自给,读书著述不辍。
③ 《佐治药言·严治地棍》。

宽保释。① 李慈铭②日记里曾提到，他初闻杨乃武案时，因听说杨系"无赖习讼，恶迹众著"，而加剧了对杨的恶感，称"凡浙之官吏及乡士大夫，盖无一不以杨乃武为宜死者也，友人中……自杭州入都者，极口詈杨，备诸恶状，虽予亦切齿痛恨，唯恐其漏刑，或不速死也"。③

直至清末，从中央朝廷到地方各级政府，依然有意回避讼师在司法活动中的积极作用。官员（尤其是地方省府官员）因为经年累月的讼案积压，常常处于尴尬境地，政府官员一直谴责讼师教唆"易怒好讼之徒"，架词兴讼，诱使当事人诬告和京控，造成积案。政府官员应对上司或皇帝的诘问时，总是将积案的根源归于小民无德，不安耕而无故兴讼，依赖不择手段的讼师，纠缠于"细故之争"，破坏地方和谐与安宁。因为累案积压，官吏惧上责罚自己怠于职守，而归咎于当事人和讼师的不道德，他们在谴责刁民和讼师的同时，暗示自己的治理是不存在问题的，这显然是推卸责任。但这样的态度往往被认为是合理的。嘉庆年间，广东省官员曾上呈奏折，详陈讼师的恶劣作用，皇帝完全接受了地方官员的意见，并在旁边做出诸如"此真恶行"之类的批注。④ 江西巡抚曾上奏称，仅嘉庆七年（1802）他的衙门就有超过600件积压未决的讼案，至嘉庆九年，经百般努力，也只是设法将积案数量减至300件。他随附了一份详尽而复杂的月报，其中涉及诬告人命、诬告官员等讼案，称这些案件都是受了南昌府讼师的唆控，阴险狡诈的讼师被归为地方不安宁的祸端。⑤ 中央朝廷认同了这一说法，但同时也认为，之所以词讼滥行，还因为地方官员无能，不道德的讼师以狡诈行径兴讼助讼，获取非分利益，更是地方官员的失职。

在看待讼师的问题上，官方和民间价值取向及评价体系始终无法达成一致，于是就出现了这样的矛盾状况，官方压抑政策的结果是讼师活动活跃程度的反弹，压制越重，反弹力度越强，民间需求越盛，民间影

---

① 《学治臆说卷下·治地棍讼师之法》。
② 李慈铭（1830—1894），浙江会稽人，晚清著名文学家、学者。光绪六年进士，官至山西道监察御史。
③ （清）李慈铭：《越缦堂日记》，广陵书社2004年影印版。
④ 《朱批奏折·法律·其他》，嘉庆十二年五月十八日。
⑤ 《朱批奏折·法律·其他》，嘉庆九年七月初五日。

响力越强，于是导致官府越发恼火，而惩治越发严格，形成一个治与乱的怪圈。中国的民间百姓是最现实的，百姓并不担心他们借助讼师打官司而招致惩治，因为他们意识到官府的重点打击对象是唆讼、教讼者。因此基于最实际的利益考虑，百姓坚持向讼师求助，他们确实需要人帮助出谋划策，代写状词，讼师是传统社会中民众通往法庭的有效渠道。尽管国家法律一直严格限制讼师执业，但因为实践活动的不断变化，讼师活动经常超越官府的控制力。18世纪到19世纪的清朝，在人口稠密、商业发达、社会矛盾突出的地区，累案积压非常严重。官方认为，讼师活动与诉讼率不断上升密切相关，官员们必须阻止持续增长的讼潮。对于诉讼，官方与讼师的态度完全是对抗的，讼师为了代表事主利益兴讼，官家为了维持地方秩序的和谐无事而息讼。

清中晚期的讼师实际上是以一种前职业身份从事活动，有些近似于英格兰早期法律职业的下层分支的地位。与中国的讼师不同，欧洲的这些人群最终成为通向王室法庭的大众渠道，他们还促进了正在王室法庭中进行的诉讼，有助于中央法院争取司法管辖权的优势地位。中国传统社会的讼师没有这样的运气，讼师代表民间客户的利益，在民权势弱的大背景下，决定了他们无法成为官方保护并扶持的社会群体，只能在地下或半地下活动。他们始终在夹缝中求生存，即便有讼师在民间取得大名望，也只能在法定秩序的边缘游弋，不管民间如何渲染讼师的机智慧黠，都无助于他们取得法定身份，讼师的生存只能依存于民间的需要。民间对讼师的评价越高，与官方评价差异越大，越可能催生当权者的反感，加重官方对讼师群体的厌恶。

1897年5月25日的《申报》刊登了一则消息，杭州府林迪臣太守访拿讼师，抓了一批人，其中首当其冲的就是光绪初年因葛毕氏谋毙本夫葛品连一案遭受牵连的浙江余杭已革举人杨乃武。这批被逮捕的讼师经审讯后，全部送到专门的迁善所拘禁，算是执行当时的劳动教养了。[①] 讼师杨乃武被抓的报道，真实地反映了社会转型时期讼师的处境，在律师制度创设之前，讼师依然遭受打压，在官方眼中，他们始终是朝廷的忧患。

---

① 《申报》1897年5月25日。

第二节 清末讼师群体的构成、分类

一 讼师群体与科举制度

通常情况下，一个行业的生存基础，主要是社会需求。一个职业群体的养成，在此基础上还需要国家行政的支持，社会需求的自发性与官方的扶持二者缺一不可。中国传统社会的讼师群体却是一个非常特殊的现象，自春秋伊始直至明清，讼师身份从未得到官方正式认可。历朝各代，讼师的兴衰因为时势而不同；但是始终不变的，是讼师活动的地下或半地下状态，讼师一直游弋在正式司法体制边缘。

诸多个案研究表明，一方面，官府对讼师执业一直持严格压抑的明确态度；另一方面，因民间对讼师旺盛的客观需求，官方也并非一概禁止讼师活动，而是在一定范围内允许讼师执业。至清末时，讼师已经是社会普遍认可的行业之一，逐渐发展成职业化（至少是半职业化）的群体。科举未仕的读书人，作为潜在的预备从业人群，数量不断积累，形成了职业化群体的供给基础；反过来，旺盛的社会需求提供了执业机会，创造了谋生空间。需求与供给彼此作用，共同促成了传统社会讼师群体的形成。

中国传统讼师群体构成，有着浓厚的中国特色，其与古代的科举制度关系密切。科举制度，就是中国古代各朝代通过考试选拔官吏的一种制度，由于采用分科取士的办法，所以叫作科举。科举制度最早出现在汉朝，作为正式制度创设于隋唐，完备于宋朝，兴盛于明清，最终止于清末。清代的科举制度形式上与明朝基本相同，但因为贯彻民族歧视和满人特权政策，满人享有政治上的任官特权，满人做官不必经过科举考试。清代只在雍正朝以前分满汉两榜取士，对满人科举还有特殊优遇，在乡试、会试中只需考翻译一篇，称为翻译科，之后虽然改为满汉同试，但参加考试的仍以汉人为多。清代曾经对科举进行改革，增加复试，顺治十五年（1658）首开乡试复试制度，康熙五十一年（1712）施行会试复试制度，道光二十三年（1843）以后，各省的举人一律到京师进行复试，规定未经复试的举人不得参加会试。清代这些改革措施侧重点都是如何防止作弊和维护考试公正，对如何选拔真才实学却重视不够。科举制度的根本目的在于选拔人才，通过科举考试把读书、应试和做官紧密结合起来，打破了豪门世族政权的世袭垄断，给读书人提供了晋身机会，改善了朝廷官吏的用人机制，给封建政权注入了生机和活力，有效地补充了中央朝廷的官吏储备，客观上也形成了高素质的文官队伍。科举考试是择优选拔，但正如欧阳修诗云，"文章自古无凭据，唯愿朱衣一点头"[1]。自隋唐确立科举制度，一方面为国家选拔了大批人才，另一方面也培养了大量无用武之地的读书人，最后金榜题名的幸运儿终是少数。从小学习四书五经而无一技之长的书生，如果没有金榜题名，或者考中后没有出仕机会，那么最可能的结果就是成为教书先生、官府幕僚，或者的可能，就是成为讼师了。

在清代，科举无望的读书人不乏专以词讼为业。嘉兴钱延伯"习举子业，不售于有司，愤而为人刀笔"；[2] 清末王惠舟"读书不成"，乃"包揽讼事"。[3] 道光时梁溪讼师查春帆"弱冠时，埋首书斋，读八股文，固无意为讼师也"[4]。有的读书人自己做了讼师不算，还让子弟习讼师本事，专以词讼为业，成了讼师世家。《樊山政书》中就记载了陕西泰兴县讼师孙长庚是三代讼师传承。可以肯定的是，科举制的实施给讼师群体提供了大批人才储备。按《中国四大恶讼师传奇》记载，清代乾隆、嘉庆、道光时期的江南四大名讼师（谢方樽、诸福宝、冯执中、杨瑟严）都是读书人出身，他们做讼师有盛名之威，连官府对他们都颇为忌惮，有巡抚遇到了麻烦，还将他们奉为上宾。

清时讼师不算是体面的行当，没有读书人一开始就立志要做讼师的，之所以投身讼行，也是各种境遇偶然促成的。常熟名讼谢方樽，被称为四大讼师之首，他出身寒门，是个秀才，从小聪慧，不到10岁就熟读四书五经，到15岁诸子百家通览且过目不忘，16岁进了学校后连去乡试8次。按每三年一次计算，前后要历经24年，每次房

---

[1] （明）陈耀文《天中记》卷三十八引《侯鲭录》："欧阳修知贡举日，每遇考试卷，坐后常觉一朱衣人时复点头，然后其文入格……始疑侍吏，及回顾之，一无所见。因语其事于同列，为之三叹。"欧阳先生留诗云："文章自古无凭据，唯愿朱衣一点头。"
[2] 平襟亚（别名襟霞阁主人）：《中国恶讼师》，东亚书局1921年版，第75页。
[3] 平襟亚（别名襟霞阁主人）：《中国恶讼师》，东亚书局1921年版，第82页。
[4] 平襟亚（别名襟霞阁主人）：《中国恶讼师》，东亚书局1921年版，第88页。

官把他的考卷浓圈密点地推荐给主考，主考总是看不中。谢方樽满腹诗书，却不得主考赏识，只好自叹命薄，他最初以教书为业，空有本事，无从施展。在清代，如谢方樽这样的读书人科举不中的，非常普遍，他们布衣在身、抱负在心。识文断字的读书人若学问好，总不至于没有用处，中国传统社会里，乡间本没什么大人物，民间教育普及率又不高，在这样的乡土环境下，读书人还是有一定社会地位的。谢方樽是个秀才，学问又好，人家自然信服他，无论地方上发生什么事，总是要向他请教，在各种地方争端纠纷中，谢方樽逐渐介入各种争执事端。最初他干预地方闲事，还不是以此过活的，也不收人家财物，不过是大家有事，他先帮着出出主意。后来因为一起棘手的棺盖案被他巧谋化解，让事主得以保全，他干预讼事的声名越发大了，一人传十，十人传百，地方轰动，连官府也知道了。谢方樽索性不做教书先生了，专门做讼师了。①

苏州名讼诸福宝是个举人，父亲是位翰林，他中举后，因母亲亡故，丁忧三年，在家闲着没事，偶然间打抱不平，以诡计替一个良善乡绅避祸，平了一桩圣旨石案祸端，因此大家都夸赞他好本事。诸福宝听百姓说，做讼师声名大了比谁都大，不只是乡里百姓会惧怕，连官府衙门有事也会找讼师请教。他经过一番盘算，觉得自己中了举人，也未必有出头之日，百姓称赞的那个讼师谢方樽只是个秀才，一个秀才做讼师都能做成大声名，自己是个举人，又是世代显贵，一定不会逊色，于是诸福宝收了科举出头的心思，一心一意地做起讼师来。② 昆山的名讼师冯执中是个廪生，他是府（州、县）的生员，国家每月配给廪米供应，家里日子也还过得去，祖上传下来有数百亩良田，"横竖闲着无事"，他也是因为羡慕谢方樽的声望，于是投身讼行，最后也做出了大声名。

崇明名讼杨瑟严和谢方樽出身境遇差不多。杨瑟严的祖、父辈都是寒士，他从小父母亡故，但读书非常刻苦，直到20岁才进了学，到30

---

① （清）吴麟瑞：《中国四大恶讼师传奇》，高天平编译，中国华侨出版社2003年版，第4—18页。
② （清）吴麟瑞：《中国四大恶讼师传奇》，高天平编译，中国华侨出版社2003年版，第89页。

岁才娶亲。他做教书匠糊口，除了教书的束修外一无所有，一年总共收入不到五十千。当时一年虽然有几十千就能活命，但家有不幸或什么意外就麻烦了。杨瑟严娶妻时，借了不少钱，后来又生了一场大病，岁暮年尽，被债主索债，别人家欢欢喜喜准备过年，他得冒着风雪出门想办法借钱。无奈之下，杨瑟严想出个计谋，和亲朋们开了个玩笑，他一家一家邀请亲朋吃饭，声明不收礼物，众人于是前来赴宴。席间他举杯称自己穷极，哪有闲钱请客，想开口让大家帮忙，又怕大家不肯，狗急跳墙，无可奈何，做了件不规矩的事情，众人被他说得摸不着头脑，想他总不至于明抢吧？疑惑间，杨瑟严拿出一卷当票，逐一发给宾客。原来他把大家脱下来的衣服都给当了钱了，众人面面相觑，其中一位对杨瑟严说，你这心思可以去做讼师了！此话倒是触动了杨瑟严，既然自己有巧妙刁恶机谋，干脆专做讼师算了，何必做此无赖行为。①

往往因为种种偶然因素让读书人干讼、涉讼。谢方樽是因为棺盖案帮人平事的本事传开了，百姓求助的多了，于是就专做起讼师。诸福宝是因为一桩圣旨石案，良善乡绅受人欺负，他看不下去，出头帮忙打抱不平。他家境殷实，做讼师不为赚钱，是为了逞强图快，也许也有施展抱负的想法。还有昆山名讼冯执中，则是因为不服当地刁恶讼师行径，被人怂恿和讼师斗法，而投身讼行。四大讼师以讼为业，不只赚了钱，还都赢得了大声名，这是读书人放弃科举之路的意外收获。做讼师做出大声名的不多，终身为讼的也不多，像诸福宝那样为了声名而做讼师的更不多见，毕竟传统社会对讼师的整体评价不高。科举不中的读书人，特别是那些因家贫而无力专以读书为业的，只能靠识文断字的本事，做了教书先生或"刀笔先生"。不少读书人投身讼行，并不甘心专以词讼为生，而是依然没有忘记读书人的道德使命。清《居官日省录》收录了这样一则故事，明朝玉山有个叫萧兰的读书人，家中贫穷，读书后无法参加科举考试，他正巧住在县衙门口，于是就帮人书写讼状，以此为生成了一名讼师。但他这个讼师与众不同，有人请他写诉状，他一定要苦口婆心地劝阻事主不要打官

---

① （清）吴麟瑞：《中国四大恶讼师传奇》，高天平编译，中国华侨出版社2003年版，第166—167页。

司，事主决意诉讼的，他也一定要仔细问清事实再下笔。这样一来，萧兰的讼师生意很差，忍饥挨饿是经常的事，可他宁愿挨饿也不随意按事主要求"妄造一语"。这个有原则的读书人后来投笔从戎，官至总兵，结局不错。

萧兰最终投笔从戎，尚无从考证他通过武举考试被兵部选任，还是以其他方式直接入了兵营。中国历史上一直有武举制度，其创始于唐，兴盛于明清两代，特别是清代因为朝廷重视，武举制度日渐严密。[①] 清代的科举考试（包括武举考试），通常每三年举行一次，每科录取人数也有定额，虽然在常科后还增设了所谓"恩科"，但是每年通过文举、武举考试取得功名总是少数，顺利入仕途的幸运儿更是不多。清代的讼师，无论文生员还是武生员，都是希望通过科举得到晋身机会，遵循传统社会安身立命的成功模式，但是清朝任官制度的残酷现实，使得清代读书人比前朝士子积滞仕途的情况更加严重。

讼师的出身与科举制度的关系密切，已被研究者广泛认可。朝廷的科举制度是为了选拔出众者为官，却附带培养了一大批读书无用武之地的知识分子，他们会读书写字，却无他计谋生，刚好成为舞文弄墨的讼师最好人选。那些习武出身的武生员，精力旺盛又好勇斗狠，是民间的强人，经常会介入讼事纠纷。从《樊山政书》中可见，那些武生员出身的讼师，无疑更长于逞强斗横，在诉讼当事人之间以及当事人与官府之间抗衡时更显强势。讼师无疑是科举制度的附属物，科举制度为讼师业提供了源源不断的从业者供给。

二　未仕的生员

霍存福先生曾撰文概括清代讼师的从业人群是未仕的生员。[②] 按

[①] 清代武举考试大致分四个等级进行：一是在县、府进行的童试，考中者为武秀才。二是乡试，在省城进行，考中者为武举人。三是会试，在京城进行，考中者为武进士。四是殿试，也称廷试，分出等次，共分三等，成为"三甲"。一甲是前三名，头名是武状元，二名是武榜眼，三名是武探花。二甲十多名，获"赐武进士出身"资格。二甲以下都属于三甲，获"赐同武进士出身"资格。殿试之后，通常立即由兵部授予官职。

[②] 霍存福：《从业者、素养、才能：职业与专业视野下的清代讼师》，《辽宁大学学报（哲学社会科学版）》2006年第1期，第136页。

《名公书判清明集》关于"讼师官鬼"①的判词,讼师原本身份是"士人"或"假儒衣冠"之人。"士人"是指有功名的人或读书人;"假儒衣冠",多指那些与贵族宗室有关系,识文断字冒充有功名的人。清朝的生员是在各级学校就读的文人,他们尚未进入仕途,除了县生员,包括庠生(州、府、县学生员的统称)、贡生(府、州、县学生员中因成绩或资格优异而被选拔升入京师国子监肄业者)、监生(如国子监就读者的统称)等。贡生分为恩贡、拔贡、副贡、岁贡、优贡、例贡几种,监生分为恩监、荫监(品官子弟)、优监、例监(捐赀)。乾隆之后的监生,大多是捐纳获得身份,并没有真正入国子监。清代的生员除了文生员,还有武生员。清代武生员不用入学,但是也属于科举制度中待选拔的人才。②

通过樊增祥的《樊山政书》看晚清时期的讼师构成,正如霍存福先生的观点,清代讼师大多原本就是生员,根据对《樊山政书》部分公牍统计,清晰可见讼师的生员背景(详见表4.1)。

表4.1 　　　　　　　　《樊山政书》中的讼师身份统计

姓名	身份	卷数来源
杨虚中	革生	卷二"批蒲城县禀"第45页
杨枝川	革生	卷二"批蒲城县禀"第45页
王庄临	贡生	卷四"批咸宁县民秦尚年等控词"第98页
刘遇辛	贡生	卷四"批中部县贡生刘遇辛等呈词"第103页
王隆德	廪生	卷四"批西乡县李令详"第119页
张列宿	革生	卷六"批商州尹牧昌龄禀"第149页
毛蔚丰	革生	卷七"批南郑县杨令禀"第181页

---

① 《名公书判清明集》卷十二、卷十三。
② 清代武举考试制度比较规范。武举外场考试弓马技勇,内场策论武经。清康熙时注意到文武殊途不利于造就兼备人才,曾要求打破界限,允许文武生员举人交叉考试,武科举人可以改考文科进士,文科举人亦可改考武科进士。但整个清代,文武交叉考试者寥寥无几。清朝对武科乡试会试的录取额有具体规定,康熙二十年(1681)规定,武乡试录取名额约为文乡试的一半,全国共840名左右。会试录取名额康熙十八年定额100名。每年参加会试的武举人,一般在千人左右。落第的武举人,按规定到兵部造册,由兵部依据个人成绩授予武职,也可到本省军营效力。只要有了武举人资格,就算有了晋身之机。

续表

姓名	身份	卷数来源
朱守正	县生员	卷七"详抚部院"第 186 页
高维岳	监生	卷七"详抚部院"第 186 页
张镇岳	举人	卷七"详抚部院"第 201 页 卷八"批岐山县徐令禀"第 206 页
吕宗文	革生	卷十一"批凤翔府尹守彭充会禀"第 296 页
姬柄	五经博士	卷十一"批西安府禀"第 311 页
杨文星	革生	卷十三"批西安府尹守禀"第 359 页
薛仰瑄	举人	卷十三"批西安府尹守禀"第 359 页
刘殿魁	贡生	卷十七"批华州褚牧详"第 463 页
屈三省	举人	卷十九"批洵阳县举人屈三省等呈词"第 551 页
顾润章	庠生	卷二十"批商民顾润章等禀"第 573 页
周冕	监生	卷二十"批盐城县禀"第 586 页
赵名璧	监生	卷二十"批江宁县折"第 601 页
吴佩旗	武生	卷六"批华州李牧嘉绩禀"第 162 页
吴佩钰	武生	卷六"批华州李牧嘉绩禀"第 162 页
杨维翰	武举	卷六"批华阴县刘令林立禀"第 164 页
刘遇魁	武举	卷六"批渭南县已革武举刘遇魁呈词"第 164 页
张化龙	武生	卷十一"批凤翔府尹守禀"第 291 页

从上表可见，讼师出身以文生员居多，也不乏武生员。百姓对讼师助讼服务的需求之一是书写诉状，需要落笔者斟酌词句，在有限的字数中充分且有力地表达诉求，文生员的刀笔功夫更为见长。为诉讼出谋划策，特别是在个别讼案引发乡间纠纷时，武生员同文生员同样发挥重要的作用，甚至更让官府头疼。《樊山政书》中多处提到介入纠纷词讼的武生员，如一处提到华州武生吴佩旗、吴佩钰兄弟，"十年前在渭南帮讼，破人家产，拖陷无辜"，甚至"党护刀匪，擅敢施放火枪，拒捕轰伤捕役至四人之多"；还有一处，针对渭南县已革除功名的武举刘遇魁"上控官差"的缉拿查办；另一处，在一桩拐匿妇女案中，查出武举杨维翰教唆拐犯诬告他人；再一处，在凤翔府一桩派销官盐案中，经察访带头闹事的就是武生张化龙。樊增祥认为，"武生之作奸犯科，几于十

人而九","诚乡里之蠹虫,亦武生之惯技",这大体反映了清末各地方武生员"不安分"的普遍事实。

无论文生员还是武生员,未仕生员如有功名在身的,在科举与选官密切结合的时代,他们拥有不低的社会地位,甚至还可以享有种种特权,政府官员和百姓都约定俗成地给他们一定权利。这些人往往倚仗身份结交官府,甚至可以影响诉讼结果。他们不仅唆讼,而且包讼,甚至还介入民间与地方政府对抗的群体事件。《樊山政书》中可见到三处有关讼师张镇岳的公文批复。讼师张镇岳是举人出身,他被认为"造作蜚语,阴沮官盐,捏称官秤小于歧秤",经官府追查,"劣迹昭彰,迭控有案",还被查证出在一桩通奸案中致函县衙幕友干预讼事等。

据《樊山政书》中的记载,未仕生员在地方颇具影响力,他们往往同官府胥吏、地方乡绅豪强等把持词讼,牵动一方,给地方政府的行政和司法事务都增添了不少难题。樊增祥明确地表达了对这些读书人操讼行的反感,称他们为"劣贡""劣生""劣监""刁劣绅衿""衿中之棍",认为他们"卖弄刀笔""毒害乡民",导致"积案如鳞""官民共愤"。樊增祥有近三十年的行政和司法经验,他的观点是颇具代表性的,讼师在传统主流价值观中,往往被视为堕落的群体,国家意识形态对讼师的整体评价是贬抑的。苦于仕途无望,抑或困于仕途积滞,而助讼又报酬优厚,加之读书人自我价值需要被认可,如此诸多因素促使讼业成了许多未仕生员的选择。清代生员做讼师,承受的社会压力很大,清朝乾嘉年间的"江南名幕"汪辉祖曾言,"士不自爱,乃好干讼",正是清朝社会的普遍认识。汪辉祖在苏南地区各地方衙门做刑名幕友二十六年,他做幕友时,时时事事与讼师斗智,他真切地希望士子们"以对簿为耻"①。

有些未仕生员介入讼行,并不甘心讼师终老,始终不忘科举正途。不少未仕生员的词讼生意,只是偶尔为他人代写诉状,或为打官司的人出谋划策,做做兼职而已。有一则可笑更可怜的故事,有一个秀才进场赶考,忘记将写诉状的草稿从随身的考袋里拿出来,进考场按规矩要搜身,诉状被搜出,怀疑他"夹带"作弊,正赶上当时朝廷整顿科举弊端,严查舞弊,于是当场褫夺了他的秀才身份,还被枷号示众。这个秀

---

① (清)汪辉祖:《学治臆说》卷下。

才想不通，羞愤交加，活活被气死。秀才口袋里的诉状，本不难分辨，对此应该明知属于误带，但还是严惩了当事者，除了赶上整顿风口的原因，很可能是与对秀才入讼业的鄙视有关。在当官的看来，读书人不安贫守道，去做了讼师勾当，就是背离了读书人应有的高尚德行，无异于走了邪路，因此绝不能姑息手软，或许官方就是要趁机表明态度以正本清源。这个不走运的读书人赴考场，就说明他心里并没有放弃"上进"，但他投身讼行的行为，已经偏离了传统正途。晚清时的生员可谓是地方精英，甚至可以说是地方精英的代表，未仕的生员非不得已，大多不会放弃仕途希望，不少生员也只是偶尔参与词讼，或是临时以讼谋生，还不能算是职业讼师。

清代未仕生员不安守本分，转投讼业，与清代科举弊端以及满人的任官特权有关。清代满人任官享有特权，不仅体现在科举的优待政策上，朝廷还特设"官缺"制度。清时所有官职岗位分为满官缺、蒙古官缺、汉军官缺、汉官缺四种，不同官缺出现，只能由本族人出任或补授。中央理藩院、宗人府及掌管钱粮、火药、兵器库府等这些要害部门的重要职位，全部都是满官缺；各省驻防将军、都统、参赞大臣等，也都属于满官缺。只有一些地位卑微的下等官职，如驿丞，规定须是汉官缺，不可由满人充任。地方督抚、司道、总兵、提督等职，虽然满汉兼用，但京畿近地和要隘地区多用满官。康熙时汉人任督抚"十无一二"，乾隆时各地巡抚虽"满汉各半"，但是总督多为满人。直至咸丰朝以后，因为镇压太平天国运动，汉官力量渐强，在地方大员中开始渐居多数。在非常严峻的残酷现实下，清代汉族士子的仕途出路明显比前朝狭窄，诸多生员苦无施展才华和抱负的机会。读书人以读书为业，本为考取功名，但有功名后也未必仕途顺利。生员中了举人，并不意味着多年苦读马上就会有收益，还是要继续苦苦等待。一朝高中就能鱼跃龙门，在前朝可以，在清朝则不能，只有朝廷给了官职，才算真正有了出路，不能出仕的生员若无祖业可守，就将面临最现实的生计问题，专以读书为业者，又何以为生？据《申报》记事，地方生员"以报揽漕米分得规费为才"，而没有漕米的地方生员"则以学习刀笔挑唆词讼为务"①。

---

① 《申报》光绪二年九月十一日，《论士习》。

关于清代未仕生员的情况，还可以进一步区分：有的读书人终身与功名无缘，只能以秀才身份终老；有的生员时运不济，没有入仕机会，转以词讼为生。不少未仕生员兼职做讼师的，也大多情况不一：有的迫于家贫，做教书先生还是无法度日，无奈兼职以讼为生涯；有的有祖业可守而兼做词讼生意的，不是为了赚钱，而是为了施展本事，赢得大声名，用现代人的话来讲，就是要寻求自我价值，得到社会认可。

晚清时，未入仕的生员除了做讼师，还有相当多的生员选择做了幕友，也就是通常所说的"师爷"，正所谓"往往学儒不成，弃而学律"。明清时的讼师与师爷之间，很容易实现职业转换，有记载说地方官员"于原籍携带讼师罢吏，同至任所"①。读书人经过八股文训练的文笔，转去写状词、文书，这样的转型似乎不难，做师爷与投身讼行相比还算正途，清代不少名吏都曾有师爷经历，如左宗棠、樊增祥等都曾是张之洞的幕府。

三 清末讼师的分类与职业化

经过梳理小说、戏曲、私人笔记、公文判牍等资料，会发现官方和民间对于讼师有不同的表达。如前所述，有"状师""刀笔先生""讼棍"和"讼鬼"等。可见关于讼师褒贬不一，而官方更倾向于不加区分地将讼师视为讼棍。

仅以《樊山政书》举例说明，书中明确提到"讼师""讼棍"的公文批复共有46份，其中仅有2处文字表述为"讼师"，其余44份都是称以"讼棍"或"棍徒"。基于前文关于"讼师"与"讼棍"的界定及分析，我们可以将本书所列的无论讼师或是讼棍二元合一，将他们的涉讼行为一概视为传统社会的法律服务活动。如此，我们可以将晚清时期的讼师大致区分为以下二类：一类是职业或半职业化的讼师，另一类是临时的诉讼代理人或偶尔参与词讼的读书人。此外，也有部分"讼棍"和"棍徒"活动，不能简单地归于普通的讼师行为，这些人往往是为了个人利益主动或被动地卷入诉讼，因屡屡滋讼、缠讼或有刁诬行

---

① 《王肯堂笺释》原序，明万历十四年续刊。

为而被官府斥责为"讼棍"或是"棍徒"。此外值得注意的，从《樊山政书》中相当数量的公文批复看，虽然有些人的行为还不能明确地确定为讼师执业，但多是生员（有秀才、监生、贡生、武生、举人等）参与词讼的情形，这些生员的助讼行为与讼师执业活动非常近似，我们不能排除其中部分人群就是在执讼业。当然，也不能仅仅因为这些读书人参与打官司，就简单地全部归为讼师一类。对于这些身份模糊者，我们可以称他们为临时代理人或者偶尔参与词讼的读书人。

通过对《樊山政书》明确定性为讼师（或讼棍、棍徒）的部分人进行身份背景统计，做出相关讼师职业类型区分如下（详见表4.2）。

表 4.2　　　　　　　　　　讼师类型的划分

职业或半职业	临时诉讼代理人	其他人代理
33 人	3 人	2 人

由此可见，晚清时期当地讼师职业化程度较高，以职业化半职业化居多。但这一推断基础，是以书中明确以"讼师""讼棍"或"棍徒"之名称的公牍文字为统计依据；其他没有直接称为讼师（讼棍、棍徒）的，在书中其余部分也颇有数量。这些人是否构成职业讼师比较模糊，但他们的读书人身份是可以确定的。读书人参与词讼的情况需要区别对待，有些可能是经常行为，有些则是偶然介入，如中部县贡生刘遇辛就是在赴省乡试时顺路为他人申冤。[①] 书中同时有读书人频繁涉讼的描述，咸宁县的贡生王庄临就是经常滋讼的著名劣贡；[②] 江宁县的监生赵名璧"毒害乡民，积案如鳞，官民共愤"；[③] 武生吴佩旗、吴佩钰兄弟二人在渭南帮讼竟然有十年前的案底可查。[④] 依据这些未仕的生员参与词讼的实际情况判断，他们属于讼师无疑。

[①]　樊增祥：《樊山政书》，卷四"批中部县贡生刘遇辛等呈词"，中华书局2007年版，第103页。

[②]　樊增祥：《樊山政书》，卷四"批咸宁县民秦尚年等控词"，中华书局2007年版，第98页。

[③]　樊增祥：《樊山政书》，卷二十"批江宁县折"，中华书局2007年版，第601页。

[④]　樊增祥：《樊山政书》，卷六"批华州李牧嘉绩禀"，中华书局2007年版，第162页。

如果将生员参与词讼纠纷的情况列入统计，可做出分类如下(详见表4.3)。

表4.3　　　　　　　　　　助讼人群的类型分类

职业或半职业	读书人参与词讼	其他临时代理人
33人	27人	6人

上表显示，清末介入纠纷词讼的人群，虽然还不是完全固定的职业化群体，但实际上已经形成了至少半职业化的群体。在介入词讼纠纷的人群中，很显然以生员居多，其中有不少是举人，这些人在清末社会属于受人尊重的士绅阶层。

清末讼师人群中不乏专以讼为业的，有不少还是子承父业。如，道光时山西平定州讼师郭嗣宗的父亲，在家塾课子时，就"并令读律例，又令作控词，兄弟互控，其父批判，贻谋本奇"。郭父死后，郭嗣宗一直为人作词状。如，乾隆时广西有个老讼师覃必俊，他的两个儿子覃昌贤、覃老贵跟随他学习讼师业务，或一起参与诉讼，或独立撰写词状。泰兴县讼师孙长庚，一门三代为讼，俨然成了讼师世家。① 通览《樊山政书》可见，不少讼师是兼职，有人以讼为业，同时兼做教书先生或做些买卖，让官府头痛的洵阳县监生高维岳，是当地有名的讼棍，他一边操讼师生涯，一边还经营杂货铺，他每次来省城办货，便替人捎带打上控官司，"盘川钱，办货钱，皆取给于此"②。在一桩抗粮阻运的地方纠纷中，高维岳赴省上，既控官又兼办货，"白糖草纸，捆载先归，是直以讼为生涯"③。讼师终非社会普遍认可的正式职业，多数人愿意兼顾他业，或以他业为本业，并不都是专心投身讼行。

因为讼师的职业身份始终未被官方认可，讼师多在地下隐秘活动，这无疑影响了讼师的职业化进程。至明中叶时，讼师开始人数渐多，力量日盛，特别是在吴地，"俗既健讼，故讼师最多"，讼师亦有等第高

---

① 樊增祥：《樊山政书》，卷二十"批泰兴县详"，中华书局2007年版，第562页。
② 樊增祥：《樊山政书》，卷七"详抚部院"，中华书局2007年版，第187页。
③ 樊增祥：《樊山政书》，卷七"详抚部院"，中华书局2007年版，第187页。

下之分，最高者被称为"状元"，最低者为"大麦"，不但"状元"以讼行获厚利，成家业，即使"大麦"一级，也完全可以丰衣足食，从未有落窠饥饿死者。当然，这样的情况是在江南，在全国范围内未必如此。

  关于讼师组织化的资料记载并不多见，这当然与讼师活动多处于地下或半地下的情况有关。讼师的身份不被官方认可，为了避免执业风险，其活动基本处于秘密状态，何敢有讼师组织之想；即便有了类似于律师行会的情况，也多隐迹藏身。《历朝折狱纂要》载，"国朝乾隆年间，武庠刘某狡险诡诈，甚为讼棍所依"[1]。讼师们听命于刘姓讼师，很可能有一个讼师组织。光绪年间，江西就出现了讼师们组织的团体，时人蔑称为"破鞋党"[2]。"破鞋党"的真正名称是什么？组织形式又如何？查找资料均无迹可寻。道光十四年，湖南省会同县城东的仓颉庙成为当地讼师聚会之所。[3] 这是有资料记载的为人所知的讼师组织活动，其性质大多类似于今天的"文学沙龙"或"作家协会"，公开的活动表面上是吟诗作词、切磋文字，暗地在词讼功夫上咬文嚼字、遣词架讼，明里暗里都是动笔墨功夫。清人徐珂在《清稗类钞》提到两例讼师的文学会。一例，讼师袁宝光因为替人作讼词深夜回家，结果撞上了巡夜的县官。县官问他是谁，深夜干什么去了。他回答，我是监生袁宝光，刚刚参加完文会。县官问他作何题，他答"君子以文会友"。县官令人掌灯看所作之文，却被袁宝光一把抢过稿纸吞下，并说"监生文章不通，阅之可笑"，县令无可奈何，只能放他走。另一例，有讼师周某原是贵公子，后家败为屠，再后来他就包揽词讼，武断乡曲。赵某的邻居沈某平素无赖，与赵某不睦，曾酒醉后争执，赵某躲避不理他，沈某追赶赵某纠缠，赵某的儿子刚成年，血气方刚，看到后很生气，推搡沈某致其坠落河里，赵某急忙救人却没救成，人还是死了。书中这样描述："里有文昌会，每岁首，辄群聚而欢宴，会中有按年轮值，有四十顷，为会产，赵沈皆与之。于是值赵为主，以产事与沈有违言，沈以宿忿，复殴辱赵。周闻之，大喜，谓沈弗让，而讼赵，讼之官，曰：'吾为子

---

[1] 周尔吉编：《历朝折狱纂要》，"讼棍获报"，中国文献影印本丛书1993年版。
[2] （清）徐珂：《清稗类钞》，"狱讼类"，中华书局1996年版。
[3] 《光绪会同县志》卷十二"艺文"，"仓颉庙地基田租断归三江书院记"。

助。'赵信之,因讼焉。"① 这两例中提到的讼师的"作文会"和"文昌会",很有可能就是讼师的地下行业协会。

虽然清末讼师活动非常活跃,但传统社会并没有形成正式行业组织的客观条件。即使讼师人数众多,势力日盛,还是不敢明目张胆地公开形成群体组织。河南武生员王廷举在道光七年(1827)被拘捕,他是个讼师,被官府查获时正在创办一个法律事务所,为事主赴官府衙门告状、涉及税赋以及其他词讼纠纷等事宜提供法律服务,他公开承揽生意,宣称擅长专理词讼、为人解决税赋问题。官府发现王廷举已经拟订了公开启事,宣告新办公场所开业,在筹办这一切事宜时,他得到了一位"修订启事文本,抄写并散发副本"之人的帮助,此人作为从犯也被拘捕。王廷举试图创办公开宣传业务的法律事务所,毫无悬念的结果,这样的职业化努力被官府立即终结。②

第三节　清代讼师的执业素养

一　讼师的基本文字素养

讼师的文字能力是讼师执业的基本素养。中国古代社会教育普及率不高,于是识文断字就成为一种技能,甚至可以成为赖以谋生的本事。清末仕生员因家贫而无力专以读书为生的,于是做了教书先生和刀笔先生。生员和讼师都是依赖文笔存活,生员需要超群的文笔才能在众多考生中引起主考官注意,而讼师同样需要施展笔墨功夫,才能让诉状引起州县官的瞩目。识文断字的读书人科举不成而转投讼行,之所以称他们为"刀笔先生""刀笔吏",正是因为讼师的文字功夫。

中国社会传统的理想是诗书传家,中国人非常重视教育,而现实生活中,来自社会底层的劳动者大多是文盲。虽然早在春秋时就有孔子办私学,唐时在中央和州县都已设立了学校,并且朝廷还允许民间

---

① (清)徐珂:《清稗类钞》,"狱讼类",中华书局1996年版。
② 案例的英译本,载 Bodde and Morris,1973,第246—247页,转引自[美]梅利莎·麦柯丽《社会权力与法律文化——中华帝国晚期的讼师》,明辉译,北京大学出版社2012年版,第108页。

办私塾，但普通庶民百姓很少读书。隋唐施行科举后，仍有门第限制，基本上还是官宦后代读书考科举。宋以后，科举的门槛彻底放开，寒门子弟应试高中的比例逐渐增多，但能读得起书的人，并且有恒心坚持读书的人，毕竟还是少数，贫穷人家大多没有能力去供养读书人。到了民国，这种现象依然没有改变。据1949年时的统计，全国人口中文盲占了80%，余下20%的非文盲，其中有很大一部分不过是略识点字而已，谈不上识文断字。官府贴出告示，一群人聚在一个识字的人身边，听他念告示上写的什么，这是古代社会生活的真实场景。代写书信是集市上能赚碗饭吃的营生，为事主代写词状当然也是可以谋生的职业。

因此，读书人识文断字的笔墨功夫就成了讼师执业的基本素养。原本不是读书人却做了讼师的，也有例外，清代有个叫王龙桐的讼师，他成为讼师的特殊成长道路，刚好说明入讼行的基本条件是识文断字。王龙桐幼时没有读过书，等他长大了，懂得不识字就"无以齿于在上流社会"，于是他努力学习，认识了二三千字，又进而学习文法，文法稍能解释后，即开始读律。他前后共学习了六七年的时间，最后"居然能作借物之字条、简明之诉状"，因而被官府补为刑名差役，后来便当起了讼师。① 由此可见，识字、写作、读律，是讼师应该具备的基本素养。

世传讼师可以点墨生杀人命，其"笔如刀"，足见讼师笔墨功夫的厉害。讼师研习于"深刻之笔墨，险峻之语调"，往往"笔下妙文，虽一字、一笔，俨若刀剑，在在足以左右其事，生杀其人"，"能不着点墨，生杀人命者，良可畏也"②。因此讼师以"刀笔吏""刀笔先生"留名。这往往是讼师让人畏惧之处，讼师"好为造意深刻、笔墨锐利之文字，以其混黑白而淆是非"③，讼师认为好笔法的讼词，应"字字从锻炼而得，欲生之，欲死之，端在我之笔尖，诚足以横扫千军也"④。人们畏惧讼师的笔墨功夫，指其人曰："此乃刀笔吏"，读其作曰："此

---

① 洪祖：《当代讼棍列传》，载平襟亚（别名襟霞阁主人）《中国恶讼师》四编，东亚书局1921年版。
② 王有林、史鸿雯校注：《刀笔菁华》，中华工商联合出版社2001年版，第59页。
③ 王有林、史鸿雯校注：《刀笔菁华》，中华工商联合出版社2001年版，第2页。
④ 王有林、史鸿雯校注：《刀笔菁华》，中华工商联合出版社2001年版，第66页。

乃刀笔文也。"①

霍存福先生曾对讼师的刀笔功夫进行了详细论述，列举了讼师使用刀笔改定诉状情形的五案。一案，舞刀嬉戏案。事主描述案情"用刀杀人""用力过猛"，向讼师求助后，讼师将"用"改成"甩"。案子审理后，遂减等免死。用刀属于故意行为，甩刀则可认为是无心所致过失行为，造成误杀。二案，马足踏伤案。一人被马踏伤，控告骑马者"马驰伤人"，屡控不受理，讼师改为"驰马伤人"，最后官府斥责被告行为不端，应当赔医药费。四字中文字顺序改变，后者"罪在人不在马"，前者"可控马不能控人"。三案，阳澄湖浮尸案。呈报文书时用"阳澄湖口发现浮尸"，这样很可能要牵累附近居民，于是讼师改"口"为"中"。湖中尸首，当然不涉及口岸人家。四案，逼奸勒镯案。富家女遭无赖逼奸并勒镯，告发词状中既不忍言明逼奸情形，又欲将恶徒置于死地，初用"揭被勒镯"，被讼师改成"勒镯揭被"。前者之"揭被"易被理解为"勒镯"的手段，行为人"意在镯，故揭被不过取财耳"，后者则"既劫其镯，复污其身，是盗而又宜之以奸，两罪俱发，无生望矣"②。五案，一人盗窃后被控告。原词状中用"从大门而入"，盗犯出钱贿赂了撰状人，斟酌笔墨改"大门"为"犬门"，盗窃的情节大大减轻，县令以为不过鼠窃狗盗，仅"以宵小论，薄罚了案"③。

以上五案情形，前四案经讼师笔墨调整，处理还算是公允，第五案中讼师的笔墨明显有让案犯脱罪的嫌疑，这就是世人认为讼师刀笔为祸的主要原因。讼师"刀笔"见功夫，描述案件客观事实时，既突出关键，又符合事实，同时也引起官府重视，措辞犀利还要有根有据，这样的笔墨功夫非朝夕可成。虽然讼师笔若刀剑，可生杀人命，也要看结果是否正当，再决定其笔墨功夫的正当性。讼师用"险字恶语"，已成惯例，也是时代条件使然。讼师活动没有法定化，不可能对讼业进行规范引导，而讼师本来就是复杂群体，投身讼行本身也充满着矛盾，就一个讼师而言，其执业心态也是复杂的。如讼师谢芳津，据称他"凡有冤抑

---

① 王有林、史鸿雯校注：《刀笔菁华》，中华工商联合出版社2001年版，第3页。
② 王有林、史鸿雯校注：《刀笔菁华》，中华工商联合出版社2001年版，第59页。
③ 霍存福：《唆讼、吓财、挠法：清代官府眼中的讼师》，《吉林大学社会科学学报》2005年第6期，第135—137页。

难伸，倒悬莫解者，投而求之，一词入庭，即能脱兹罗网"①，他用笔墨功夫伸张正义公理，但他也有"或心起讹诈，即事生情，出人意表，甚至蜃楼海市，平地风波，能使假者认而为真，曲者变而为直"②的时候，这正是官府痛恨的讼师伎俩。

《中国四大恶讼师传奇》书中提到四大讼师之首谢方樽的笔墨功夫，他在一起将军参劾藩司案件中，仅用寥寥八字便扭转乾坤，让事主避祸。在另一桩莽汉殴毙路人案件中，又以一纸诉状为真凶开脱，反将无辜者沦为阶下囚，正反皆如他。但毕竟"救人多而害人少，以故官不加法"，"四方士民，咸推尊而敬畏之，名曰'老大'。官府幕府，亦慕其名"③。谢方樽的文字功夫是多年读书生涯的积累，他是个秀才，从小就很聪慧，过目不忘，可惜他满腹诗书，文章却总不被主考看中，无奈感慨命薄，先是教书度日，后来干脆做了讼师。

如谢方樽这样凭笔墨功夫做讼师的，不乏其人。但从清代讼师的整体水平看，讼师的文字素养普遍不为地方官们推重。樊增祥曾言，"大凡讼师作呈词空空无据，专以危言恐吓者，不唯自取驳斥，抑且惹人憎怒"④。正是基于对讼师一味耍弄笔墨、脱离事实、混淆是非真相的反感，樊增祥在处理安康县举人钟隆鉴债务纠纷一案时，认为债主告状追债，本无可厚非，但是满纸虚言，在诉状中"突作惊人之笔"，称有衙役四十余人，撞门入室，将他和父母一并殴打受伤，到案后又对其父掌嘴收禁。这样明显虚构事实，在有经验的地方官看来，如此卖弄刀笔，实属荒谬过分了。⑤事实上，未仕生员的文字能力确实良莠不齐，在各种判词文书中，屡见清代地方官"不通讼师"或"不通讼棍"的嘲讽，他们挖苦讼师撰写的词状，"何处不通秀才用李陵答苏武句法"，认为讼师的笔墨功夫低劣。不仅清代官员如此看，前朝也是这样认识的。明朝末年太监揽权，他们文化水平有限，有时就会找混迹于讼师之列的文人草拟文件，如崇祯十二年（1639）皇帝派太监到苏杭出公差，让太

---

① 陆林：《清代笔记小说类编：案狱卷》，黄山书社1994年版，第220页。
② 陆林：《清代笔记小说类编：案狱卷》，黄山书社1994年版，第220页。
③ 陆林：《清代笔记小说类编：案狱卷》，黄山书社1994年版，第119页。
④ 樊增祥：《樊山政书》，中华书局2007年版，第273页。
⑤ 樊增祥：《樊山政书》，中华书局2007年版，第7页。

监起草敕书，而太监找的捉刀者文字功夫太差，满纸恐吓言语，被人耻笑"大哉王言，竟以老讼师之笔"。

民国时赵秋帆曾专门论述讼师之"刀笔"："刀笔二字，古今多少罪恶，假汝以行；世间多少良黎，死于汝下。可胜浩叹哉！""以直为直，大足以救人；以曲为直，始足以杀人。是在人之心术耳。苟心术不正，而济之以才，流为刀笔之吏，淆是非，混黑白，致法庭无真是非，而吏治遂不可收拾。"[①] 时人多认为其论述精妙，赵秋帆注意到"刀笔"使用的具体情形，但他将之归结为"心术"的道德问题，显然是落到了传统的评价视角。一方事主因为受益，赞讼师"刀笔之功"，他方事主必然以为受"刀笔之祸"，而官府为平衡各方利益，即称之"刀笔之弊"。如果仅以职业能力和专业素养看讼师的"刀笔"，事情就会变得很简单，无须以为祸或以为弊，只需要衡量讼师笔端描述是否有悖事实，或者是否违背了朝廷法制命令即可。

二 讼师的法律、经史素养

清末沿袭宋旧制，没有给讼师法定的出庭代理权。北宋时最早出台了《告不干己事法》，法律不允许无关之人代理诉讼。此法直接阻塞了讼师出庭代理的通道，讼师只能于庭外为事主服务。因此，讼师必须在开庭之前，预先设计好一切应对事宜，包括己方的诉讼策略、对方的抗辩，以及法官的盘查诘问等，做好打赢官司的所有准备。

据现存清代讼师事迹，在基本文字素养之外，讼师还体现出其他方面的专业素养。大多数讼师都精通法律，熟悉大清律例。据《刀笔菁华》描述，讼师曹用霖"熟例案，惯包揽"，《中国恶讼师》中称讼师吴墨谦"工刀笔，晓律例"。清代多数讼师具备良好的专业素养，可随口说出"律载"或"例载"一类的规矩，就如现代律师经常强调，依照法律规定如何如何类似。一个穷人把儿子幼时卖给富人，后穷人想让已成年的儿子归宗，但是儿子不愿认其生父，加上已经习惯了富贵生活，不愿意随生父归其宗，富人以断买为由，令穷人拿数千金来赎子。穷者向讼师求助，讼师回答说："例载：异姓归宗，子可控之于官，当

---

① 王有林、史鸿雯校注：《刀笔菁华》，中华工商联合出版社2001年版，第1页。

断还汝也。可不必以银赎之。"最后官府判决正是"例载归宗,姓难乱也",判决其子归宗。①

按现代律师的执业要求,讼师具备法律素养可以视为理所当然,如果考虑到讼师的特定生存环境,讼师的法律素养就不只是为了获取事主信赖的专业技能,更是投身讼行后为了安身保命的本事。清代官员办案时,依例须先清楚"有无讼师唆使抗帮情节",否则将视为失察,要被追究责任。因此地方官办案依惯例要追究主唆之人。如陕西商州讼师郭光隆被认定,"一案两头唆串、从中取钱,险谲贪横,罪难擢发",最后定性"棍徒扰害乡里""形同强盗","着加铐钉镣,发回山阳县重笞一千二百板,永远监禁"②。清代讼师执业风险极大,讼师若应诉策略把握不当,很容易被官府追查责罚;或者被对方事主控告,甚至可能出现委托自己的事主因为愿望落空,反控讼师的。名讼师杨瑟严曾因被人控告"恶讼师",而被县令拘捕入狱;讼师冯执中也曾被抓。地方官审案对当事人盘诘时,必定追问是否受人指使。有县令蓝鼎元审理"三宄盗尸"案,就盘审出了幕后讼师王爵亭,又勾连出老讼师陈伟度。③ 陕西洵阳县抗粮阻运一案审理时,问粮户鲁世定"纳粮几何"。答,"供称粮银一分二厘,官收我钱三百六十文"④。如此小的数额,耗费百倍于所纳之粮,告两任县官浮收,而且又"犯上官不测之官威",不免让人生疑。在主审官樊增祥再三追问下,鲁世定先是不言,复追问,查出来是讼师高维岳让他来的。最后讼师高维岳被查办,认定其行为"唆讼害良,有证有据,无待覆查,应即革去监生,追取执照,递解回籍,锁系三年"⑤。

这些实例说明了,即便讼师笔下的词讼文字无误,也会面临因"唆讼害民"被官府查办的风险。因此,清代讼师必须在胜诉和自保中平衡,不得不想办法尽力规避官府可能的追查。清末陕西讼师顾润章,一呈不准,改名再控,曾先后署名顾润章、顾若金、顾增记、顾涌记、顾

---

① 霍存福:《从业者、素养、才能:职业与专业视野下的清代讼师》,《辽宁大学学报(哲学社会科学版)》2006年第1期,第137页。
② 樊增祥:《樊山政书》,卷十二"批商州详",中华书局2007年版,第318页。
③ 陆林:《清代笔记小说类编·案狱卷》,黄山书社1994年版,第34页。
④ 樊增祥:《樊山政书》,卷七"详抚部院",中华书局2007年版,第187页。
⑤ 樊增祥:《樊山政书》,卷七"详抚部院",中华书局2007年版,第189页。

东兴、顾兴恒、顾良钰、沈明义、洪敏奇、叶理平、严又如等。①

讼师熟悉律例是必需的执业素养,从清代的许多实例看,官府断案并非一律按法律裁断,以情理进行断案可能就占绝大多数。这就意味着讼师提出的辩护理由,可能不必是法律上的,而是情理上的,按霍存福先生的观点,讼师"不需要进行法律的,或以法律内容为依据的辩护"②。清人笔记小说记载了重庆江北县田埂坠下占邻人耕地案,此案的辩护就不是讲法律,而是情理分析。重庆江北县农民甲的耕地较高,田埂坠落,占了农民乙的土地一丈多宽。县令判定在坠落处重修田埂,并斥责了乙诬罔,这就等于承认甲的行为无错,占地合理。有讼师认为这是错判,于是代农民乙要求重审。讼师指出县令断案偏颇,"合将甲之田,仍归甲界,不得因其坠而占乙若干界",乙地这样归甲,明显不公平。审案的县令还算是个明理好官,勇于承认错误,最后听从了讼师意见而改判。丁治棠记述了此事,称这个讼师"有胆有舌","有胆"指其敢挺身而出,主持公道;"有舌"赞其表达高超,可以说服县官改变判决。③

这个讼师是如何表达的?他靠的是简单的譬喻:大堂几案处为甲田,讼师所跪处为乙田,几案倒地,甲田即占了乙田。不应在坠落处修田埂,而应在原田埂处修田界。结论是,应该恢复田界原状。④县官原判中没有引用法律断案,讼师的辩护不必一定援引法律,只要想办法说服县官改判即可。

其实,主审官以情理断案,属于沿袭"春秋决狱"遗俗。汉代司法官员援引《春秋》等儒家经典中的精神和原则,作为审理案件的依据和判断是非曲直的标准。从西汉中期儒学大师董仲舒开此风,直至清

---

① 樊增祥:《樊山政书》,卷二十"批商民顾润章等禀",中华书局 2007 年版,第 573 页。
② 霍存福:《从业者、素养、才能:职业与专业视野下的清代讼师》,《辽宁大学学报(哲学社会科学版)》2006 年第 1 期,第 138 页。
③ 陆林:《清代笔记小说类编:案狱卷》,黄山书社 1994 年版,第 426 页,转引自霍存福《从业者、素养、才能:职业与专业视野下的清代讼师》,《辽宁大学学报(哲学社会科学版)》2006 年第 1 期,第 138 页。
④ 霍存福:《从业者、素养、才能:职业与专业视野下的清代讼师》,《辽宁大学学报(哲学社会科学版)》2006 年第 1 期,第 138 页。

末，中国古代的官员们以情理断案已成风习。清代的汪辉祖就擅长以经断案。《汪龙庄行状》云："君讲习律令，剖条发蕴，寻绎究竟，轻重之间，不爽铢黍。及其援据比傅，唯变所通，不为曲要；律之所穷，通以经术。"樊增祥在批阅各属县词讼月报时，多用"准情酌理，语语持平"作为褒奖。他批评咸宁县令，本是"老吏也，何竟拘于死例，不体人情"？他认为，判案须"情法两平"，才让人信服，所谓达到"受者心服，阅者惬意"。按照樊增祥的观点，从根本上说，有悖情理的，就不可能是正当的。考虑到朝廷官员以情理断案为通例，讼师自然也乐意用此术，如此可顺理成章地得到官员们的认可。

如此一来，经史素养对讼师执业就显得非常重要了。清代讼师的执业素养，也就远不止于文字和法律的基本功，需要依靠长期读书积累的经史素养，以帮助他们对"情理"的准确理解。曾衍东在《小豆棚》中记载湖州女讼师"疙瘩老娘"的三件讼事，有两例表明这个女讼师的经史素养颇高。其一，浙江有吴姓富人，曾以戏言答某戏子的提问，说惩罚窃贼的最好办法是用醋灌鼻子，后来戏子竟然真的如法照办，结果把窃贼弄死了。戏子被审时，称是吴氏所教，于是官府逮捕了吴氏。讼师"疙瘩老娘"收下吴家重金，写下状词，引用孟子"燕可伐"一节，"燕可伐"说的是齐国大臣沈同曾问孟子："燕国可以讨伐么？"孟子回答说"可"。实际上，讨伐与否是国家大事，非个人所能决定，对孟子而言答"可"与"不可"，都只是个人见解，讨伐燕国是齐国的责任，而不能算孟子的责任。"疙瘩老娘"以此阐释这样的法理：平日闲谈的戏言，不能视为教唆，吴某不算是教唆犯，不能追究他的责任。其二，江北某年歉收，人们都到江南贩米，可能是有官府指令，江南的人停止卖粮，贩米者不愿放弃商机，于是"构讼汹汹"，求"疙瘩老娘"写状，希望官府开禁，"疙瘩老娘"开了高价，索要三千金。她撰写的状子送到衙门第二天，官府下令卖米，因为诉状描述的最关键理由是一个联句："列国纷争，尚有移民移粟；天朝一统，何分江南江北！"这样的笔墨不只是妙语，更是精辟有力。[①]

[①] 霍存福：《从业者、素养、才能：职业与专业视野下的清代讼师》，《辽宁大学学报（哲学社会科学版）》2006年第1期，第138页。

三　讼师的其他特殊才能与技巧

清代惹人关注的讼师表现形形色色，其中以刀笔功夫最为突出，而讼师的律法、经史素养同样让人叹服。查阅清代讼师的办案实例，讼师的雄辩巧言、诡智狡谋让人印象深刻，至于洞察官府规矩和世事人情，则是靠三四分的天成本事、六七分的后天磨炼。以狡黠态度应对严肃的法律纠纷，是特定司法背景以及独特的执业环境逼生出的特殊技能。

讼师计谋之"奇"，来自人生阅历和执业经验。四川巴县的一起借贷纠纷中，欠钱者已归还借款，但是忘了索要借据，借贷双方事主皆亡故，贷方儿子却拿着借据告到官府，索要欠款。借方之子拿出自己店铺往来账目，声称债务已经还清，县令却认为账目可以伪造。有一讼师"盖知街户往来，彼此有账"，于是要求县令调取贷方店铺的往来账目。结果账目很清楚，欠款确已还清。县官当堂销毁借据，斥责了原告。① 对商业习惯的熟稔，是此案讼师出奇制胜的关键。

洞察人情世故对讼师执业的确重要。清时某地有一个年轻寡妇想改嫁，公公不许，强迫她守节，寡妇向"疙瘩老娘"求助。讼师索要了一千六百金，给她写了一份十六字的状词，"氏年十九，夫死无子。翁壮而鳏，叔大未娶"。县官见了此状，马上令寡妇改嫁。② 无独有偶，讼师冯执中给寡妇杨蕙芬写的状词与"疙瘩老娘"用意一致，并且更加明确，"十七嫁，十八孀。益以翁鳏叔壮，顺之则乱伦，逆之则不孝。顺逆两难，请求归家全节"③。再有湖南讼师廖某，给一个想改嫁又担心小叔阻挡的年少孀妇写讼词道："为守节失节、改节全节事：翁无姑，年不老；叔无妻，年不小"，县官遂听其令孀妇改嫁。④ 大概当时情势，妇女年少守寡已经成了一个社会问题，乱伦又属于传统社会大忌，因此这样的状词能够撼动官员。三个讼师撰写的状词出现雷同，说明这类案件在讼业已经有了交流，大致相同的笔墨处理或许正是新老讼师的心传。

---

① 陆林：《清代笔记小说类编：案狱卷》，黄山书社 1994 年版，第 426—427 页。
② 陆林：《清代笔记小说类编：案狱卷》，黄山书社 1994 年版，第 136 页。
③ （清）薛允升：《读例存疑点注》，中国人民公安大学出版社 1994 年版，第 4 页。
④ （清）徐珂：《清稗类钞》第三册，中华书局 1984 年版，第 1191 页。

上述讼师的洞察人情世事，是立足民情和社会普遍价值观。另一种世事练达同样也很重要，即知晓官府宦情。讼师与官府的关系，本来就是复杂的，有的讼师做了幕僚，有的最后还做了官，与官府隔绝不交通是不可能的，有时候官府也用得着讼师，讼师有时也经常主动找机会参与解决官署中的棘手事情。

清嘉庆年间，常熟一带百姓一直流传讼师谢方樽的本事，无论什么事到他手里，总能以曲为直、以直为曲，有时连两江总督、江苏巡抚还要去请教他帮忙。以下两案，颇能说明清代讼师执业需要具备的综合能力和技巧。一案，江苏巡抚被控斩墓木案。江苏巡抚慕天颜收了藩司的两根梧桐，因为这两根梧桐是斩于状元坟墓上，被控告"亵渎乡贤、私盗墓木"，皇帝大怒下令彻究，幕友百般设计，还是弥缝不了，慕巡抚向两江总督求救，总督推荐了谢方樽，幕友找到谢方樽并未直言，只说听说巡抚要来访，自己是看热闹的，谢方樽就已知其来意，轻描淡写地说："巡抚正忙，要大兴圣庙，重新木柱，前些天在孙状元的坟墓上斩伐了两棵梧桐，正加紧督造，哪有工夫到这来，你也别看热闹了，快回去吧！"幕友回报巡抚，依计申奏朝廷。等钦差大臣看到诉状，慕巡抚已经把圣庙里的木柱更换崭新，结果不但没有获罪，反而受到了兴学崇圣的褒奖。谢讼师让巡抚转祸为福，因败为功，慕巡抚特地送谢方樽七千金，还嘱令常熟县令好生看待。从此谢方樽声名越发远播，官场中遇到疑难的事情，也要出重酬客客气气地请教他。① 另一案，县令和巡抚被弹劾大不敬案。浙江某县令受知于巡抚而积忤于将军，将军屡屡中伤县令，巡抚则对他多方袒护，终于有一次县令在朝贺活动中失仪，被将军抓住小辫子不放，将军弹劾县令罪当大不敬，巡抚亦有失察之咎。皇帝责备了巡抚，巡抚自己生闷气却无可奈何。谢方樽偶然知道此事，就对巡抚随从说，"了此，八字足矣"，但须索要三千金重酬。巡抚答应了他的条件，谢讼师让巡抚在奏牍中加入八字，"参列前班，不遑后顾"。奏上后，皇帝责备了将军，因为巡抚、将军朝贺都排在前列，县令等只能在后排，将军如果看到县令打了趔趄失仪，说明将军往后看

---

① （清）吴麟瑞：《中国四大恶讼师传奇》，高天平编译，中国华侨出版社2003年版，第57—60页。

了,他本身就是失仪而大不敬!①谢讼师仅用八字,便解了县令和巡抚之难,让堂堂两江总督及一众幕僚们心悦诚服。在清人笔记中,还有一件类似的案件,清末某将军与臬司交恶,一次祭祀时,将军不慎踏上石子,脚踩不稳,差点摔倒。臬司在后面看到,就控告将军大不敬,朝廷下令知府复核此事。知府左右为难,无计可施,遂下令遍寻刀笔能吏以解此困。有一个李讼师应求,声称须每字百金,知府答应了他,李讼师操笔写了九字:"臣礼宜先行,不遑后顾。"知府马上就领会了他的意图,遂依此奏上。于是将军无事,知府也躲了祸端。②讼师熟悉祭祀礼仪,洞察官场倾轧,善于辨明责任,使出神来之笔,从容应对官场中经常发生的不测,以妙计破解困局。

讼师因为词讼,经常与官府打交道,很清楚地方官的作风、能力等,可谓洞察官府宦情,这就使他们给事主提供的意见往往是有效而高明的。综上,清代讼师在法律和情理的边缘大做文章,他们表现出来的素养绝不仅仅是文字表达的范畴,已属于综合执业能力问题。讼师的文字水平、法律经史素养、社会阅历、办案技巧等,构成了传统讼师的综合执业素养和能力。至于传统讼师运用知识、智慧和经验,或让无辜者脱罪,或让有罪者逃避制裁,其中公与不公,要看观察者的立场和角度。当下律师为了帮助当事人打赢官司,也会面临类似的问题。法律服务群体的执业能力和执业道德操守,无论古今都是更复杂些。正如赵秋帆在《刀笔菁华·序》中说:"当逊清之季,工于刀笔者,在在有人。然其中不乏一二杰出之士,守正不阿,洁身自好,以三寸毛锥子,鸣不平于人间者,故未可一笔抹杀也。"③

第四节　清末典型地区的讼师活动

关于清末典型地区的讼师活动,以往的研究地域多集中在长江中下

---

① (清)吴麟瑞:《中国四大恶讼师传奇》,高天平编译,中国华侨出版社2003年版,第61页。
② (清)徐珂:《清稗类钞》(第三册),中华书局1984年版,第89页。
③ 王有林、史鸿雯校注:《刀笔菁华》,中华工商联合出版社2001年版,第1页。

游的江南地区，那里文风昌盛、经济富庶、人口繁密，提供了适合讼师活动的客观条件。前文所述的《中国四大恶讼师传奇》，描述的就是苏州地域最出名的四个讼师的故事，讼师在当地已经成了百姓敬畏、官府也相让几分的有势力的人物，这样的情况具有典型的地域性特征，并不具备全国普遍性，清末时期虽然讼师活动普遍存在，但是各地的讼师执业处境不同，大多数地区的讼师活动依然面临官府的严格压抑。

本书确定《樊山政书》作者辖区为典型地区的研究对象，主要基于两点考虑。其一，考虑到地域的典型性。陕西一带虽偏居边远，但属于西北中心区，并且民风淳朴，吏治稳定，具备传统中国的典型区情、民情，以陕西地区阐述清末地方司法行政和讼师问题，具有代表性，也可以反映出清末时局变化对传统社会的影响。其二，考虑到地方官的典型性。《樊山政书》作者樊增祥，清末任陕西臬司、藩司①，堪为晚清地方官典范。樊氏以判词文字著名天下，他的地方治理也多被时人推崇。他一生仕途不算显贵，却如后人所言，"从政几近三十年，显尽行政司法方面的优秀才能，深得舆论之认可，在清末政坛上具有典范的模范意义"②。陕西省民风淳朴、官风保守，非常适合作为清末讼师研究的典型地区。《樊山政书》中所涉及的各种讼师活动，在中国传统社会具有明显代表性，客观上反映了清末具有浓厚传统氛围的司法环境和讼师执业的现实状况；同时，也可见国家危机和社会转型对典型传统地区讼师活动的影响和冲击以及由此带来的新变化。

一 基于《樊山政书》的讼师活动统计

《樊山政书》中明确有"律师""讼师""讼棍"或"棍徒"文字的共47份公牍批复，其中有关"律师"的1批、"讼师"的2批、"讼棍"或"棍徒"的44批。我们可以列表说明《樊山政书》中所记载讼

---

① 臬司，本是宋各路提点刑狱司、元代肃政廉访使司、清各省提刑按察使司的简称。清臬司，从二品或正三品，主管一省司法，负责一省的刑狱诉讼事务，同时对地方官有监察之责，也借称廉访使或按察使。藩司是指承宣布政使司，也称布政司，是明清两朝的地方行政机关，前身是元朝的行中书省。清藩司，从二品，是巡抚的属官，主管一省之政事，钱谷之出纳，即民政、财政、田土、户籍、钱粮、官员考核、沟通督抚与各府县。

② 孙家红：《樊山政书》卷首，载（清）樊增祥《樊山政书》，中华书局2007年版，第3页。

师活动的基本情况（详见表4.4）。

表4.4　　　　《樊山政书》中讼师执业活动的基本统计

讼师名称	属地	执业表述	卷数
薛含瑞 季学忠	临潼县	控告粮差贪污	卷十七"批临潼县民季学忠呈词" 卷十八"批临潼县禀"
徐审言	临潼县	锁系在厅，犹敢屡次代作控词	卷十八"批临潼县禀"
王新兰	临潼县	不详	卷十八"批临潼县李令嘉绩详"
沈龙 （沈隆）	咸阳县	支使他人控告、官吏赈灾贪污	卷二"批咸阳县民沈龙等控词" 卷二"批咸阳县民沈隆杨治福等控词"
不详	长安县	控告巡警书写诉状	卷十六"批长安县举人寇鸿恩等呈词"
不详	长安县	合同纠纷、唆使寡妇诬告	卷十三"批长安县李令禀"
杨虚中	蒲城县	积案如鳞、抗粮聚众告诉	卷二"批蒲城县禀"
代理人 三人不详	蒲城县	健讼"越府控司"	卷九"批蒲城县绅耆孙麟瑞刘恺等呈词"
高维岳 朱守正	洵阳县	抗粮阻运	卷七"详抚部院" 卷十九"批洵阳县举人屈三省等呈词"
金公银 朱显春	商南县	因新政筹款、代理越诉告状	卷十八"批商南县禀"
汪恭钦	镇安县	觊财诬告杀人	卷五"批镇安县印委会详"
不详	镇安县	坐省讼棍、包控包准	卷六"批镇安县民解庆良呈词"
陈思周	南郑县	讼棍、积案如鳞	卷十五"批汉中府禀" 卷十六"批南郑县详"
左菜	盐城县	唆使恐吓当事人、伪造证词、诬告抢劫	卷二十"批盐城县王令禀"
不详	清河县	遗产继承纠纷	卷二"批清河县详"
孙长庚	泰兴县	三代讼棍	卷二十"批泰兴县详"
方长进	咸宁县	讼棍（具体执业不详）	卷五"批咸宁县刘令德全禀"

续表

讼师名称	属地	执业表述	卷数
胡德振	咸宁县	专以讹人为事	卷十三"批咸宁县刘令禀"
邹承麒	白河县	讼棍健讼害民	卷五"批白河县刘令兴需祥"
不详	富平县	担保借贷纠纷代理、串差保释	卷六"批富平县民孙天顺呈词"
罗维礼	褒城县	诬告殴杀人	卷十一"批褒城县钮令禀"
魏趋廷	丰县	刁诬滋讼十余案、凶恶棍徒、借教辅讼	卷二十"批丰县详"
周冕	盐城县	积恶多端、不孝不友、为鬼为蜮之行	卷二十"批盐城县禀"
郭光隆	商州府	互控一案两头唆串、棍徒扰害乡里、积案如鳞	卷十二"批商州详"
张列宿	商州府	狂猘各情、私出传单、语言狂悖	卷六"批商州尹牧昌龄禀"
姬柄	西安府	棍徒 聚众闹粮	卷十一"批西安府禀"
陈思周	汉中府	著名讼棍、积案如鳞、两次责递回籍贯、复至汉中逞其故技	卷十五"批汉中府禀" 卷十六"批南郑县详"
不详	汉中府城固县	挑唆继承争产	卷十二"详抚部院"
顾润章	江宁府	变换诉状署名	卷二十"批商民顾润章等禀" 卷二十"批文生陈毓兰等禀" 卷二十"批江宁府详"

除了明确在公牍中被称为讼师（讼棍、棍徒）的，还有不少生员介入纠纷词讼的情况统计如下（详见表4.5）。

表4.5　　　《樊山政书》中生员参讼的部分案件统计

姓名	身份	属地	参与诉讼情况	卷数
刘德浚	生员	咸宁县	控人借赈灾营私	卷一"批咸宁县生员刘德浚控词"

续表

姓名	身份	属地	参与诉讼情况	卷数
王庄临	贡生	咸宁县	利己损人、致滋讼蔓	卷四"批咸宁县民秦尚年等控词"
刘遇辛	贡生	中部某县	赴省乡试为某革职县令申冤	卷四"批中部县贡生刘遇辛等呈词"
徐登第	举人	盩厔县	赴省上控	卷四"批盩厔县举人徐登第诉词"
王隆德	廪生	西乡县	健讼妄诬	卷四"批西乡县李令详"
车允济	新式学堂学生	不详	聚众滋事、越诉诬告、卖弄刀笔	卷四"会同藩司牌示"
孙机	劣生	西乡县	串通劣差诬告并得赃	卷五"批西乡县民王镇海控词"
王怀清	生员	渭南县	捏约赖业、告不投审、屡控屡避、任意拖累	卷五"批渭南县详"
刘遇魁	武举	渭南县	上控官差	卷六"批渭南县已革武举刘遇魁呈词"
杨维翰	武举	华阴县	教唆诬告拐卖	卷六"批华阴县刘令林立禀"
毛蔚丰	革生	南郑县	至刁极劣、奉文永远监禁脱逃	卷七"批南郑县杨令禀"
张化龙	武生	凤翔府	抗阻派销官盐	卷十一"批凤翔府尹守禀"
吕宗文	革生	凤翔府	为不逞之徒代写呈词翻案	卷十一"批凤翔府尹守彭令会禀"
杨韶春 杨廉法	廪生	兴平县	冒充领尸讹闹	卷十一"批兴平县详"
张凌高	增生	西安府	因捐具控诬告	卷十一"批西安府禀"
刘殿魁	贡生	华州府	诬控官吏	卷十七"批华州褚牧详"
吴佩旗 吴佩钰	武生	渭南县	帮讼、破人家产、拖陷无辜	卷六"批华州李牧嘉绩禀"
朱焕章（朱有美）	文生	襄城县	出头借命讹诈	卷十九"批襄城县禀"

续表

姓名	身份	属地	参与诉讼情况	卷数
康明德	生员	咸阳县	唆使他人妄控	卷十九"批咸阳县黄令秉潍禀"
熊道中	生员	咸阳县	妄控	卷十九"批咸阳县黄令秉潍禀"
赵名璧	监生	江宁县	毒害乡民、积案如鳞、官民共愤	卷二十"批江宁县折"
杨文星	革生	西安府	衣冠败类、扰害乡闾	卷十三"批西安府尹守禀"
薛仰瑄	举人	西安府	衣冠败类、扰害乡闾	卷十三"批西安府尹守禀"
张镇岳	举人	岐山县	造谣阻运官盐、庇护通奸	卷七"批凤翔府尹守禀" 卷九"批凤翔府尹守昌龄详" 卷七"详抚部院" 卷八"批岐山县徐令禀"
周 斌	读书人	同州府	抗粮诬控	卷四"批同州府详"

清末时期未仕生员参与词讼纠纷的，有不少是专门以讼为业。相关图表统计显示，当时陕西部分地区讼师构成有秀才、贡生、监生、举人。其中有底层文人，也有士绅阶层，除了文生员，还有武生员。同时也可以看出，在陕西地区，讼师介入词讼的形态比较驳杂，职业化形态并不清晰。上述所列讼师活动的基本统计，可见当地讼师的基本执业特点。

其一，讼师活动普遍且执业范围宽泛。樊增祥任内的每个基层县域，几乎都有讼师的活动痕迹。樊增祥非常清醒地认识到："大约每一州县各有刁劣绅衿倚刀笔为饭具，地方官之老实者则受其欺制，混账者则倚为爪牙，而公正者弗与交通。"[1] 书中所见讼师参讼范围宽泛，其中有民事案件，如婚姻、继承纠纷；有经济案件，如借贷、合同纠纷；有刑事案件，如斗殴、伤人、杀人案件。

其二，讼师活动与吏治清明密切相关。虽然樊增祥认为"陕民上控风气十案九虚"，但他也提出疑问，"岂竟百无一实"？"凡有上控，当

---

[1] 樊增祥：《樊山政书》，卷十七"批华州褚牧详"，中华书局 2007 年版，第 463 页。

先察其官之贤否，再详其情之伪真"，他给临潼县的批文说，"如牧令为贪人，为刻薄人，为偏谬人，为初任不谙练人，为天生一无所知人，其百姓赴省控告，而呈词又似乎可信"，地方官应该慎重处理。① 临潼县与其他属县相比，讼师活动明显密集，虽然不能以此证明该县官员的治理水平不高，或者就此即认定该县民风刁钻、好讼者滋生，但还是可以说明一些问题，临潼县无疑是当地社会矛盾集中地区。按通常的传统认识，"完赋税、无争讼"的太平世界是不会有讼师活动空间的，事实上临潼县官风不好，曾屡屡出现严重贪污钱粮案件，如樊增祥的看法，其时官府贪腐滋生，书役讼棍混乱衙门。

其三，讼师活动处于司法体制的边缘。讼师代写诉状是最普通的业务，为当事人出谋划策也属正常，但有时讼师的行为会超出官府的容忍界限，如，教唆当事人（甚至是两头唆串）、包控包准、越级告诉，甚至还有诬告、伪造公文信函等更严重的行为。长安县的讼棍（名不详）在一起合同纠纷中，教唆寡妇诬告；盐城县的讼师左茉，唆使恐吓当事人，伪造证词，诬告他人抢劫；襄城县的讼师罗维礼，诬告他人殴杀人罪。盐城县还发生了伪造公文信函的情况，讼师周冕被抓，他儿子为救父两次伪造信函。

其四，讼师参与钱粮赋税及赈灾等群体性事件。在涉及民生等社会矛盾的案件中，讼师的介入会给官府增添麻烦。如：讼师活动密集的临潼县，讼师薛含瑞、季学忠二人因为粮差侵吞钱粮而控告官吏贪污；在洵阳县发生了讼师高维岳和另一个代理人朱守正代表地方民众抗粮阻运的严重事件；在商南县因为新政筹款事宜，讼师金公银、朱显春出头代理越诉告状。咸阳县讼师沈龙让樊增祥颇费笔墨，两份公文批复均是针对沈龙指使他人控告官吏贪污案的，一份公文中，说"沈龙向系讼棍，从前有讼案可查"，怀疑沈龙故技重演再行诬告，因此批示对案件进行认真调查；另一份公文中，查清沈龙确是有名的讼棍，经常事不关己却挺身滋讼，现查明沈龙历年讼案，依照讼棍办理。

二 清末陕西讼师的执业处境

晚清时期，樊增祥任职的陕西省是当时西部的中心地区，民风淳朴

---

① 樊增祥：《樊山政书》，卷八"批临潼县李令禀"，中华书局2007年版，第209页。

且官风保守,与长三角、珠三角地区以及直隶京津一带相比,受传统观念影响更重,官府对讼师执业严格压抑,相对而言,讼师的执业处境更加艰难。

《樊山政书》记载的公牍文书显示,当地讼师活动普遍,并且十分活跃。"大约每一州县各有刁劣绅衿倚刀笔为饭具",讼师活动过于活跃,自然会引来官府的打压。如汉中府讼师陈思周、商州府讼师郭光隆、蒲城县讼师杨虚中、咸宁县讼师方长进,均因"积案如鳞"而获罪,按"讼棍"严惩;丰县讼师魏趋廷,"自光绪十三年至宣统二年彼讹人而人控彼一共十余案"①,因为活动频繁、涉案过多,而引起了官府注意,最后受到重责;镇安县讼师之所以引起官府重视,是因为一日之内,樊增祥接到镇安县两件上控诉状,他非常恼火,由此判断"必有坐省讼棍包控包准,害民渔利"②。

樊增祥已经注意到一个足以引起警惕的现象,讼师的执业活动已经取得当地民众的有力支持。如,讼师高维岳因带头抗粮阻运被抓,有洵阳县十一人联名为他乞恩,其中还有举人。③ 又如,讼师顾润章代人省控被拘押后,有三十六人联名为其作保。④ 再如,蒲城彭知县查拿讼师杨虚中,该县乡绅原彪等人联名上控,为讼师求情。樊增祥这样认为,讼师"串党乞恩,将来仍不免滋事,亦未便纵恶殃民"⑤。讼师在官府的影响力也不容忽视,讼师"声名一出,狡黠之吏役反结纳之,庸恶之官长亦畏惮之"⑥。咸宁县有个叫胡德振的讼棍,专以讹人为事,无恶不作,榆林文武各官都曾被他讹诈,胡德振甚至敢扬言和道台有关系,来省控告官长⑦。讼棍行事嚣张,固然可恶,这些人靠词讼横行让官府

---

① 樊增祥:《樊山政书》,卷二十"批丰县详",中华书局2007年版,第605页。
② 樊增祥:《樊山政书》,卷六"批镇安县民解庆良呈词",中华书局2007年版,第156页。
③ 樊增祥:《樊山政书》,卷十九"批洵阳县举人屈三省等呈词",中华书局2007年版,第551页。
④ 樊增祥:《樊山政书》,卷二十"批文生陈毓兰等禀",中华书局2007年版,第579页。
⑤ 樊增祥:《樊山政书》,卷三"批蒲城县绅原彪等禀词",中华书局2007年版,第82页。
⑥ 樊增祥:《樊山政书》,卷十八"批临潼县禀",中华书局2007年版,第509页。
⑦ 樊增祥:《樊山政书》,卷十三"批咸宁县刘令禀",中华书局2007年版,第360页。

老爷忌惮,最见此时讼师一行的社会影响力。

从《樊山政书》可见清末讼行的普遍作风,讼师为执业便利,格外注意与基层官府保持良好关系,"上控动牵丁役诚属讼棍滥套"①。讼师很可能使用了某些贿赂手段,如,临潼县的讼师徐审言被关押期间,依然可以多次为他人代写控词;② 南郑县有一名叫陈思周的著名讼棍,积案如鳞,被两次责递回籍,却又回到汉中府执业,被捉拿到案后,仅被"锁系五年"轻罚,随即允许其"保店医治"。对此樊增祥异常愤怒,认为当地县令明显"在陷害百姓之讼棍身上施恩讨好"③。如,白河县县令庇护讼棍邹承麒,不仅故意稽误文书,还故意更改时间。樊增祥斥责"有心纵放不可言喻","庇一讼棍如此劳心劳力,欲盖弥彰,实属别有肺肠",遂严令查清该县上下有无收受贿赂故纵情形。④

《樊山政书》中多处提到一个叫顾润章的讼师,他向官府呈送诉状被拒绝受理,于是改名再告,先后署名若干,不只改了名,甚至还改了本姓,叫了沈明义、洪敏奇、叶理平、严又如,被地方官讥讽其为了逞其诬陷伎俩,遂甘为沈、洪、严、叶四姓之子孙,无耻无良。⑤ 如果执业无阻碍,自然无须费此周章,因为他已经列入官府"黑名单",顾讼师惧怕官方查访,不敢署真姓名。可见该地区官府对讼师活动管控严密,讼师不得不改名换姓,以躲避追查。

《樊山政书》记载了讼师高维岳带头聚众阻运官粮事,经官府查访,发现高维岳操讼业多年,是当地有名的讼师,但高维岳并非专以词讼为业,他还兼经商,高维岳替当事人赴省上控,还要顺便办货,采买了白糖草纸。高维岳的主业究竟是讼业,还是赖以洵阳县的铺面生意为生计,我们无从得知,推断可能当时讼师收入并不丰厚,仅靠讼业,可能无法赖以谋生,只好身兼两行。正如江南四大名讼之一的大讼师谢方樽,本来是教书先生兼做讼师,做出了大声名,求他的人多了,才索性

---

① 樊增祥:《樊山政书》,卷八"批临潼县李令禀",中华书局2007年版,第209页。
② 樊增祥:《樊山政书》,卷十八"批临潼县禀",中华书局2007年版,第504页。
③ 樊增祥:《樊山政书》,卷十六"批南郑县详",中华书局2007年版,第454页。
④ 樊增祥:《樊山政书》,卷八"批临潼县李令禀",中华书局2007年版,第209页,卷五"批白河县赵令兴需禀",第142页。
⑤ 樊增祥:《樊山政书》,卷二十"批商民顾润章等禀",中华书局2007年版,第573页。

专做讼行,他受委托一案可收七千金,普通讼师自然无法与之相比。

晚清时期,陕西省虽然地处西部,但和其他中心地区一样,当地有讼师活动已经不是秘密,至少不是完全隐秘的地下状态。清末时官方对讼师也并非一味禁止,在一定范围内是容忍并默认讼师执业的。如,泰兴县有个叫孙长庚的讼师,家中三代为讼,讼业俨然成了家承传统。[①]如,在一起继承案件中,有讼师公开参与了事主双方的遗产争夺纠纷,官府对此知情,主审官"知两造各延讼师,各贿书役"[②]。樊增祥批阅这桩清河县有讼师介入遗产纠纷案时,没有对讼师参讼表示反对,也没有下令追查讼师,他的关注点在于,如果遗产纠纷处理不当,当事人不服必将缠讼不休,百姓家产将消磨殆尽,社会影响也很坏,用现在的话语表达,法律效果和社会效果都不好。有讼师参与了富有盐商的遗产纠纷,贿赂书役上下打点疏通关系,讼师收费应该不是个小数目。樊增祥的担忧说明他是负责任的地方官,这种担忧,有爱民如子的父母官意识,也有对讼师损害官府秩序、社会秩序的警惕。樊增祥明确表达了他的态度:"本司痛恶刁民,严治讼棍","用惩棍蠹而清讼源"。很显然,樊增祥对讼师的厌恶与排斥,更多是针对当地讼师的唆讼与刁讼行为。他对辖属府县长官褒抑有别,对宽纵"讼棍"的,认为是放任"健讼害民","一味讨好,最是坏处";对严厉打压讼师的,则赞赏有加,"贤太守到任之初,首先为我惩治讼棍。阅禀如酷暑啖冰、雪天饮火,春食烧羊胛也"[③]。

通览《樊山政书》,仅有两处名以"讼师"名之,其余皆名为"讼棍""棍徒"。两处都是负面的评价,其中一处,明确对讼师进行指责,"大凡讼师作呈词空空无据,专以危言恐吓者,不唯自取驳斥,抑且惹人憎怒"[④]。另一处,表达了对讼师助讼"消磨净尽"事主家财的担忧。其余各处以"讼棍""棍徒"相称的公牍批文,则是毫不掩饰地表现出对讼师唆讼与刁讼行为的深恶痛绝,还有对讼师串通官府、沟通胥役书

---

① 樊增祥:《樊山政书》,卷二十"批泰兴县详",中华书局2007年版,第562页。
② 樊增祥:《樊山政书》,卷二十"批清河县详",中华书局2007年版,第598页。
③ 樊增祥:《樊山政书》,卷十五"批西安府禀",中华书局2007年版,第430页。
④ 樊增祥:《樊山政书》,卷十"待洋务局批盩厔县禀",中华书局2007年版,第273页。

吏的愤怒。中央朝廷一直严令官员查禁讼师，地方官员也不乏积极行动，但实际上取缔与查禁讼师的办法，各地政策宽严松紧各异。

二 伴随社会变迁出现的讼师活动新变化

《樊山政书》收录的公牍批文起自辛丑（1901），迄于庚戌（1910），前后十年，正是清末政治、司法变革最紧要时期，是中国社会转型的重要阶段。作者樊增祥政务经历丰富，熟谙国情、民情，堪称晚清地方官吏之典范。《樊山政书》中的关于官员讼师活动的记载亦具有代表性，该书可以视为晚清地方司法行政之实录，反映了转型中的社会与法律，书中不仅多处公牍涉及讼师（讼棍），甚至还提到律师。通过《樊山政书》，我们既可以概览清末典型地区的讼师活动情况，也可以体会到清末地方官员对新旧人群以及西方制度引进的态度，客观反映了清末陕西地区的讼师执业实况，同时也折射出国家遭遇危机以及社会转型对讼师活动的影响和冲击。

由《樊山政书》可见陕西地区行政与司法领域浓厚的传统氛围。"今之民若马贼，若会匪，若枭匪，若讼棍，若土豪，几于充塞天下，而欲并五等之刑一切免之，且即以是为立宪之基础，则是朝廷与乱人共治天下，不唯黄帝尧舜以来之中国无此政法，即欧美诸邦亦岂有此宪法哉！不揣其本而齐其末，此可为痛哭长叹者也！"[1]清末社会转型的诸多遽变，是不少保守的地方官员不愿意接受的变化。樊增祥的观点，足以代表清末大批地方官员的看法，当地官员治理地方和处理司法案件时，已经在承受着时代变迁和制度转型的冲击，"风潮鼓荡，难缓须臾"，这恰恰是清末社会变迁对讼师执业的现实影响。

《樊山政书》中出现有"上海律师""外国律师"，表明传统讼师面临新式司法体制的冲击。清末时，"律师"这一新事物已经广为朝廷官员所知。樊增祥所谓"上海律师"，就是指上海租借地的律师，"外国律师"则是指在华执业的外籍律师。晚清各级官员对于律师的直接印象，主要来自上海租借地会审公廨制度的司法审判，外籍律师在租界的

---

[1] 樊增祥：《樊山政书》，卷十八"批泾阳县蔡令宝善禀"，中华书局2007年版，第512页。

执业活动，给国人提供了关于西方律师制度最直接的观感。樊增祥以数十年行政司法之经验，不仅熟悉中国旧律的特点和长处，也知晓中国的民情风俗，他认为中国旧律不可尽废，外国法政未必尽学，对引入西法持保守态度，并认为新式司法程序不适应中国国情。他讥讽律师的作用，"若使上海律师问之，可作申报四十日之料。盖一案即可消磨十日也，吾甚不解"；他明确地说，学西方不必全都照搬，"不必事事推逊，以为中不如西也"；他嘲笑西方诉讼程序"每一堂结束处，则曰'商至此，已钟鸣几下，下期再审'"，他调侃这样的做法，将"使两造中有一急性者，三讯以后，必暴跳而死矣"。樊增祥坚持认为，"吾陕州县中问案好手高出外国律师奚啻万倍"[①]。

从《樊山政书》可见清末讼师与地方官员之间的关系是矛盾与冲突的。地方官员眼中的讼师，是民间健讼之风的推动者，甚至是操控者。如果将讼师的健讼行为放在基层社会结构来看，可发现其实质与民众对权利的诉求密切相关。《樊山政书》中讼师被指责的原因，主要是唆讼与刁讼。所谓唆讼，是通过唆使和帮助他人打官司来谋取利益，具体表现为挑动甚至替人出头呈控、扛帮作证、代写状词，诸如此类。所谓包讼，是为事主包揽全部诉讼程序，讼师介入诉讼的程度远不止代书词状和出谋划策，他们不仅唆讼，而且包讼。对于民众而言，这些都是非常必要的，客观上百姓需要讼师的帮助，以实现个人利益最大化。《樊山政书》中关于讼师（讼棍）参与的多起案件，讼师出头对抗中央政府在地方强行征收的各项义务，介入了多起抗捐不交、抗粮阻运事件，还在赈灾、筹款、官盐买卖等问题上向官府发难，"为他人之事不远千里，废时失业，所耗费者百倍于所纳之粮，而犯上官不测之威严"[②]。据《樊山政书》记载，清末庚子赔款严重加剧了各地税赋负担，也因此加重了民众的不满，从而引发地方民众与政府的对抗和冲突，讼师无意中开始充当争取民权、维护地方利益的代言人。

清末的讼师处于双重评价的矛盾处境。基于诸多原因，民间与官方发生严重的利益冲突，讼师站在民间立场，维护民间百姓和地方乡绅的

---

① 樊增祥：《樊山政书》，卷十三"批雒南县丁令词讼册"，中华书局2007年版，第355页。
② 樊增祥：《樊山政书》，卷七"详抚部院"，中华书局2007年版，第186页。

利益，在与官府的抗衡中发挥着重要作用。地方官员认为讼师"聚众闹事"而欲施以严惩，而民众却联名上书为被捕的讼师求情。清末的中国面临严重社会危机，在西方外力压迫下，终端的受害者必然是百姓。在清末特定的社会背景下，讼师的正式身份没有被官府认可，但是其实际承担的作用更加复杂，已经不止普通助讼层面，开始有了维护"民权"的倾向。在民权势弱的社会背景下，官府不会容忍任何与其抗衡的力量，无论是公堂之上，还是公堂之下，官员们认为讼师不安分，"明明假公济私，反云为民请命"，讼师带头抗捐阻粮，煽动百姓聚众闹事，拒不执行中央政府的政令，公然对抗朝廷，是撼动朝廷体制根本的大祸端。

如此一来，官方对待讼师的态度更加冷酷无情，讼师成为中央朝廷和地方政府都坚决压抑惩治的对象。清末处于社会转型阶段的讼师，其弱势地位没有因为社会变迁而发生变化，没有赢得新地位，没有改变一贯被打压的执业处境，在朝廷眼中，讼师始终是破坏体制秩序的劣徒。

第五章
新从何处来：律师职业群体的构成

第一节 近代法律教育的兴起

一 中国传统社会的法律教育

中国古代没有独立的法律职业，因此也就谈不上专业的法律教育。如果以中央三法司及地方专职司法者为限，古代职司法律的官员就是古代的法官，其实以刑官的称呼更准确。在中国古代，刑官之职任与其他官员一样，由于迁除改转，流动较快，不能相对固定。①

古代没有终身司法职业，专门的法律职业与其他职业的界限不清晰，但从事法律事务的刑官，由于职业分工不同，明显不同于其他类别的官员，有其职业特殊性。虽然制随时迁，代有出入，但就整体而言一直没有明显的变化。司法官须听审、判决，其素养才能需要符合职务要求，官员精通律文是必备要求，一旦进入司法官署或出任这一类官职，就应具备相应的素质（还包括情操），要符合这行的规矩。中国传统社会地方行政与司法不分，直至明清相沿不改，地方各级官吏治理地方，既要处理日常行政事务，还要断案决讼，官吏的法律素养是必须具备的任官才能，甚至是重要才能。

---

① 以唐为例，"凡居官必四考"（《新唐书·选举下》），四考后才迁除改转或罢满。一年一考，四考即四年。但也多有任职一二年甚至三五月一考者。唐代后来又改三考为满，考满即罢职。

纵观各朝，对官吏法律素养重视不同，具体表现也有所差异。法家盛行的时代，对法官（法吏）有特别要求。秦时"天下以吏为师"，朝廷官吏以娴熟掌握国家法律条文为职责，特别重视法律的准确理解和应用。1975年湖北省云梦县睡虎地墓出土秦简1155枚，残片80枚，其中绝大部分内容是秦时法律及文书，主要包括：《秦律十八种》《效律》《秦律杂抄》《法律答问》《封诊式》《为吏之道》等。墓主基于多年任官实践，汇总了公文所涉及的各种具体律文，并阐释了如何理解和适用。以《法律答问》为例，即以问答形式对秦律的条文、术语及律文的意图做出解释，以解释秦律刑法内容的为主，和今天的法律释义类似；《封诊式》则是关于诉讼程序的说明。这批秦简的出土足以说明秦对官吏法律能力和法律素养的重视。

汉时"罢黜百家、独尊儒术"，儒家思想被奉为正统。先秦儒家的传统刑官设计，又重新被作为主流看待，法官断案兴"春秋决狱"之风。所谓"春秋决狱"，就是依据《春秋》等儒家经典确定的精神原则，作为确定罪之有无、刑之轻重的重要依据。其不仅引导两汉时期司法官员的断案倾向，也推动了中国法律的儒家化进程。至魏晋时期，对儒家经典的研读成为准确适用法律的基础。古代读书人的经典修养与法律素养融合，"引经注律"成了古代法官（包括讼师）说法论理的有效手段。以知识结构而言，科举制度客观上养成未来刑官的经学、文学素养，但法律知识的补充却一直是个问题，宋、明时期皇帝甚至降诏要求官吏读法。各朝法官依情理断案，系传统社会俗尚所致，究其根本，还因为这也是刑官们的特长，是官吏学养发展方向促成的结果。

中国古代始终没有形成独立的法律职业，就刑官"群体"而言，非职业化、非专业化构成其特征。西汉朱博做州刺史，因为自己"不更文法"而紧张；做廷尉，以自己"不通法律"而担心。[①] 古代刑官中大僚们的专业化始终是个问题。曹魏魏明帝时，曾有"律博士"一职，设于最高审判机关"廷尉"下，专门教授法律知识，以提高官吏的法律素养与办案水平，这是中国历史上最早设置的专门从事法律教

---

① 《汉书·朱博传》。

育的机构。隋唐确立科举制后,在中央官学中设置律学,属"六学"之一。① 隋唐成熟时期的律学,设律学博士3人(从八品下),助教1人(从九品上)。"以律令为专业,格式法例亦兼习之。"学生50人,从文武官八品以下子及庶人子中,选择18岁以上、25岁以下者充。② 教授律学的博士,隋朝最多时8人;学生唐代最少20人,甚至东都也有学生5人。③《唐六典》卷十八大理寺卿条:"凡吏曹补署法官,则与刑部尚书、侍郎议其人可否,然后注拟。"这是大理寺主管律学的痕迹遗留。通律学的人,如戴胄,"明习律令",也有官宦子弟如功臣李晟的儿子李宪,"性本明恕,尤精律学,屡详决冤狱,活无罪者数百人"④。唐高宗李治永徽年间,为永徽律作"疏议",合称"律疏"。"疏议"是此前律学发展的总结,由于疏议的细密,杜绝了律文理解的歧义,因此"疏议"颁布后,又一次出现了律学成果影响司法适用的情形。宋朝国子监也有律学博士,这个官职一直延续到元代才被废止。国家设律学立于官府,传授法律、保管法令,正如清代律学家沈家本评论说:"上自曹魏,下迄赵宋,盖越千余年,此律学之所以不绝于世也。"⑤

  历朝各代对任官者法律素养的重视,反映在科举制度的设置上。汉代以明法为察举的科目之一,唐宋以明法为科举的常科,用以发现明习法律的人才。以唐代科举为例,科举六科分别是:秀才、明经、进士、明法、书、算。"明法"科的考试内容,是就其所学,"试律七条、令三条,全通为甲等,通八为乙等"。"明法"科的出身任官,"甲等,从九品上;乙等,从九品下",科举由"明法"科出身,后来任刑官的代表人物有李朝隐,"少以明法举,拜临汾尉,累授大理丞"。其他大臣曾评价,"朝隐素称清正,断狱亦甚当事",因其素有"公直"之誉,每御史大夫缺,时议咸许之。⑥ 唐朝对司法官的委任设有特别程序,由吏部与刑部尚书共同研究决定,然后注拟。吏部铨选人才的标准是

---

① 国子监"六学":一国子学、二太学、三四门学、四律学、五书学、六算学。
② 《旧唐书·职官三》,《新唐书·选举志上》。
③ 《新唐书·百官三》。
④ 《旧唐书·李晟传附子宪传》。
⑤ 沈家本:《寄簃文存》,二编卷上《设律博士议》。
⑥ 《旧唐书·李朝隐传》。

"身、言、书、判",其中"判"就是指判词。当时对判词的评判以"文理优长"作为标准,这可视为古代官吏法律素养考查的具体制度规定。

因为古代没有独立的法律职业,所以无从谈起专业法律人。就整体而言,历朝各代的统治者虽然都意识到官吏的法律素养很重要,是不能忽略的任官才能,但除了秦时因为法家独大,多少接近专业法律教育外,其余各朝对官吏的专业法律素养要求并不明确。中国传统知识分子的法律素养培养远未到专业教育的程度,读书人不过是学律、写判词、研读经典、解读法律,任官者的法律素养与经典素养往往很难剥离。古代从事具体法律事务的,除了刑官,还有刑名师爷,他们往往是熟谙律法之人,当然还有讼师。传统社会的讼师身份一直未被官方正式认可,讼师活动多处于地下或半地下状态,而刑名师爷作为辅助地方官吏工作的私幕,其身份职责亦非国家法定。因为客观生存的现实需要,他们的法律素养相对较高,但本质上这两部分人群也属于科举制度的副产品,是传统教育附带培养的"法律人",最后充当了国家官方体制内外的司法资源补充。中国古代官员的法律教育,没有超出任官素养要求范畴,与专业性法律教育有着根本不同。

二 清末法政学堂的开设

1840年鸦片战争之后,清政府面临种种严重危机,为挽救国运命数,不得不"变法维新"。1901年1月(光绪二十七年),光绪皇帝颁布上谕,决定施行新政,包括变法修律、改官制、设新学,等等。同年4月,清朝政府设立政务处,将其作为策划新政的中枢机构,主要负责制定新政的各项措施,并且掌管全国的官制、学校、吏治等事务,清末由此开始推进法制近代化。

清末推进的法制近代化,首先是法律人才的近代化,培养新式法律人才的关键在于全新的法律教育。清末由于各种新律都需要全面修订,推行新法的法律人才日显短缺,当时亟待培养大批精通中西法律的人才。清政府显然注意到了这一点,早在变法修律之前,已经着手改革教育体制,创办新式学堂,培养新式人才。近代法学教育因西学东渐的巨大浪潮而兴起,1862年为了培养翻译人员,京师同文馆初创,这所专门的语言学校成为最早近代法律教育的园地。1867年美国传教士丁韪良（W. A. P. Martin）在馆内教授《万国法》，围绕"万国公法"的教学需要，大量西方法学著作被翻译到中国，成为近代法学教育的早期重要读本。

从最初西方法律知识的自发传播，到后来国家有意识地进行新式法律教育，这个过程有西方思潮的外部影响，也有内在动力要求。1902年（光绪二十八年）修律运动伊始，即颁布奏定学堂章程，建立近代的法律教育体制。1905年9月，清廷颁布上谕："自丙午科为始，所有乡会试一律停止。各省岁科考试，亦停止。"自始清政府废除科举，在中国延续千余年的科举制度终结，断绝了士绅阶层的晋身之路，受传统教育的读书人面临颠覆性变革，传统社会的精英培养模式被打破，读书、应试、中举、出仕的路径忽然断绝了。清政府废除科举的同时，同年12月设立学部，作为统辖全国教育的行政机关，为解决废除科举后的读书人出路问题，清政府延纳举、贡生员入新式学堂，还鼓励他们出国留学，当时晚清政府设立的新式学堂有师范、法政、实业、军事等各类，以培养适应朝廷需要的新式知识分子。

1898年（光绪二十四年）的戊戌变法，作为变法"新政"之一，光绪皇帝下诏在北京创立京师大学堂，这是中国近代最早的"国立"综合性大学。《京师大学堂章程》规定，京师大学堂分普通学和专门学两类，同时设师范斋和编译局等部门，洋务运动期间的京师同文馆并入其中。经"戊戌政变"、义和团运动、八国联军侵占北京等变故，京师大学堂被迫停办，后于1901年重建，并设立速成科，下分"仕学馆"和"师范馆"，1904年选派首批47名学生出国留学。甲午战争后，新式学堂逐渐兴起，京师大学堂、北洋大学、南洋公学、山西大学堂、震旦学堂、湖北时务学堂等先后设立法律或政治学科。1902年颁布的《钦定学堂章程》规定，大学专门学科为政治、格致、文学、商务、农业、医术、工艺等七科。政治分为二目，即政治学和法律学。1904年颁布《奏定学堂章程》，规定大学分科除了原来的七科，又增设经学科，合为八科，由此奠定了具有现代意义的法政教育基础。

1905年4月，沈家本、伍廷芳上奏朝廷"修律既定，各省未预储备用律之才，则徒法不足以自行，终属无补"，因此"亟应广储裁判人才，以备应用"①，奏请设立京师法律学堂。由此开创了清末全国范围内开办法政学堂的先河，中国近代法学教育正式开启。沈家本和伍廷芳，堪居京师法律学堂创设大功劳。沈家本于1905年向朝廷上奏《删除律例内重法折》，提到"奏请拨款设立法律学堂"，在京师设立新式的法律学堂，考取各部属员，毕业后派往各省，"为佐理新政分治地方之用"。伍廷芳以英国留学之经历，对清政府培养法律人才的重要性和紧迫性认识非常深刻，他曾说，"法律成而无讲求法律之人，施行必多阻阂，非专设学堂培养人才不可"②。学部大臣孙家鼐亦向朝廷详陈在京师设立法律学堂之必要，"伍廷芳等所请专设法律学堂，实为当务之急，自应准如所请"③。清末有识之士已经认识到法律人才在新政改革中的重要性。经过一年多的筹备，1906年10月法律学堂正式开学，朝廷特赏赐《图书集成》一部，作为开办法律学堂之贺礼。次年法律学堂由原先的修订法律馆所属改为法部直属，并正式定名为"京师法律学堂"。沈家本和伍廷芳共同参与制定"设学总义章""学科程度章""职务通则"等规章制度，法律学堂"以造就已仕人员，研精中外法律，各具政治智识，足资应用为宗旨，并养成裁判人才，期收速效"④。在朝廷支持下，京师法律学堂得到办学专款，从日本重酬请来知名法学家（如冈田朝太郎、松冈正义等人）来华任教，学堂所定课程以"斟酌繁简，按期讲授，以冀学员循序渐进，届时毕业"⑤为原则，课程设置为三年，设速成科，一年半即可培养刑律、诉讼、裁判人才。

清末时期，对突然遭遇社会变迁和教研变革的读书人来说，各类法政学堂给他们提供了新式教育的机会。戊戌变法时期，近代法律教育尤其得到重视，在维新人物倡导下，清廷派出大批留学生赴日本学习法政，这些新兴法律人才回国后，以留日学子为核心创办了中国第一批官办法政学堂，其中最著名也是影响最大的，当数天津的"北洋法政学堂"。1906年（光绪三十二年），直隶总督袁世凯听取赴日考察的阎凤

---

① 《修订法律大臣伍沈会奏请专设法律学堂折》，《东方杂志》1905年第8期。
② 《修订法律大臣伍沈会奏请专设法律学堂折》，《东方杂志》1905年第8期。
③ 《光绪朝东华录》（五），中华书局1985年版。
④ 《修订法律大臣伍沈会奏请专设法律学堂折》，《东方杂志》1905年第8期。
⑤ 《修订法律大臣伍沈会奏请专设法律学堂折》，《东方杂志》1905年第8期。

阁（后来的直隶省议会议长）等人建议，奏请朝廷批准，仿照日本法政学堂，以"改良直隶全省吏治，培养佐理新政人才"①为宗旨，在天津创办"北洋法政学堂"。因日本在日俄战争的胜利，激发起国人立宪的热情，纷纷要求朝廷广设法政学堂，培养新式法政人才，于是各省法政学堂骤然兴办。除天津创办的北洋法政学堂之外，1906年一年内，广东法政学堂、山东法政学堂、江西法政学堂、浙江法政学堂、云南法政学堂、贵州法政学堂、山西法政学堂、新疆法政学堂、陕西法政学堂、奉天法政学堂、吉林法政学堂、湖北法政学堂、两江法政学堂、广西法政学堂、热河速成法政学堂、河南法政学堂、甘肃法政学堂、贵州法政学堂、黑龙江法政学堂等先后创办，至1909年全国总共设立法政学堂47所。从新式教育之初，法政学堂在数量上就迅速超过其他的新式学堂，所占比例超过全国124所专门学堂的三分之一，学生人数多达12282人，甚至超过了其他专门学堂的人数总和。②

为加快发展法政教育，清政府于1910年通令"各省法政学堂应次第扩充"，学部解除了"私学堂禁专习政治法律"的禁令，准予设立私立法政学堂，但是须以在省会设立为条件。后来因情势所需，根据宪政编查馆所奏定的筹备清单，省城及商埠地区等各级审判厅要在三年之内一律成立法政学堂，可见当时新式司法人才极为短缺。当年11月下令对既定限制进行变通，只要是交通便利繁荣商埠之地，一律允许呈请设立法政学堂。在官方的政策推动下，法政学堂得到快速发展，苏州法政学堂、私立镇江法政学堂、成都法政学堂等次第成立。据统计，1912年全国共有法政学堂64所，同期其他各类医、农、工、商、外语专门学校总共才30所，在校学生人数30808人，达到近代法政教育最高峰。③

因为政府的无序推动，清末法律教育开始出现泛滥之势。辛亥年间"法政学校的设立风行一时，在成都这个省城里，竟有了四五十座私立

---

① 《直隶总督袁世凯奏拟定法政学堂章程规则折（附章程）》，《东方杂志》1906年9月。
② 陈翊林：《最近三十年中国教育史》，上海太平洋书店1932年版，第123—125页。
③ 资料来源见阮湘主编《第一回中国年鉴·教育》，商务印书馆1924年版，第1906—1908页。

法政学校出现"①，各地法政学堂纷纷开办速成科，学生在校学习时间只需一年，甚至可不入校学习即发给毕业证，学习法律或法政专业成为进入官场、显达仕途的"捷径"。学生因"学而优则仕"传统观念引导，"以政法为利器，法校为官所产生，腥膻趋附，薰莸并进"，亟亟乎力图"以一纸文凭，为升官发财"铺路，这种风气很自然顺延至民国，民国初年"日费精神以谋得官者，恐不下百万人"②，法政学校的学生是求官大军的主力。1914年北京举办知事考试期间，学习"政治法律者流咸集于各馆，长班颇为利市，考员亦复打起精神到处探询何人可得试官"③。

清末兴办近代法律教育初衷，是为培养国家急需的新式法政人才，急切中的法政教育虽有滥觞趋势，但毕竟掀开近代法律教育篇章。伴随着新式学堂的普设和留学风潮的兴起，越来越多的国人接受了新式教育，有学者估计此时传统士绅群体中有大约五分之一者，即近30万人通过各种途径，接受了程度不同的近代新式教育。④

三　民国法律教育的发展

民国时期兴办法律教育的势头日盛，学校数量明显增加。此期开始着手建立各级新式司法体制，国家对新型法律人才的需求更加迫切，因为整体体制变革的特殊需求，从而形成法政教育在近代教育中一枝独秀，兼因政府的推动和促进，民国法律教育得以急速发展。

民国伊始，教育部即以"民国成立，专门人才需用甚殷"，电令各省继续兴办旧有高等专门学校。1912年1月，教育部公布《专门学校令》，改学堂为学校，规定"专门学校以教授高等学术，养成专门人才"⑤为宗旨，法政专门学校即属专门学校之一。民国初年颁布《文官考试法草案》，应考高等文官考试的初试科目共7项：国学、刑法、民

---

① 郭沫若：《学生时代》，人民文学出版社1982年版，第7—8页。
② 梁启超：《作官与谋生》，《东方杂志》1916年第12卷第5号。
③ 《都门年景之点缀》，《申报》1914年1月9日。
④ 王先明：《近代绅士——一个封建阶层的历史命运》，天津人民出版社1997年版，第92页。
⑤ 朱有瓛主编：《近代中国学制史料》第3辑（上册），华东师范大学出版社1990年版，第593页。

法、国际公法、行政法、经济学、财政学;附科共有5项:商法、政治学、刑事诉讼法、民事诉讼法、通商约章。① 在全部12科考试科目中,涉及各种法律科目的考试竟然有8科。

因为民国政府对法律的重视,学习法律或法政专业成为当时进入官场的通行券。对此黄炎培深有感触:"光复以来,教育事业,凡百废弛,而独有一日千里,足令人矍然惊者,厥唯法政专门教育。尝静验之,戚邻友朋,驰书为子弟觅学校,觅何校?则法政学校也。旧尝授业之生徒,求为介绍入学校,入何校?则法政学校也。报章募生徒之广告,则十七八法政学校也。行政机关呈请立案之公文,则十七八法政学校也。"② 这是关于民国初期法学教育遍地开花、盛况空前的生动描述,法科教育成为民国时人眼中非常实用的专业。民国初期,仅北京及周边附近地区,就有"京师(北京)国立法律专门学堂""京师仕学馆""北京法政专门学校""司法部司法讲习所""北京私立中国公学大学""北京私立朝阳大学""北洋法政专门学校""直隶法政专门学校"等。全国各地纷纷争办法政类学校,公立私立一起上,数量十分可观,彼此水平差距甚大。据统计,1916年至1917年,全国共有学校65所,其中法政科就高达32所,占49.2%。③

民国初年法律教育蓬勃发展的主要表现是数量增长,但是办学质量却很糟糕,法政教育貌似繁荣实则混乱,"借学渔利者,方利用之以诈取人财。有名无实之法校,先后纷至"。④ 蔡元培在北大就任校长演说时,一针见血地指出:"今人肄习专门学校,学成任事,此固有势所必然,而在大学则不然,大学者,研究高深学问者也。外人每指摘本校之腐败,以求学于此者,皆有做官发财思想,存于胸臆,故毕业者预科者,多入法科,人文科者甚少,入理科者尤少。盖以法科为干禄之终南捷径也。因做官心热,对于教员,则不问其学问之浅深,唯问其官阶之大小。"⑤ 清朝末年以来法政学堂发展过快,导致出现学生入学程度低、

---

① 《文官考试法草案》,《东方杂志》1913年第9卷第8号。
② 黄炎培:《教育前途危险之现象》,《东方杂志》1913年第9卷第12号。
③ 《1916年8月—1917年7月全国专门学校统计表》,《新教育》第4卷第5期。
④ 竞明:《法政学校今昔观》,《教育周报》1914年第51期。
⑤ 《东方杂志》1913年第9卷第8号。

师资不足、教学质量下降等现象，对此社会反应十分强烈，教育部不得不整顿法政教育，提出"诚以法政人才，关系国家至为重要，非绳以严格，不足以培育英才"[①]。1913年10月通令各省法政学校办学注重本科及预科，不得再别招新科，严格执行学生先入预科，毕业之后再升入本科的规定，另外将学生名册随时抄送司法部备查，否则对其结业资格不予承认。同年11月公布法政专门学校规程，专门颁发《教育部通谘各省私立法政学校酌量停办或改办讲习所》，通知各省长官将办理不良的私立法政学校裁汰。1914年9月教育部还进行专项整顿，责令各省严格考核公立和私立法政学校，仅江苏一省就一次取缔14所私立法政学校。

经过一系列整顿，民国初期法政教育"遂若怒潮之骤落。其他专门教育机关，亦多由凌杂而纳于正规"[②]。法政类办学趋向规范，一定程度上遏制了法律教育无序膨胀的势头，1912年全国有法政专门学校64所，1916年法政学校锐减至32所，在校学生人数8803人，毕业人数3634人。[③] 但是法政教育依然是民国时期发展近代教育的重点领域，整顿后的法政教育，仍居国内专门教育之首，到1930年前后，法政学校依然人满为患，"学习法政的人们已充满了国家各机关，在朝在野的政客，以及乡间无业的高等流氓，都以学习法政之人为最多；甚至很多人认为历年来官场的贪污，政治的腐败，国家的扰乱，都种因于此"[④]。正因为清末民初时期盲目发展法学教育，大肆兴办法律学校，所以造成大量法政学生毕业后面临失业的困境。为了缓解这种状况，国民政府于1936年调整教育政策的重心，鼓励学校培养理工科的实用人才，严格限制法律等人文、社会科学类的招生名额，同一时期全国法科生入学人数已经从1931年的4142人，降到1936年的1491人。

民国教育部对法科教育的一系列整顿取得一定成效，不只教育规模被控制下来，教学秩序以及教学质量也都有所改进，各类公立、私立法政类学校的总体水平得到提高，民国时期的法律教育趋向规范。如规定

[①] 《教育杂志》第5期第1号，1913年4月。
[②] 黄炎培：《读中华民国最近教育统计》，《新教育》1919年第1期。
[③] 阮湘主编：《第一回中国年鉴·教育》，商务印书馆1924年版，第1906—1908页。
[④] 孙晓楼：《法律教育》，中国政法大学出版社1997年版，第15页。

法政专门学校的修业年限，本科三年，预科一年，预科毕业之后才可入本科。本科设法律科、经济科、政治科。法律科必修课程设有宪法、罗马法、行政法、刑法、商法、民法、破产法、民事诉讼法、刑事诉讼法、国际私法、国际公法、外国语等。选修课程设有刑事政策、比较法制史、法制史、财政法、法理学等。课程设置完全依据西方法学体系进行，是以往传统教育中前所未有的，其目的很明显，就是要适应国情之变，培养新式法律专门人才。

除了国内专门的法政学校，国内各大学的法科教育对新兴法律人才的培养也起到了重要作用。民国初年，国内各大学里多设立"法科"，"公立（国立）大学、私立大学、教会大学竞相设立法科，至1924年全国设置法科或法律系的学校有37所，其中国立大学1所、私立大学8所，教会大学2所，各地国立私立法政专门学校共26所"。[①]

民国时期的大学法科毕业生有"北朝阳、南东吴"的说法。"北朝阳"是指北京的朝阳大学。民国初始，汪有龄、江庸等人倡导"以私人力量辅助国家教育事业之发展"，"欲集合北京法学会同仁出资拟创办一所专门法科大学"，"1912年民国教育部颁布《专门学校令》，准许私人或私法人设立专门学校，1913年7月北京私立朝阳大学注册成立，翌年5月正式获得教育部认可，成立当年录取大学预科学生数十名，专科法律别科及本科学生百余人"。[②] "朝阳大学最初拟设法、文、理、工等科系，但除了法律科，其他均未开设，朝阳大学也因此成为一所专门以法学教育与研究为中心的大学"。"南东吴"是指上海的东吴大学。1900年美国基督教监理会在苏州创建一所私立大学，最早称为"东吴大学堂"，英文称为"中国中央大学"（Central University in China），同年11月在美国田纳西州取得执照。1915年东吴大学法学院在上海成立，最早称"中华比较法律学院"，当时在上海租界开业的美国律师兰金（C. W. Rankin）任教务长。1918年首批7名学生被授予法学学位。1920年美国人刘伯穆（W. W. Blume）接任合约到期的兰金任教务长。

[①] 阮湘主编：《第一回中国年鉴·教育》，商务印书馆1924年版，第1840—1848页。这里的统计，没有把燕京大学列入。关于燕京大学是否设有法律系，学界一直有争论。

[②] 1949年中华人民共和国成立后，朝阳大学被改建为中国政法大学，后来为组建中国的"东方莫斯科大学"，当时的中国政法大学与华北大学合并成立今日的中国人民大学。

1927年刘伯穆辞职后，由民国著名法学家吴经熊博士接替教务长之职务。1920年时东吴大学法学院只有一位专职教师，就是教务长，其余教师都是当地的法官和律师兼任。之后不断有东吴大学法学院毕业生出国深造后回国进入专职教师队伍。1925年东吴大学法学院正式引进了在美国风靡十余年的判例教学法，给该校师生带来巨大冲击；梅华铨律师讲授的英美契约法颇受学生欢迎。

朝阳大学和东吴大学两所学校对法科学生的培养明显具有区域性特征。北方的朝阳大学自创办伊始，采取欧洲大陆法系的法律教育方式，教学受大陆法系自由心证、罪刑法定等观念影响极深，尤其重视成文法，注重法典和法学理论的研究，不太重视法律实务的训练。朝阳大学法律系的课程设置基本上按照成文法典的编制体例安排，其中法典学习占重要分量，程序法的学习则相对次要。这种风格非常契合我国近代以来向大陆法系学习的趋势，同时也符合我国的历史传统和近代国情。东吴大学法学院则是民国时唯一一所系统讲授英美法的法学院，在民国法学教育中独树一帜，非常注重英美法系的教学内容。课程设置与朝阳大学差异很大：一年级专攻私法；二年级开设一些具体业务课，如保险法、代理法、海商法、土地法、证据法、诉讼法等；三年级才安排公法课程，如宪法、行政法、国际法、国际私法、法理学、法律哲学、法律职业道德、比较刑法等。上述两所学校的学科设置，说明民国时期法律教育模式尚处于不确定状态，这与两所学校所处地域对法律人才的不同需求有关，上海租界特殊的司法模式，决定了当地法律人才需求的特殊性。

第二节　新兴法律人才与律师群体供给

一　本土法律人才的培养

随着清末"新政"的实施，国家对新式法律人才的需求日益迫切，清末各类学校法律教育的目标很明确，就是要着力培养新式法律人才，因此各类学校的法学教育都将西方法律制度作为重要课程内容。新式学堂最早期入学的法科学生，虽然自幼按照传统教育模式培养，但也不同程度地接受了西方文化熏陶。早期新式学堂的课程内容，以中国传统学科为主体，引进一些西方学科，中西结合。如1895年盛宣怀筹划的天津中西学堂，自开办时即讲授"各国通商条约"和"万国公法"。

清末兴办的几所有代表性的法政学堂的课程设置，都以培养新式法律人才为宗旨。如，1906年正式开学的京师法律学堂，非常注重授课质量，高薪聘请日本知名法律专家授课。课程设置以德、日大陆法系为中心，除了大清律例及唐明律、现行法制及历代法制沿革，系统地开设法学通论、经济通论、罗马法、宪法、刑法、民法、民事诉讼法、刑事诉讼法、裁判所编制法、国际公法、国际私法、行政法、监狱法、商法、大清公司律、大清破产律等课程外，还安排了诉讼实习和外国文的教学内容。法律学堂第一期毕业生名单有225人，最年长者53岁，最年轻者18岁，以30多岁者居多。该学堂创办几年，"毕业者近千人，一时称盛"①，培养了大批新兴法律人才，这些人在清末民初的政治法律活动中，发挥了很大作用。

全国各地的法政学堂在学制、课程设置、师资等方面，自创办时起即处处效仿西方办学模式。如北洋法政学堂，学制有速成与专门两类，速成科学制一年半，为政府培训短期内急需的法律人才所设，速成科有"绅班"（行政科）和"职班"（司法科）之分。绅班专门接收直隶地方乡绅，以培养地方自治人士为主，入学者必须经地方县、州、厅、府保送，但是也得参加入学考试。职班专门招收外地人员，主要是为了培养律师。速成科的课程开设，包括：大清律例、唐明律、现行法制及历代法制沿革、宪法大意、法学通论、刑法、民法要论、商法要论、大清公司律、大清破产律、裁判所编制法、民刑诉讼法、国际法、监狱法、诉讼实习等，第三期考试合格可毕业。专门科分法律、政治两个系，学制六年，其预科三年，正科三年。学堂课程繁重，还设有两门外语课程，预科外语课程占重要分量，第一外语是日语，第二外语可任选英、德、法语之一。学校规定外籍教员授课，一概不用翻译，学生直接听讲，以此强制学生学习外语。正科三年开设的必修课程有大清律例、大

---

① 1911年北洋法政学堂改名为"北洋法政专门学校"。1914年，直隶省当局决定将保定法政专门学校、天津高等商业专门学校并入"北洋法政专门学校"，改成"直隶省公立法政专门学校"，设法律、政治、商业三科。1928年改称"河北省立法政专门学校"。

清会典、宪法、刑法、国际公法、国际私法、银行、货币、商法、西方政治学、财政学、经济学、应用经济学、地方自治、社会学、政治哲学、政治史、外交史、通商史等30余科，学校考试制度颇严格，规定"两次学年考试不及格者"责令退学。

民国时期更加重视本土法律人才的培养。1912年教育部颁布《专门学校令》，明确以"养成专门人才"为办学宗旨，进一步促进新兴法律人才专业化。朝阳大学在创建之初即响应此宗旨，树立了"创设专门法科大学，养成法律专门人才"的目标。东吴大学法学院办学之初，在招生布告中即确立培养学生目标，即"使他们完全掌握世界主要法律的基本原理"，"培养一代能为中国新的、更好的法律制度作出贡献的人才"。随着民国国民教育体制不断完善、改进，新式法学教育已见成效，新式法律人才的知识结构发生了巨大变化，培养了大批新兴法律人才进入政界和司法界，同时也供给了律师队伍。

民国早期律师人数不多，活跃在律师界的大律师多是海外留学生，其中不少人曾是高官显要或兼任法律教职。据统计，到1912年底全国范围内在各高等检察厅申请，经司法部检定资格后颁给律师证书者共计297人，申请执业的律师有79人。[①] 至20世纪20年代后，律师人数明显增多，本土培养的律师比重大大增加。以加入北京律师公会的律师为例，1912年有29名，1914年有159名，1916年有111名，1918年有230名，1920年有207名。经过对1912年至1941年加入北京律师公会的律师的统计，总计1358名律师中有确切毕业学校记录的1300名，其中1054名律师毕业于国内各大学法科、法政大学或法政专门学校。[②] 清末民初各类本土法律院校培养的学生，虽然人未出国，但都接受了西方文化和新式法律教育，本土培养的法律人才供给了新兴的律师群体。

民国时期不同地区的律师构成略有差异。北方从事律师业者，以国内本土培养的法科毕业生居多，且以附近地区法政学堂、大学等为主。以天津为例。自1914年建立直隶高等审判厅、高等检察厅以及

[①] 阮湘主编：《第一回中国年鉴·司法》，商务印书馆1924年版，第279页。
[②] 《北京律师公会会员名簿》，北京市档案馆馆藏档案，北平地方法院，J65-3-539至J65-1-551。

天津地方审判厅、地方检察厅以后，律师制度在天津地区开始实施。当时在天津从事律师业的人员，主要是本土培养的法律人才，以北洋法政学堂、北洋大学、北京大学、朝阳大学等学校的法科毕业生为主，也有不少人毕业于直隶法政专门学校、河北法商学院（此两所学校的前身即北洋法政学堂）。再看北京地区的情况，通过对1912年至1941年加入北京律师公会有学历记录的1300名律师的统计，本土培养的律师占了绝大比例，超过80%的律师是在国内接受的近代法律教育。[①]

再看西安地区的情况。该地区1945年执业律师有确切姓名登记者71人，其中有9人系海外留学生，2人教育背景未详，其余60人为本土培养的法科毕业生，占到总人数的87.7%。其中本土学生毕业院校统计如下（详见表5.1）。

表5.1　　　　　西安地区执业律师教育背景统计　　　　单位：人

法政专门学校	朝阳大学	北京中央大学	北京大学	上海持志大学	山西大学	河南大学	东吴大学	东北大学	北平大学	河南中山大学	河北法商学院	北平民国学院
29	10	5	4	2	2	2	1	1	1	1	1	1

资料来源：《1948年西安地区律师公会律师名录》，陕西省档案馆馆藏档案，编号：89-1-124卷。

早期上海地区从事律师业者，海外留学生比例要高于北方，后期这一情况开始改变，本土毕业生开始逐渐增多。直至1929年，在上海教育部立案的开设有法科的大学还不多，毕业生可以充任律师的，只有东吴大学法学院，其余如法政、法科、持志、东亚各大学，因没有在教育部立案，这些学校的毕业生不能充任律师。当时一份报刊这样描述："那些未立案大学的毕业生为了自己出路起见，就只有到外国去走一趟了。"[②] 1930年1月上海律师公会选出的36名执监委成员中，10名有留

[①] 邱志红：《现代律师的生成与境遇：以民国时期北京律师群体为中心的研究》，社会科学文献出版社2012年版，第83—85页。

[②] 《今后的法学博士》，《福尔摩斯》1929年。

学背景，占到总人数的32%，这样的比例要远远高于同时期的国内其他地区。

随着在教育部立案的本土大学数量增多，上海及附近地区的律师教育背景逐渐发生变化，开始趋向本土院校。1946年上海的一份律师简历中，记录律师人数共有737人，其中曾出国留学的律师仅有82人，本土培养的律师为646人，占到总人数的87.7%。其中有100多位来自外地院校，本土培养的律师主要来自上海几所学校的如下（详见表5.2）。

表5.2　　　　　　　　　上海律师教育背景统计　　　　　　　　单位：人

东吴大学法学院	上海法学院	上海法政学院	持志学院	震旦大学	中国公学	复旦大学	大夏大学	神州法政
163	115	110	85	20	14	13	10	10

资料来源：《1946年上海地方法院律师履职表》，上海市档案馆馆藏档案，Q185-01-00208。

由此可见：其一，经过民国新兴法律人才的培养，本土教育背景者已经占律师构成的绝对比重；其二，律师从业者的毕业学校呈现出多样性，公立的、私立的或是法政专门学校；其三，律师的学历构成呈现多层次发展趋势，相对而言，学历最高的是在海外取得硕士、博士学位的，当然这样的比例不算高，大部分留学生是本科毕业且不乏速成科，本土培养的毕业生从事律师业的，最高学历是本科，不少人是法政速成科毕业；其四，律师构成具有地域特征，在北方地区执业的律师，各类法政专门学校毕业生居多，特别是本地法政学校的毕业生，居其次的是朝阳大学和北京大学，而上海地区则以上海法政学院、东吴大学法学院、上海法学院、持志学院为多。

民国时有句流行语："朝阳出法官，东吴出律师。"朝阳大学毕业生在各法院服务者居多，其他在各大学任教及在行政界任高级官吏者不乏其人。朝阳大学培养的法科毕业生在司法界人数多、分布广，民国时期堪称法律从业者翘楚，社会上流传着"无朝（阳）不成（法）院""无朝不开庭"的说法，可见朝阳大学当时的地位和影响。或许受"朝阳出法官"舆论导向的影响，在1947年和1948年朝阳大学毕业生志愿栏中，无一人选择填写"律师"职业。目前尚没有从朝阳大学档案中搜集整理出相关毕业生从业去向的完整情况，无法以准确数据印证"朝阳出法官"。但根据现有北京律师公会的零散材料，可见不少律师的教育背景都是朝阳大学毕业。民国时期除了朝阳大学，北京还汇集了其他的知名法学教育机构，如北京大学法律系、北京私立法政专门学校、民国大学法律系等，从1912年至1941年历年加入北京律师公会的情况来看，确实以朝阳大学的毕业生人数最多。

以东吴大学的档案为依据，结合多位东吴大学法学院校友的访谈回忆，确实可证明"东吴出律师"。1918年至1935年，东吴大学法学院毕业生中有41%做专职律师，另外有8%兼职执业，这一数字并不包括曾执业者或已在上海工部局工作的东吴大学法学院毕业生。此后若干年这个比例还有提高，有人干脆认为，只有10%的东吴法学院毕业生做了法官，其他90%者都从事律师业务，因为做律师可以挣到更多的钱。东吴法科早在1918年就成立了辩论会，锻炼学生的口才和法律实践；1921年秋在此基础上开设"模拟法庭"。让学生实践法律程序，案例教学和模拟法庭对东吴法科毕业生的律师从业影响颇大。在独特的法学教育模式培养下，东吴法学院的毕业生活跃在全国律师界，特别是上海律师界。他们以雄辩的口才、逻辑严密的文风和出色的法律素养著称。与朝阳大学法科生毕业即进入各司法机构、做律师、任法学教职不同，东吴大学的毕业生除了做律师，还有一条很流行的出路，就是出国留学。他们留学回国后，有了国外的法学博士学位这个荣耀的头衔，即代表着优越的身份和显赫的地位。

二 留学日本的留学生

中国最早组织官派留学生是派赴美国和欧洲。中日甲午海战中国的战败，大大刺激了朝野上下，视留学东瀛为富强之途径，清廷开始计划向日本派遣留学生。1896年总理各国事务衙门首次选派留日学生共13人，这是中国官费派往日本的第一批学生。甲午战争以后，留学日本的人数开始远超留学欧美的人数。清末实行新政以后，日渐重视法政人才，留学生的重点学习专业转向法政，而赴日本学习法政的留学生人数最多。1905年、1906年赴日本的留学生人数年均在8000人左右,其中绝大多数选择学习法政科目。清末民初,在日本的早稻田大学、中央大学、东京帝国大学、明治大学和东京法政大学,都有学习法政的中国留学生。据统计,1905年至1908年赴日的公费法科留学生总计有1145人,1908年从日本法政大学速成科毕业的学生就有1070人。①

早期赴日的留学生,在学习西方文化和法律制度前,自幼接受了传统教育,普遍有良好的旧学背景,1904年赴日学生均科甲出身。早在朝廷正式派遣官费赴日留学生之前,光绪二十四年(1898)的状元夏同和、光绪二十一年(1895)的状元骆成骧(1865—1926),先后被派赴日考察学习。这些人满腹经纶,是清廷优选的国内顶尖人才,朝廷对他们寄予了厚望。(详见表5.3)

表5.3　　　　　　　　1904年部分赴日留学生情况统计

姓名	旧学背景	日本就读学校
刘春霖(1872—1944)	光绪三十年(1904)状元	东京法政大学
朱汝珍(1870—1943)	光绪三十年(1904)榜眼	东京法政大学
商衍鎏(1875—1963)	光绪三十年(1904)探花	东京法政大学
熊范舆(1878—1920)	光绪三十年(1904)进士	早稻田大学
姚华(1876—1930)	光绪三十年(1904)进士	东京法政大学
劭从恩(1871—1949)	光绪三十年(1904)进士	东京帝国大学
蒲殿俊(1875—1934)	光绪三十年(1904)进士	东京法政大学

清政府早期公派赴日的留学生学成回国后,大多进入政府任职,也有的在各法政学堂和其他教育机构执教。(详见表5.4)

---

① [日]实藤惠秀:《中国人留学日本史》,谭汝谦、林启彦译,生活·读书·新知三联书店1983年版,第39、50页。

表 5.4　　　　　　　早期部分留学生回国任职情况统计

姓名	前清时期	民国时期
熊范舆	北洋法政学堂监督，天津知县，云南知府	贵州都督府总务厅长，云南都督府秘书长，云南国税厅筹备处长等
姚华	邮船部主事兼邮政司科长	临时政府参议院议员，北京女子师范学校校长
劭从恩	法部主事，四川法政学堂监督等	川南宣慰使，四川军政府民政部长、法制局参事，北京大学教授
蒲殿俊	内务部次长兼任北京政务督办	北京《晨报》总编辑，创办《戏剧》月刊
刘春霖	咨政院议员，记名福建提学使，直隶法政学校提调、北洋师范学校监督等职	袁世凯大总统府内使、总统府秘书帮办兼代秘书厅厅长，后任直隶教育厅厅长
商衍鎏	翰林院侍讲衔撰文，国史馆协修，实录馆总教官，德国汉堡殖民学院东亚系研究助理	北京副总统府顾问、江苏督军署内务秘书、大总统府咨议、江西省财政特派员、国民政府财政部秘书
骆成骧	贵州和广西乡试主考官，山西提学使，主持桂林法政学堂	四川临时议会议长、都督府顾问，四川筹赈局督办，四川高等学校校长
夏同和	翰林院编修、庚子辛丑并科湖南副考官，学堂监督	贵州众议院议员，江西省实业厅长，广东法政学堂监督
范源廉	学部主事，学部参事	北京政府教育部教育总长、中华书局总编辑、北京师范大学第一任校长
邵章	翰林院编修，杭州府学堂、湖北法政学堂监督，奉天提学使	北京法政专门学校校长，北京政府平政院评事兼庭长、院长等
陈国祥	河南法政学堂监督	中华民国第一届国会众议院副议长
汤化龙	法部主事，山西大学堂国学教习，湖北咨议局议长	法制局副总裁，临时参议院副议长、众议院议长，后任教育总长兼学术委员长
刘崇佑	福建省咨议局副议长	私立福建法政专门学校任董事长，民国众议院议员
孔昭焱	两广法政大学堂教务长，广东高等巡警学堂教务长，《两广官报》局总编	北京大总统府秘书，广西国税厅筹备处处长，广西财政厅厅长，广西榷运局局长，粤海关监督，京兆财政厅厅长，司法部次长，第四届司法官考试典试委员长，国民政府最高法院东北分院院长，北平禁烟委员会委员及市自治讨论会常委

续表

姓名	前清时期	民国时期
张一鹏	法部主事，京师地方检察厅厅长，吴江地方检察厅厅长，云南高等检察厅厅长	江苏司法筹备处处长，北京政府平政院评事兼第三庭庭长
董康	刑部主事，刑部郎中，曾任职修订法律馆任大理院推丞、宪政编查馆科员	北洋政府大理院院长，北洋政府司法总长，中央文官高等惩戒委员会委员长，法律编查会副会长等职；曾任上海公共租界会审公堂回收筹备委员会会长，收回法权委员会副会长，法官训练所所长，广东高等法院院长；曾在东吴大学、上海法科大学、北京大学法科任教授
曹汝霖	清廷商部、外交部任职	北洋政府参议院议员，外交部次长，交通总长，财政总长等
江庸	京师政法堂教务长，修订法律馆纂修，京师政法堂总教习，清大理院详谳处推事，京师法政学堂监督	大理院推事，京师高等审判厅厅长，司法部次长，修订法律馆副总裁、总裁，司法总长
汪有龄	京师法律学堂教习，清政府商部商业杂志编辑	南京临时政府法制局参事，北京司法部次长、法律编查会副会长，后任北京朝阳大学校长

1903年湖南籍留日学生范源廉找到了刚刚从中央大学毕业的曹汝霖，当时曹汝霖正准备回国，范源廉请他帮忙向日本法学界权威、法政大学校长梅谦次郎求助，希望借法政大学场地开办速成科，由梅谦次郎聘请各大学法学家授课。范源廉开办法政速成科的想法得到了梅谦次郎的支持，经日本文部省认可，前后共开办过五期法律、政治补习班，总计招收中国留学生1885人，毕业1215人，其中不乏进士，甚至还有状元、榜眼、探花等。日本法政大学速成科培养的中国留学生人数相当可观，从1880年日本法政大学创校直至1909年，日本法政大学培养的毕业生总计不过是1485人，而仅1908年从日本法政大学速成科毕业的中国留学生就有1070人之多。

日本法政大学速成科对中国近代法律人才培养起到特殊作用，日本法政大学和速成班算是近代中国新式法律人才的重要培养基地，特别是1905年以后，赴日留学生人数激增，其中不少人成为民国时期政府高官和著名法界人物，如居正、宋教仁、汪兆铭（汪精卫）、张知本、史尚宽、蔡枢衡等。

民国时不少留学日本的高官政要后来曾有律师经历，现列出部分知名者如下。

曹汝霖（1877—1966），祖籍浙江，出生于上海。幼年私塾，后进入汉阳铁路学堂读书。1900 年赴日本留学，毕业于中央大学法律政治科。1904 年回国，曾在清廷商部、外交部任职。1913 年被袁世凯指派为第一届参议会议员。辛亥革命后，一度执律师业。后任北洋政府交通总长、财政总长等职务。1915 年参与同日本公使谈判"二十一条"。五四运动中成为千夫所指的"卖国贼"。抗日战争时期，坚持不与日本人合作，拒绝担任伪政府总理大臣一职，保持晚节。

唐宝锷（1878—1953），广东香山县人。1896 年从上海回乡考取秀才，同年被选派赴日留学，在早稻田大学专门学校学习国际法。1903 年从专门学校毕业后，又入早稻田大学政治经济部学习，于 1905 年毕业，是中国第一个取得学士学位的留学生。唐宝锷回国后参加清廷留学生殿试，被授予一等进士。1906 年至 1911 年，历任北洋司法官养成学校监督（校长）、洋务局会办、陆军部一等首席参事官、川粤铁路督办等职。民国后历任北洋政府国会众议员、大总统顾问、直隶都督府顾问、绥远将军府署高等顾问等职。终因政界无甚进展，于 1924 年 11 月退出政界，之后在北京、天津两地开办律师事务所，最后在天津定居，专执律师业，直至 1948 年因年迈停止律师业务，是民国时期名震天津卫的大律师。

张一鹏（1873—1944），江苏吴县人。早年入南洋公学，1893 年（光绪十九年）中癸巳科举人，后赴日本留学，毕业于日本法政大学速成科。归国后历任法部主事、京师地方检察厅厅长、吴江地方检察厅厅长、云南高等检察厅厅长，曾任《时事新报》主编。民国成立后，任江苏司法筹备处处长、北京政府平政院评事兼第三庭庭长。1913 年他下令撤销江苏省内 36 所初级检察厅，遭到省内各阶层反对。不久他因处理宋教仁被刺杀事件受时人非议，被迫辞职。1917 年任江西省财政厅厅长，同年升任北洋政府署理司法部次长。1920 年 7 月代理司法总长，期间兼任东吴大学教授。1927 年 3 月任吴县临时行政委员会主席兼民政部长。同年 6 月辞职，此后在上海开业做律师。

沈钧儒（1875—1963），浙江嘉兴人。清光绪时进士，日本法政大学毕业。1909 年任浙江官立两级师范学堂（浙江师范大学前身）监督（校长）。1928 年任上海法科大学（后改为上海法学院）教务长，同时执律师业。1933 年加入中国民权保障同盟。1935 年 12 月领导成立了上海文化界救国会，发表救国宣言。次年成立全国各界救国联合会，同年 11 月与邹韬奋、李公朴等"七君子"因爱国运动被捕。1941 年倡导组织中国民主政团同盟（后改组为中国民主同盟）。抗战胜利以后，任中国人民救国会主席。1949 年中华人民共和国成立后，历任中央人民政府委员、最高人民法院院长、全国政协副主席、全国人大常委会副委员长、中国民主同盟中央主席等。

刘崇佑（1877—1942），福建侯官县人。17 岁中举人，后东渡日本学习法律，毕业于明治大学法政学堂，人称"双榜举人"。清光绪三十四年（1908），任福建省咨议局副议长，倾向民主革命，投入反清运动。宣统三年（1911）2 月，与林长民联合创办私立福建法政专门学校，任董事长，该校是当时全国最大的三所私立法政大学之一。后因国事是非辞职退出政界，专任律师，立志"律师应仗人间义"。1919 年北京《国民公报》载文支持学生运动，被北洋政府以鼓吹革命罪告上法庭，要追究编辑孙几伊的罪责。刘崇佑不畏强权担任辩护人。他的辩护精于法理并且辩论技巧出色，在律师业名声大振。五四运动中他为北大学生辩护，"一二·九"流血惨案发生后，他为爱国学生周恩来、郭隆真辩护。抗日战争期间，他参加为"七君子"辩护的律师团，任首席辩护人。刘崇佑去世后，周恩来总理闻讯感慨，"刘崇佑是中国一位有正义感的大律师"。

张耀曾（1885—1938），云南大理人。1903 年考入京师大学堂师范馆，1904 年被选派到日本留学，在东京帝国大学法科专业学习，尚未毕业就提前回国，以云南代表身份被推选为临时参议院参议员。1913 年袁世凯解散国会，他被迫东渡日本，1914 年获得法学学士学位后回国，曾为北大教授、法科学长。张耀曾是宪政民主的积极推动者，曾起草《临时约法》和流产的"天坛宪草"，三度出任司法总长。民国初年，他是组建国民党的核心人物之一。1928 年退出政坛后，南下上海以律师身份执业，曾代理金树仁案、史量才析产案、"七君子"案。同时在上海法学院等高校讲授民法，有《民法讲义》等著作。

汪有龄（1879—1947），浙江杭县人。1887年以浙江蚕学馆官派生赴日学进修，后奉浙抚廖中丞令改派东京学习法律，毕业于日本法政大学。回国后任京师法律学堂教习，清政府商部商业杂志编辑。民国后历任南京临时政府法制局参事、北京司法部次长、法律编查会副会长。1910年11月，汪有龄牵头联络北京的法界知名人士，成立了中国第一个全国性的法学会——北京法学会，任朝阳大学首位校长，经营校务期间，以担任法政学堂教员五年以上的经历取得律师资格。1913年加入北京律师公会，在京执律师业。1927年因事赴上海，即在上海地方法院登录，他的律师事务所位于上海静安寺路静安里673号，直到汪有龄从朝阳大学校长职务卸任后，一直在上海执业。

江庸（1878—1960），福建长汀人。日本早稻田大学政治经济系毕业，归国后应广东西洋留学生廷试，授法科举人，后为法学进士。清末历任京师政法堂教务长、修订法律馆纂修、京师政法堂总教习、大理院详谳处推事、京师法政学堂监督。民国成立后，历任大理院推事、京师高等审判厅厅长、司法部次长、修订法律馆副总裁、总裁，司法总长。北京私立朝阳大学创办人之一，《法律评论》创始人。1924年辞官，在北京执律师业。后又入宦海仕途。

陶保晋（1875—1948），又名陶锡三，江苏江宁人。民国著名的爱国学者和南京有名的大律师。清末毕业于格致书院，后留学日本，1907年毕业于日本法政大学。回国后长期从事律师业，并兼任江宁律师公会会长。历任金陵政法学校校长、江苏咨议局局长、江苏银行检查员、南京总商会法律顾问等职。

上述所列人物皆是民国时著名的政界、法界精英。许多被选派出国的留学生，旧学基础好，甚至还有科举功名，如沈钧儒、董康、张一鹏等人去日本留学前，已是光绪年间的进士或举人；还有刘春霖、夏同和、朱汝珍、商衍鎏这样的三甲进士（状元、榜眼、探花）。具有海外留学背景的高级知识分子，是当时社会的精英分子、上层人物，如曹汝霖、唐宝锷、张一鹏、汪有龄、江庸、张耀曾、刘崇佑、陶保晋、沈钧儒都是民国时期的知名大律师。这些人曾是早期民国律师群体的一员，由此说明当时律师社会地位不低。特别是最早期，律师作为从西方引进的舶来品，本身就代表着高级、时髦和新潮。这些留日精英与其他留日学生一起，在民国律师构成中占有很大比重。仅北京一地，就1912年至1941年加入北京律师公会的1358名律师所做统计显示，除了教育背景不明的，其余1300名律师具有留学背景的共有246人，其中日本留学生就有221人。（详见表5.5）

表5.5　1912—1941年加入北京律师公会的律师日本毕业学校统计　单位：人

日本法政大学	日本明治大学	日本早稻田大学	日本大学	日本东京帝国大学	日本中央大学	东洋大学	总计
67	51	44	32	14	12	1	221

资料来源：据《北京律师公会会员名簿》，北京市档案馆馆藏档案，北平地方法院，J65-3-539至J65-3-545，转引自邱志红《现代律师的生成与境遇》，社会科学文献出版社2012年版，第80页。

三　留学欧美的留学生

1872年容闳组织官派留学生赴美国留学，其后清政府又陆续派幼童赴欧洲留学，相继有大量中国学生被送去国外学习。清末民初赴欧美留学生中学习法律的著名人物有：王宠惠、罗文干、伍朝枢、周泽春、杨荫杭、王世杰、王铁崖、端木正、胡愈之、周鲠生、周枏、李浩培、朱兆莘、龚祥瑞、唐绍仪、顾维钧、杨兆龙、倪征燠、梅仲协、梅汝璈、钱端升、陶百川、吴经熊等。现择其中部分知名人物列举如下。

王宠惠（1881—1958），广东东莞人。1899年北洋大学法科毕业，获得近代第一张文凭（钦字第壹号）。1901年赴日本留学，于法政大学毕业后又赴欧美，获得美国耶鲁大学法学博士学位，并取得英国律师资格。辛亥革命胜利后任南京临时政府外交总长。历任北洋政府第一届司法总长、大理院院长、法典编纂会会长、修订法律馆总裁，南京国民政府司法行政部长、司法院长、外交部长、代理行政院长等职。1921年作为中国出席华盛顿会议的全权代表之一，会上提出取消各国领事裁判权等多项建议案。1923年出任荷兰海牙国际常设法庭候补法官，1924年当选为修订国际法委员会委员，1945年代表中国参加联合国创立会议，参与联合国宪章的起草工作。

周鲠生（1889—1971），湖南长沙人。出生于贫寒塾师家庭，幼年在父亲教书的私塾里跟读，1900年受资助入谭延闿创设的湖南省立第一小学。因学习成绩优异，17岁时获公费留学资格，1906年赴日本早稻田大学学习政治经济。在日加入中国同盟会，回国后投入反清运动。二次革命前后，因遭通缉在国内无法容身，1913年赴欧洲留学，先后在英国爱丁堡大学、法国巴黎大学攻读，最后获法学博士学位。1921年回国后，专门从事国际法、外交史和教育出版工作。曾受邀于北京大学、东南大学、武汉大学执教，曾在《东方杂志》《民国日报》等报刊发表大量文章，力陈不平等条约对中国主权维护的危害以及收回治外法权的必要性和迫切性。1945年任武汉大学校长。中华人民共和国成立后历任外交部顾问、中国第一部宪法起草顾问。

苏希洵（1890—1970），广西武鸣县人。幼年私塾，1905年入广西公立政法学堂就读。1913年赴法国巴黎大学法学院攻读，取得法学博士学位。回国后，1920年，在梧州任海关监督，后历任国民政府两广特派员、外交部欧美司司长、司法行政部总务司司长兼任法官培训所教务主任、广西省教育厅厅长等职。1923年王宠惠出任荷兰海牙国际法庭候补法官时，担任王宠惠的随身秘书。1948年任民国"司法院"第一届大法官。

伍朝枢（1887—1934），广东新会县人。1898年随父亲伍廷芳赴美，15岁入西方学校，1908年入伦敦大学研修法律，1911年获法学学士学位，继入林肯法律研究所深造，毕业后应伦敦大律师考试，获第一名，取得大律师资格。1912年回国任湖北都督府外交司司长、外交部条约委员会会长。民国成立后历任第一届国会众议院议员、宪法起草委员会委员，兼外交部条约审查委员会委员、政事堂参议兼外交部参事、广东军政府外交部次长兼总务厅厅长。1919年春代表广州政府参加巴黎和会。1921年后，历任外交部次长、外交部部长、驻美公使、广东省政府主席、"司法院"院长。曾于上海执律师业。

杨荫杭（1878—1945），江苏无锡人。幼年受到严格的传统教育，1897年考入南洋公学读书，1899年以学校官费留学生身份赴日本留学，1902年入日本东京专门学校（今早稻田大学）学习，1907年于早稻田大学毕业获法学士学位。后赴美留学，1910年获得宾夕法尼亚大学法学硕士学位。辛亥革命后，任江苏省高等审判厅厅长、京师高等检察厅厅长。他主张司法独立，1917 年调查津浦铁路管理局租车购车舞弊案，曾坚持传讯交通总长许世英，轰动一时。1919 年辞职，1923 年迁居苏州，专执律师业，兼报纸自由评论家。抗日战争后迁居上海，辞律师业，在上海震旦女子文理学院、上海私立大同大学任教。

朱兆莘（1879—1932），广东花县人。17 岁考取秀才，次年补授廪生，肄业于广州广雅书院，后被选送到北京京师大学堂优级师范馆学习，毕业后钦赐为举人。1907 年被选派赴美国学习，先后取得纽约大学商务财政学士学位、哥伦比亚大学法政硕士学位，后又入博士研究科深造。1912 年回国任参议院议员、参议院外交委员会主席、宪法起草委员会委员，兼任北京大学商科主任，总统府秘书等。1914 年 1 月袁世凯宣布解散国会，朱兆莘被褫夺各种职务，遂前往厦门，任鼓浪屿会审公堂堂长，后复返北京，从事律师业。1916 年国会恢复，仍任国会议员。1917 年 2 月任江苏特派交涉员。同年夏任大总统府秘书。1918 年 3 月，任驻美国旧金山总领事，之后一直活跃于外交舞台。

徐维震（1881—?），浙江桐乡人。1904 年毕业于上海南洋公学，后赴美留学，1909 年毕业于印第安纳大学，获法学士学位。归国后任北京参议厅法律参订员，后调任海军部司法官，1911 年殿试一等钦赐法政科举人。辛亥革命后，曾任南京临时政府财政部委员，北京政府大理院推事，上海警备司令部国际公法及外交法律顾问，高等捕获审检厅评事，山西高等审判厅（后改称山西高等法院）厅长、院长。1927 年奉命组建上海公共租界临时法院，任上海公共租界临时法院院长兼上诉院院长，兼任东吴大学法学院教授。之后任工商部参事、司法部参事、司法官典试委员长，再任上海公共租界临时法院院长、江苏高等法院第二分院院长等。

章士钊（1882—1973），湖南长沙人。清末秀才，1901 年寄读武昌两湖书院，次年入南京陆师学堂学军事。清末任上海《苏报》主笔，创办《国民日报》，与黄兴等组织华兴会，从事反清活动。1905 年流亡日本。1908 年赴英国阿伯丁大学，学法律、政治，兼攻逻辑学。留英期间，常为国内报刊撰稿，介绍西欧各派政治学说，对当时中国政坛影响很大。辛亥革命后历任广东军政府秘书长,同济大学、北京大学教授,北京农业学校校长,广东军政府秘书长,南北议和南方代表,上海《民立报》主笔,兼江苏都督府顾问,黎元洪执政府国会议员,段祺瑞执政府司法总长兼教育总长。1929年"三一八"惨案,章士钊任段政府秘书长,后避走天津,在天津日租界出版《甲寅》周刊,反对新文化运动、新文学运动,反对白话文,反对欧化。鲁迅著文痛骂段祺瑞、章士钊为"落水狗",从此恶名远播。1927年李大钊被捕,他四处奔走营救。"九一八"事变后,他在上海正式挂牌做律师。1932年10月陈独秀等人被国民党政府逮捕,他挺身而出做辩护人,在法庭上慷慨陈词,着力阐述政府应当容忍不同政党之理论,他的辩护词被当时中外报纸竞相登载。

郑天锡(1884—1970),广东香山人。1907年赴英国伦敦大学法律系就读,1912年毕业,翌年加入英国律师公会。回国后再赴英国深造,1916年获伦敦大学法学博士学位。1917年返港执律师业。1918年转往北京,任北京政府司法部法律翻译监督,后历任法律编纂委员会委员、主任兼司法考试委员、大理院大法官。1921年任中国出席华盛顿会议代表团专门委员、中国出席关税特别会议专门委员、法权调查委员会准备处处长、国际法权委员会代表、国务院商标局法律顾问。在北京期间曾兼任北京大学、朝阳大学、法政大学等校教授。1928年在上海重操律师业,同时兼任上海东吴大学法学院教授。

张履鳌(1887—?),江苏江宁人。清末进士,毕业于上海圣约翰大学。后赴美国留学,先后入弗吉尼亚大学和耶鲁大学,获文学士和法学士学位。1911年回国,历任《汉口日报》英文编辑、上海国际学院共管总监、外事局局长,任湖北省高等检察院检察官。1912年被聘为民国副总统黎元洪的法律顾问,并在武汉执律师业。1917年任汉口德国租界特别区法律顾问、吴佩孚的法律顾问、湖北省敌产没收与战俘遣返事务所法律顾问。曾任汉口特别第三区(英租界)主任、汉口商品局合议局长、威海卫回归筹备委员会高级专员、驻智利代办使、驻智利全权公使。

罗文干(1888—1941),广东番禺人。1904年赴英国留学,入牛津大学获法律硕士学位。1909年归国,任广东审判厅厅长。1911年应学部留学生考试，授法科进士。1912年后历任广东都督府司法司司长、广东高等检察厅厅长、北京政府总检察厅检察长。1915年11月因参劾筹安会受袁世凯冷遇而辞职。1918年7月任修订法律馆副总裁。次年以考察司法名义赴欧，在英国考获大律师资格。归国后兼任北京大学、法官讲习所法学教授，官员与学者一身二任，自命为"有职业而不靠政治吃饭"的自由主义知识分子。1920年以后，先后出任大理院副院长、司法部次长、大理院院长、代理司法部次长、盐务署署长兼币制局总裁、财政部总长。1924年被迫辞职，在北京执律师业。

王世杰（1891—1981），湖北崇阳人。1911年肄业于天津北洋大学采矿冶金科。后留学欧洲，1917年获英国伦敦大学政治经济学士，1920年获法国巴黎大学法学研究所法学博士。回国后先后创办著名的《现代评论》《自由中国》等杂志。1920年起历任北京大学法律系主任、武汉大学校长，后任南京国民政府法制局长、外交部长、教育部长等职，创办《现代评论》杂志。主要著作有《比较宪法》《代议政治》等。

周枬（1908—2004），江苏溧阳人。1928年中国公学大学部商科毕业。1931年在比利时鲁文大学获政治外交硕士学位，1934年获法学博士学位。回国后历任上海持志学院、湖南大学、江苏学院、厦门大学、暨南大学和上海政法学院教授、系主任、法学院院长等，讲授民商法和罗马法。主要著作有《罗马法原论》《罗马法提要》，被誉为中国法学界的罗马法活字典。

从以上曾留学欧美的高官显要经历，可以看出以下几点。

其一，留欧美学生和留日学生一样，出国前多接受传统教育，有良好的旧学教育背景，科举废除后又出国深造新式教育，只有极少数人少时出国，从小接受西方教育。早期留学欧美的精英，归国后多在司法机构任重要职务，或成为民国著名法学家，或专注于法学教育，也有不少人有律师执业经历，如罗文干、章士钊、伍朝枢、朱兆莘、徐维震、张履鳌、郑天锡、杨荫杭、杨兆龙等，都是民国时的著名大律师。

其二，清末民初政局不稳，法律职业不稳定，即便在政界、司法界任要职的，仕途亦难安。因为各种原因，他们在政府官员、法科教职、律师之间转换职业。这些人中除了少数如刘崇佑、陶保晋外，其他人专门从事律师业时间都不长,多是政坛失意时以律师业为过渡。

其三,从欧美留学回国后多曾在南方任职,做律师的多在上海执业,应该与上海租界施行英美法系的司法模式有关。最早期的欧美留学生回国后,有人在通商口岸城市辅助外籍律师执业,承担着"准律师"角色,中国最早的华人律师正是留洋学生。如前文未列的丁榕,1907年从英国曼彻斯特大学获得法学学士,获得英国大律师执照。后到上海加入高易公馆律师事务所,任组合律师,在上海租界为五洲大药房、固本肥皂厂、华安人寿保险公司、光化火油公司等做法律顾问。南京临时政府司法部提法司任命丁榕等 32 人为公家律师。

民国时期的政界、法律界著名人物有不少人曾执律师业,他们挂牌做律师的经历,对海外法科学子归国后陆续入律师行起到引领作用。以北京地区 1912 年至 1941 年的统计为例,历年加入北京律师公会的律师中,明确可查学历背景的 1300 名律师中,有留学海外经历的 246 人,其中留学日本的最多,总计有 221 人,其次是美国留学生 13 人、英国留学生 5 人、法国留学生 3 人、俄国留学生 2 人、德国和瑞士留学生各 1 人。(详见表 5.6)

表 5.6　　1912—1941 年加入北京律师公会的律师留学国别统计　　单位:人

日本	美国	英国	法国	俄国	德国	瑞士
221	13	5	3	2	1	1

资料来源:《北京律师公会会员名簿》,北京市档案馆馆藏档案,北平地方法院,J65-3-539 至 J65-3-545。

海外留学生群体对新兴法律知识分子培养起到重要作用。清末海外留学生归国时,正值清政府变法修律,锐意图强。接受了西方法学教育的留学生群体,成为新兴的上层知识分子。他们中的一部分人因为各自原因做了律师,当时律师的社会地位不低,收入应该也高,否则很难吸引他们降低身段屈就。海外留洋学生和本土培养的学生作为新兴法律人才,共同充实了律师群体队伍,为转型中的中国社会提供了律师供给。据统计,到 1912 年底,全国范围内在各高等检察厅申请、经司法部检定资格、颁给律师证书者,共计才 297 人,申请执业的律师,不过有 79

人。至 1913 年有 1520 名律师获取执照。从 1912 年至 1927 年，越来越多的新兴法律人才加入律师这一新兴自由职业，全国总计约有登录律师 3000 名。早期律师以海外留学生居多，20 世纪二三十年代，律师行业从整体人数上看，本土学生数量已经远远超过留学生数量，但遍览民国名律师履历，有留学背景的占了很高比重，由此形成了一种社会普遍认识，大律师都是留洋的高级人物。如民国时著名律师吴经熊，时人更愿意称之吴博士，当时报纸的广告中，律师也愿意将洋博士的头衔附在律师身份之上，以此抬高身价。

海外留学生群体在社会转型时期备受瞩目，他们被视为社会精英，这些人的职业转换很频繁，不少具有西方教育背景的留学生从政府、教职纷纷投身律师行。1912 年 1 月江苏都督府提法司任命陈则民等 32 名法政学堂毕业生为公家律师，这是最早由中国政府方面公布的本土律师名单，32 位公家律师中，多数都是海外留学生。

随着《律师暂行章程》的颁布，律师成为经国家立法正式认可的法定职业。至 1912 年 9 月律师制度正式实施时，本土法科学子和海外留学生已经积累了一定人数，这些人构成了早期律师群体。随着民国律师制度的不断推进，至 20 世纪 30 年代，就全国范围而言，在京津地区以及沿海、沿江经济较为发达的大中城市，律师从业者开始明显增多。据 1931 年的统计，当时全国登录在册的执业律师人数满 100 名的城市有：上海 828 人，北平 760 人，天津 760 人，武汉 329 人，杭州 304 人，广州 252 人，济南 234 人，保定 214 人，瑾县 176 人，南昌 144 人，镇江 144 人，怀宁 124 人，金华 112 人，开封 109 人，福州 104 人。[①]同时期的内地城市，即便是某些中心区域的大城市，律师业虽有发展，但人数不多。如：长沙 98 人，重庆 89 人，成都 79 人，太原 38 人，西安 11 人，承德 5 人。直到 1934 年，广西南宁与桂林两地分别只有律师 16 名和 29 名。

在民国时期律师业发展最好的地区是江苏、上海附近和京津一带。以早期律师业活跃的江苏省为例，下设有江宁、吴县、上海、丹徒四个地方审检厅和一个高等审检分厅。据 1924 年统计，当时江苏

---

① 数据参见《申报年鉴》，上海申报馆发行，1935 年。

省登录在册的执业律师人数已达457名，其中吴县、上海两地经济发展较快，两地的审检厅所辖地区的律师人数居多。当时的吴县地方审检厅所辖地区包括昆山、常熟、吴江、无锡、江阴、宜兴、靖江、怀阳等地，所辖地区律师166名，占全省律师人数三分之一以上。上海是中国近代商业发展最早的地区之一，在辛亥革命前上海租界已有一些从事法律事务的华人。《法院编制法》颁布后，律师在华界执业有了法律依据，但仅限于制度规定层面，没有与之配套的具体实施规定。辛亥革命爆发后，清朝覆灭，民国初建，清末创设的律师制度得以承继并正式实施，上海律师业得以迅速发展。据1912年9月出版的《上海指南》第七版记载，民国元年在上海执业的律师有22人（包括一部分在上海执业的周边地区律师），包括巢堃、丁榕、沈维礼、林行规、秦联奎、金泯澜、何飞、沈汉裔、朱澜民、张述、汪堃府、孙廷赞、钱祖勤、张一鹏、蔡倪培、周祖培、潘承锷、王志溥、刘志敫、孙润宇、沈复、张家镇等。实际上律师人数要远多于此。1912年已有多个律师组织在上海成立，成员人数即超过100人。从1918年至1924年，上海律师人数已达到150名。20世纪30年代以后，上海律师人数迅速增加，据统计，1930年上海律师人数为659名，1931年为828名，1934年为1120名。[①] 1912年至1935年，东吴大学法学院统计的645名毕业生中，共有228名在上海执律师业，其中包括9名女性。在北方的情况，1917年至1935年，朝阳大学共有130名毕业生加入北京律师公会，其中1933年三名朝大女毕业生丁聪、马荃、李德义毕业即加入北平律师公会，合伙创办联合律师事务所，并在《朝大校刊》发表开业宣言。

第三节　法律人才的职业转换

一　法律职业转换的基本情况

清末民初中国社会面临重大转型，国家政治体制、思想观念均受到

---

① 数据参见《申报年鉴》，上海申报馆发行，1935年。

巨大冲击。伴随新式法学教育的兴起和政府司法建设进程，在眼花缭乱的各种社会变迁中，法律职业出现，法律职业群体逐渐形成，新兴的法律人才通常会在司法官员（包括政府官员）、法律教职和律师之间进行职业转换。

上文提到，民国时不少官员辞职转执律师业。当时这些高官显要挂牌做律师，不仅惹人瞩目，而且引领一时社会风尚。囿于资料条件，尚无法对民国时期各行业转做律师的情况进行准确统计。但根据现有资料，当时法律职业转换非常频繁，知名大律师挂牌执业者曾有政界、司法界任职经历，或曾在法律院校任教的，不在少数。除了前文提到的早期海外留学生精英，如曹汝霖、唐宝锷、伍朝枢、刘崇佑、江庸、汪有龄、张一鹏、张耀曾等人外，还有稍晚时期归国的一些著名民国人物，如吴经熊、杨兆龙等。

吴经熊（1899—1986），浙江鄞县人。早年就读于天津中西学堂法科（即后来的北洋大学法科），后转入东吴大学法律学院。1920 年毕业获法学学士学位。次年赴美国入读美国密歇根大学法律学院，获得法学博士学位。旋赴法国，入法国巴黎最高法律研究院，又赴德国柏林大学深造。回国后任东吴大学法学院院长、司法部推事、公共租界临时法院的推事、代理院长、"立法院"立法委员、宪法起草委员会副委员长、上海法学编译社社长、海牙常务国际仲裁法庭成员等职。吴经熊是民国著名法学家，他的著作 Cases and Materials on Jurisprudence（《关于法理学的案件和材料》）曾被列为美国大学法律专业的教科书，另著有《法律哲学研究》。1930 年他在上海执律师业，开业时客户蜂拥而至，在一个月内就收入四万两银子，他在自传中说，这段律师生涯让他经历了"生平最好也是最坏"的生活，"从物质上说是最好的，从灵性上说是最坏的"[①]。

杨兆龙（1904—1979），幼年接受私塾教育，后入教会私立学校就学。1922 年就读于燕京大学哲学系，1927 年毕业于上海东吴大学法学院，获法学学士学位，毕业四个月后取得律师资格证书。后受聘上海持

---

① 吴经熊：《超越东西方》，周伟驰译，雷立柏注，社会科学文献出版社 2002 年版，第 143、153 页。

志大学教务长、上海法政大学及东吴法律学院教职。执教同时，经吴经熊推荐，获上海公共租界临时法院及上诉法院推事，专门办理华洋诉讼。他对违法的洋人依法判案，不畏权势，秉公执法，坚决维护中国人的合法权益，在上海小有名气，当时的《字林西报》曾多次赞扬这位年轻法官。因为杨兆龙经常和陪审的外国领事发生冲突，后被解职，转行做律师，为金坛裁缝沈锁坤"土匪抢劫罪"做无罪辩护一案，被民间传为美谈。1934年赴美国留学，1935年获得哈佛大学法学博士学位。

在政府、司法界、教职、律师业转换的知名人物，如阮性存，他早年留学日本法政大学，回国后在浙江创办全国第一所法政学堂，是杭州最早的知名律师。先后任杭县律师公会会长、省参议员、省司法厅长。如何基鸿，在北京执律师业同时兼任朝阳大学教授。民国晚期，他加入西安律师公会，在西安执业，他不只做过法律教授，还曾任司法部参事和大理院庭长。[①] 如李浩培，他先后毕业于上海持志大学、东吴大学法学院，1929年与人合办了一所私立中学——旦华中学，被推举为校长，教书期间兼律师业务。1935年经考试被录取，参加法官训练所学习，同年参加第四届中英庚款公费留英考试并被录取，1936—1939年在英国伦敦经济政治学院攻读法律。

有学者对1912—1941年加入北京律师公会的律师进行过执业经历统计。（详见表5.7、表5.8）

表5.7　　　　　　　北京执业律师有司法任职经历统计

姓名	司法任职情况
张宗儒	京师地方审判厅推事
吕世芳	奉天高等审判厅厅长
陈彰寿	大理院推事、甘肃山西湖南等省高等法院审判长
赵福涛	京师地方审判厅推事
许卓然	大理院简任推事
金殿选	合肥审判厅厅长、奉天滨口推事、京师地方审判厅厅长

---

① 陕西省档案馆馆藏档案，编号：89-1-124卷。

续表

姓名	司法任职情况
吴大业	山西第二高检分厅监长
杨葆铭	福州地方检察官
廖成廉	陕西各级法院推事、庭长、厅长
张宝棠	安徽怀宁地检推事
刘震	山东省特区高等审判厅推事
陈养愚	汉口地方审判厅推事
熊才	辽阳铁岭地方审判厅厅长
李邦桢	京师地方审判厅推事
李怀亮	大理院推事
曹祖蕃	大理院推事

资料来源：据《北京律师公会会员名簿》（北京市档案馆馆藏档案，北平地方法院，J65-3-539 至 J65-3-545）整理，参见邱志红《现代律师的生成与境遇》，社会科学文献出版社 2012 年版，第 88 页。

表 5.8　　**北京执业律师有教职经历统计**

姓名	任教职情况
宋庚荫	豫人私立法政专门学校
张鼎乾	北京私立中央政法专门学校
叶夏声	广东法政专门学堂
汪有龄	京师法政学堂
张玉昆	陕西法政高等专门学校
徐光模	湖南公立法政专门学校
周正恩	法政教员（具体不详）
余荣昌	朝阳大学
李浦	朝阳大学、北平大学、燕京大学
刘震	朝阳大学

资料来源：据《北京律师公会会员名簿》（北京市档案馆馆藏档案，北平地方法院，J65-3-539 至 J65-3-545）整理，参见邱志红《现代律师的生成与境遇》，社会科学文献出版社 2012 年版，第 89 页。

侯欣一教授对民国晚期西安地区的执业律师做过专门统计，在1948年西安地区执业的72名律师中，曾在司法机构、政府机构等任职者共31人，其中做过县长、代理县长的有8人，曾任法律教职的有9人，其他不详。因为民国时期延续了清末县知事主理司法的规定，基层司法行政不分的传统依然存在，实际上有数量可观的法学院校的毕业生做了县知事、县长，在掌握行政权的同时拥有司法权。（详见表5.9、表5.10）

表5.9 1948年西安律师曾在司法机构、政府机构任职者情况统计

姓名	任教职情况
史养宗	曾任陕西第二高等法院检察官，府谷县县长等
李企颜	曾任包头司法公署监督审判官，清水河县县长
包楚才	曾任陕西靖国军执法处处长，旬邑县县长
秦光伦	曾任宿迁县承审员，邳县代理县长
张绩懋	曾任泌阳县县长
郝兆先	曾任沧州、蓝田、洛南等县县长
牛庆誉	曾任长安地方法院推事，岐山、眉县、长武、宝鸡等县县长
任安郁	曾任辽宁北镇县长，陆军109师军法处处长
原荫国	曾任大同县长兼理承审员
周昆	曾任陕西高等法院书记官、长安地方法院代理推事
康承源	曾任长武、宜君等县承审员
聂养儒	曾任翼城县司法处审判官，离石县政府科长
郭德沛	曾任长安地方法院院长
朱先诚	曾任陕西省高等法院一分院推事，南郑地方法院庭长
田书麟	曾任南郑地方法院承审员，十五混成旅军法官
范献琳	曾任汲县、大荔地方法院推事
李梦庚	曾任绥远丰镇地方法院检察官
靳作辑	曾任长安地方法院推事、庭长
谢申藩	曾任长安地方法院推事，怀柔县知事

续表

姓名	任教职情况
朱文晓	曾任开封地方法院书记官,开封律师公会会长,陕西旬阳县承审员
童培兰	曾任长安地方法院推事,西安市司法科科长
张士容	曾任长安地方法院检察官,咸阳、渭南、四川广元等县承审员
程泮林	曾任长安地方法院推事
曹铭勋	曾任吉林高等法院推事
瞿汝霞	曾任太原地方法院书记官,公安局科长、局长
王有声	曾任陕西地政局科员
赵儒灏	曾任河南财政厅科长
郭世勋	曾任省训团教官
石清泉	曾任河北民军总指挥部军法处处长
张朝鼎	曾任北平特别市秘书、泾惠管理局科长
王嘉宾	曾任长安县教育局局长

资料来源:《1948年西安地区律师公会律师名录》,陕西省档案馆藏档案,编号:89-1-124卷。

表 5.10　　1948 年西安律师曾任法律教职情况统计

姓名	任教职情况
冯纶	曾任山西法政专门学校校长,山西大学法学院院长
刘鸿渐	曾任朝阳大学教授,西北大学法商学院院长
王嘉宾	曾任陕西法政专门学校教授
刘之谋	曾任复旦大学、中央大学、西北大学法律系教授
刘钟岳	曾任西北大学教授
荆可恒	曾任北洋大学教授
王任	曾任北方大学法律科主任,军委会干训团教官
张恒忻	曾任陕西公立法政专门学校讲师
张思明	曾任中央大学河南分校教员

资料来源:《1948年西安地区律师公会律师名录》,陕西省档案馆藏档案,编号:89-1-124卷。

二 法律职业转换的原因分析

民国时期法律职业阶层并不稳定,以律师为终身唯一职业者不多,像民国大律师唐宝锷、刘崇佑那样,从官场退出执律师业后,再未移志者极为少见。当时法律人才职业流动频繁,应该与民国初创、百业待兴的社会背景有关,尽管律师制度已经正式确立,但因为战争频繁、政局不稳等原因,民国律师业极其不稳定,职业流动和转职情况非常普遍。许多人转行做律师,只是职业生涯的中转,为寻找更理想的出路暂时过渡而已。

民国时律师职业呈现双向流动的特点。一方面,有些曾任法官、检察官等司法官员者,或曾任县长、其他政府行政职务者,或曾在大学任教职者,都不乏加入律师队伍的。这些人入律师行,提高了律师行业的整体社会地位。另一方面,不断有律师转向其他法律职业。根据北京市档案馆所记载的北京律师公会会员退会的申请原因,除了因欠缴会费被公会勒令退会之外,大部分是转任法官或是改任推事等职务。如北京律师周玉山、刘云奇就是因为任法官而退出律师公会。[①] 再如西安地区的律师林之望,后来出任渭南地方法院院长兼推事,律师郭德沛出任陕西南郑地方法院院长,律师王建勋出任甘肃庆阳地方法院推事,三位律师的转行去向均为法院。[②] 民国后期,相对稳定的法律职业者阶层已经基本形成,这一阶层由法官、检察官、律师以及大学法学教授等构成。法律职业阶层在民国社会地位显然不低,他们具有相同或类似的教育背景,共同的新式法律话语,若不是受时局动荡、战祸频繁等因素影响,法律职业阶层的形成还会加快。

律师和司法官员、法律教员之间得以自由地进行职业流动,前提是民国时期律师准入制度的规定,最初关于司法者和教职人员免试条件的限制并不多。后来随着律师免试资格的逐渐修订,对有司法经历者的学历要求提高,需要达到三年法律本科的水平。而对法律教职人员的要求,最初规定"国立、公立大学及专门学校教授《律师章程》内主要

---

① 北京市档案馆馆藏档案,北平地方法院检察处,J174-2-173、J174-2-175。
② 陕西省档案馆馆藏档案,编号:89-1-124卷。

科目之一满三年者",均可不参加律师考试即可直接获得律师资格,后教职经历要求延长到五年。

查览民国时期报纸上律师刊登的广告,亦证明当时从司法机构转职做律师的现象比较普遍。1912 年的《申报》上刊登一则消息,有律师王邦鼎执业前历任江苏省城地方检察厅检察长及镇江检察厅长,转行律师;[①] 有律师谢健曾任武昌地方检察长,在上海地方审判厅民庭长任上辞职,转行律师。[②] "某某人特辞青浦地方审判厅推事之职"从事律务之类的广告时常可见诸报端。1912 年 4 月南京政府内务部警务局长孙润宇辞任后做了律师,他的律师事务所开在苏州,1912 年的《申报》连续数十天刊登他的律师广告。

报纸是反映时代变迁的最集中地,以司法任职经历广做广告,显然是为了招揽客户,在今天是不允许的,民国时期对此没有禁止规定,从另一个角度看,这样的消息登载报端,对于当时树立律师崭新的社会形象还是有利的。

综合来看,民国新兴法律人才加入律师业,是由特定时代背景下的多种原因促成的。

其一,与社会变迁时期的观念转换密切相关。律师作为崭新的法律服务群体,与以往讼师的弱势地位全然不同。清末民初司法体制发生巨大变革,这是效仿西方制度的直接移植过程,不只是崭新的律师群体被引入中国,更重要的,与之相伴随的新观念潜移默化开始影响国人。律师和讼师都是为社会公众提供法律服务的,从具体功能角度看,二者有相似之处,但显然二者社会地位不同。一新一旧,各自身份和命运迥然有异。律师作为新兴法律服务群体,自始有法定地位,而讼师从未取得合法身份。讼师在中国传统社会事实上长期存在,却始终无法正大光明地活动,讼师没有保障,经常遭遇打压,甚至还有性命之虞。而律师自出现,即伴随西方舶来品的优越,社会地位自始高人一等。清末民初伴随种种新陈代谢的社会变迁,国人的思想观念发生了巨大变化,特别是新兴的法律人才接受了西方文化和法律观念的影响,给律师注入"民

[①] 《律师王邦鼎广告》,《申报》1912 年 7 月 17 日,上海书店 1982 年影印本,第 118 册,第 161 页。

[②] 《谢健大律师广告》,《新闻报》1912 年 10 月 15 日,首版。

主""维护人权"等内容,律师是崭新的职业形象,在时人眼中,律师本身就是文明的标志符号,代表着时代进步。

其二,与新兴知识分子阶层的构成有关。律师制度是西方的舶来品,律师群体具有良好的教育背景,特别是最早期几批本土法政学堂毕业生和公派留学生,他们是国家着力培养的高级人才,兼有新学、旧学教育背景,堪称当时社会上层精英。民国时期重视法律教育,各地纷纷开办公立、私立法政专门学校,其他大学院校也纷纷开办法科,很多学校的校长、教务长、教员等都是由当时知名律师兼任,也有不少法官兼任法学教员。如东吴大学法学院创办初期,教员多由上海知名律师和司法官员兼职。1919年至1933年长达14年间,广州律师公会一直是由杜之杕任会长,就是因为他在法界门生多,他执律师业的同时,还兼任广东公立法政专门学校教职,他的同僚多掌握广东司法大权。① 这样一来,律师、法官、法学教员之间关系密切,"或则少年同学,或则昔日同官,琐琐渊源,尚难枚举,往还应酬,遂以为常"②。因此,民国时期法律职业转换就是非常自然的选择。高官政要从政府辞任,转行律师业,说明当时律师职业的社会评价和社会地位不低,可以吸引新兴法律人才聚向律师行。

其三,与律师行业的高收入有关。民国初建,"律师兴"已成趋势。对于高官显要而言,高收入并不一定是他们考虑转行的决定性因素,但对于一般人而言,律师职业的吸引力显然与律师高收入密不可分。民国时期司法官员的待遇不仅远低于民国政府文官的一般水平。③加之民国时期司法经费极其紧张,就连有限的薪金都不能足额发放。当时司法官员的待遇并不优厚,而律师业确实报酬丰厚,整体收入明显处于社会中上等水平。根据当时的报道,天津的律师"高车驷马,日逍遥

---

① 邝震球、黎复思:《广州律师公会的派系背景及其明争暗斗》,《广东文史资料》第七辑(内部发行),中国人民政治协商会议广东省广州市委员会文史资料研究委员会1963年编,第151页。

② 《司法官不得与律师往还应酬》,北京市档案馆馆藏档案,北平地方法院检察处,J174-2-164。

③ 初级审判厅推事最高薪160元,还不到荐任职通常文官待遇的一半。地方审判厅推事为260元,与同级文官也相差100元。转引自张仁善《司法腐败与社会失控(1928—1949)》,社会科学文献出版社2005年版,第248页。

于塘沽十里洋场中,度其享乐生活"①。吴经熊做律师第一个月就赚到四万两银子（相当于四万美金）,一个月内挣的钱比他当法官和教授加起来的钱都要多。②曾任福建省高级审判厅厅长的郑烈,后来在厦门挂牌做律师,"月间进项,较之高审长时有过之无不及"③。想入律师行的不仅仅是司法官员,还有很多其他人,有个曾经一度活跃在上海法律界的律师金雄白,原是一名新闻人,为了能从事律师业,他托人弄到了一张高中文凭,但是因为律师资格的限制,他还要拿到一份法律本科毕业证,于是他通过三年法科的学习,最终成为一名律师。当时的《申报》刊登了一篇题为《大律师好自为之》杂评,说:"昔之发财者做官,今之发财者做律师,昔之欲做官而无做官资格者则捐官,今之欲做律师而无律师资格者则买文凭。"这篇文字反映了民初社会的真实情况。

民国的新兴社会精英对时局不满又无能为力时,转投律师行时的心态,多少如传统士大夫归隐。如罗文干与袁世凯政府政见不容,遂辞职为律师。杨荫杭则是不满北洋时期的司法黑暗,干脆转行执律师业。民国时人辞官不做转律业的,有仕途不顺的,有对现实失望的,但也有法律毕业生不愿投身宦海,自始立志为律师的。朝阳大学1928届毕业生贾潜,就是代表之一。据同窗回忆,贾潜非常反感官场污浊,他认为律师职业可以"吃碗良心饭",也能"研究些问题",毕业后就在山东济南开业做了律师,他执业多年,有"学者律师""侠义律师""律师顾问"的美誉。

通常情况下,法律职业的正常流动无可厚非,但过于频繁的转职,并不利于律师业的发展。1941年《律师法》颁布后,律师准入门槛被提高,这在一定程度上保证了律师入行标准。清末民初,中国社会处于从传统向近现代转型的大变革时期,传统社会的知识分子经历了整体性的裂变,士绅阶层逐渐分流,逐渐形成了与皇权和政治相疏离的职业知识分子阶层。甲午战争后,由新兴知识分子阶层构成的法律人群体更加壮大,他们的职业流向也是多种多样,完全超出传统社会士农工商的固有范畴。

---

① 《津沪法官相率改业律师》,《法律评论》第229期,1927年11月。
② 吴经熊:《超越东西方》,周伟驰译,雷立柏注,社会科学文献出版社2002年版,第143、153页。
③ 《郑高审长改任律师》,《法律评论》第234期,1927年12月。

三 民国律师第一人

人们通常认为曹汝霖是中国近代第一个律师。这样的说法不尽然准确。如果按时间论，清末修律大臣伍廷芳取得律师资格并执业的时间，要远早于曹汝霖。伍廷芳在 1877 年（光绪三年）获英国大律师资格，同年回香港被聘为英国殖民地律师，是获准在英国殖民地开业的第一位华人律师。这一年，曹汝霖刚刚在上海出生。

不过，曹汝霖从业律师之路与伍廷芳也不无关系。1912 年伍廷芳就任南京临时政府司法总长，积极倡导律师制度，并在民国时备受关注的政治案件——山阴县令姚荣泽一案中建议律师出庭辩护。① 同年民国律师制度正式创立，当时曹汝霖辞去了公职，正赋闲在家，遂申请律师注册，成为民国第一批的执业律师，他的执业证书编号为"民国第壹号"，因此通常称曹汝霖为民国律师第一人。

曹汝霖的律师事务所设在他家中，他在回忆录中写道："余初做律师，除照章公费外，不计较酬报，听当事人之便。其时风气未开，请教者不多。"② 曹汝霖曾成功代理一起刑事案件，当事人一审判死刑，二审维持原判，上诉到大理院后当事人聘请曹汝霖代理此案。这起案件依据事实应判死刑，"唯因律无明文，情形特殊"，曹汝霖据此以律无明文不能判罪为理由，撰写辩护状递交大理院，结果原判撤销，改判无罪，当事人全家老小到曹汝霖的律师事务所叩头致谢，感激涕零，因当事人家贫，只能送些土产表示谢意，曹汝霖坚持不收酬谢，连律师费都免了。这起案件影响颇广，按曹汝霖的话说，大家知道了诉讼不能不请律师。③ 人们都知道堂堂政府侍郎做律师，曹汝霖的律师声名不胫而走，从此门庭若市，不管案件大小，他来者不拒，颇赚了些律师费。曹汝霖的律师执业经历，影响了当时不少法政学生的从业选择。

曹汝霖不仅在京城执业，还常去周边城市出庭。有一次曹汝霖去保定出庭，旁听席全满，连过道都增设了板凳，空余地处站满了人，多是保定法政学堂的学生慕名来旁听。当天晚饭时，有二十多个乡下人来跪

---

① "研讯姚荣泽案初志"，《申报》1912 年 3 月 24 日第 7 版。
② 曹汝霖：《曹汝霖一生之回忆》，中国大百科全书出版社 2009 年版，第 105 页。
③ 曹汝霖：《曹汝霖一生之回忆》，中国大百科全书出版社 2009 年版，第 105 页。

求曹大律师申冤。① 天津也是曹汝霖经常出庭的地方，天津的日本总领事小幡酉吉劝说曹汝霖在天津置地，当时的天津日租地很便宜，"每坪只值银元五角"，"倘备万元，五年内可加十倍"。因为时局不定，也为了避免给人提供攻击的借口，曹汝霖内心始终以官家身份自居，因此更加爱惜羽翼，遂收了发财的念头。②

曹汝霖在回忆录中对北洋政府初期的司法界颇多赞誉。当时的法官多是他同学，章宗祥和他关系密切，任大理院院长，大理院与高等法庭在一处办公。曹汝霖因为做了律师，为避嫌起见，和余戡门、林行规、姚次之等平素极熟悉的友人绝少往来，即便和章宗祥也很少见面，见面也决不谈讼事。按照曹汝霖所言，在北洋政府初期，司法界尚有新气象，法官廉洁自好，审理案件负责认真，下班后还携带卷宗回家工作，可谓清、慎、勤，"各省法官亦蔚然成风，少闻受贿情事，此风直维持北方政府终结为止"③。

曹汝霖曾身为北洋政府的高官显要，对当时司法官员清廉勤勉的判断，难免有些虚浮。曹汝霖的律师经历，还是可以客观地反映当时社会现实和司法领域的某些层面。他早年留学日本，在中央大学接受系统法科教育，奠定了坚实的法律功底。他做律师时成功办过不少颇具影响力的案件。他刚刚执业时，曾代理一起太监离婚案，清末时某太监娶暗娼王月贞为妻，支付了300元赎身银。清亡后，王月贞携卷家中财物出走，要和太监解除婚姻关系。曹汝霖代理原告王月贞，向京师审判厅提起诉讼，认为王月贞和太监的婚姻关系建立在买卖基础之上，因此属于非法婚姻，应当予以解除。同时他提出，鉴于太监支付赎身银属于自愿，王月贞可不予返还，审判厅最终采纳了曹汝霖的代理意见。以今日视角看此案，曹汝霖的代理意见是符合法律精神的，他顺应时代潮流，强调婚姻自由和对女性的保护，充分阐述现代民法领域的赠予制度。但是百年前的买卖婚姻实属常见，并且清廷灭亡后太监地位一落千丈，从强势变为弱势，妻卷财而去，失财又丢脸，如此辩护和判决在当时曾引起很大争议。这起案情并不复杂，但案件本身和判决结果在京城影响极

---

① 曹汝霖：《曹汝霖一生之回忆》，中国大百科全书出版社2009年版，第106页。
② 曹汝霖：《曹汝霖一生之回忆》，中国大百科全书出版社2009年版，第107页。
③ 曹汝霖：《曹汝霖一生之回忆》，中国大百科全书出版社2009年版，第105页。

大。这起民国初年的案件，极大地冲击了国人的传统观念，在适用法律上，还有律师的形象认识上，都起到了意想不到的推动作用。

曹汝霖在民国初年律师界的地位和影响还可以再举一例。民国初年有一本畅销书，名为《刀笔菁华》。中国古代将文字刻在竹片上，刀即是笔，于是称案牍为"刀笔"，故有"刀笔吏"之说，后"刀笔"逐渐演变为专指与讼状有关的事。《刀笔菁华》是关于律师代理词的汇编，共有33篇，其中《奸非致死之辩诉状》《烟案俱发之上诉状》两篇为曹汝霖所撰写，排在该书之首。[①] 这两起案件的代理可圈可点。后来曹汝霖因代表北洋政府与日本签订丧权辱国的"二十一条"，被深烙"卖国贼"印记，由此还引发一场人为大火，不仅烧毁了赵家楼，历史的烟尘也遮蔽了民国第一律师的法治贡献，着实令人叹息。耐人寻味的是，当年带人纵火烧毁赵家楼的学生领袖梅思平，后来却变成日本人的汉奸，而千夫所指的"卖国贼"曹汝霖，却坚决不为日伪政权服务，拒辞日本人的高官厚禄，发誓要以"晚节挽回前誉之失"[②]。

称曹汝霖为"民国律师第一人"，是以律师制度正式施行算起，中国国内最早领取律师资格证书并执业者，当然是曹汝霖。在曹汝霖挂牌执业14年后，才出现了第一位女性律师在上海开业，她就是民国传奇女子郑毓秀。依据北洋政府司法部《律师暂行章程》的规定，严格禁止女性律师执业。1926年郑毓秀回国后，经过研究当时司法体制，她发现，虽然不能在国际混合法庭和中国法庭充当律师，但她可以持法国律师执照在法租界执业。在郑毓秀的努力下，经过法国领事允许，她在法租界开办"魏郑联合律师事务所"。郑毓秀与英法领事力争，维护华人权利，逐渐成为上海上流社会的热点人物。1926年北伐军逼近上海时，二十多名国民党人被当局逮捕，郑毓秀设法将他们引渡到法租界，找到法国驻中国领事将他们释放。同一年，知名民主人士杨杏佛教授被捕，郑毓秀出面担任辩护律师，她利用自己的人脉关系，向政府多方施压，在法庭上慷慨陈词，最后杨杏佛成功脱险。郑毓秀还曾代理过轰动一时的梅兰芳和孟小冬离婚案，作为孟小冬代理人出面调解，最终以梅

---

① 王有林、史鸿雯校注：《刀笔菁华》，中华工商联合出版社2001年版，第235、236页。

② 曹汝霖：《曹汝霖一生之回忆》，中国大百科全书出版社2009年版，第301页。

兰芳支付孟小冬四万元告终。郑毓秀律师屡次打赢官司，赢得中外人士的接纳和尊重，声名日隆，中国法官也对她敬仰不已，一时间，魏郑联合律师事务所门庭若市。1927年郑毓秀被推举出任上海审判厅厅长，遂放弃律师生涯，任上海法政大学校长长达七年。之后历任国民党上海市党委委员、江苏政治委员会委员、江苏地方检察厅厅长、上海临时法院院长。1928年被任命为国民党立法委员、建设委员会委员，次年被指定为民法起草委员会五人成员。

1926年郑毓秀的律师事务所开业时，当时的报纸评论说："郑女士实为中国第一个而且是唯一之女律师，故不唯是中国妇女界之新纪元，而亦为法曹界之新纪元。"[1] 1927年郑毓秀从律师业转任司法官员，当年民国政府修订并公布《律师章程》，取消了对女性律师执业的限制，至30年代，上海律师公会的执监委中有了杨志豪、史良等女性委员。

---

[1] 《时事：女律师在中国出现了》，《台湾民报》第126号，第5页。

第六章

旧向何处去：传统讼师的命运

第一节 新旧交集的司法实况

一 民国的司法乱象

清末时期颁布施行一系列推进司法改革的法律文件，从形式上结束了行政与司法合一、皇帝总揽司法大权的传统沿袭，初步确立了司法和行政分立的原则，仿行西方法律制度创设新的司法模式。民国成立后，政局不稳，政权更迭频繁，南京临时政府、北洋政府、南京国民政府循环登场，各时期颁布的立法条文，均提倡"法治""司法独立""司法公正"，西方的公开审理、辩护制度等司法制度开始践行，社会各界已经意识到法律的功能和作用，法律甚至逐渐成为政治派系斗争的筹码、控制舆论的招牌。与此同时，清末至民国司法界弊端丛生，司法改革并不彻底，司法建设向前推进极其艰难，往往受到诸多势力的干涉、践踏，种种新气象维持未久，就陷入困境而乱象丛生。

民国初年，司法独立尚能稍稍独立。北洋政府的司法机构大体沿袭了清末的编制，清末成立的法部被改为司法部，在全国设立大理院、高等审判厅、地方审判厅和初级审判厅及检察厅，负责传讯、审判工作。1912年，北洋政府有大理院1所，高等检察厅23所，高等审判厅26所，地方厅124所，初级审判厅179所。[①] 民国新立，寄希望以法治国

[①] 《申报年鉴》1933年3月。

的呼声一片，最初还略有司法精神。当时不论何等显贵人物，只要被控告至大理院，接到传讯都是不敢不到，对判罚也不敢不从。以宋教仁被刺杀一案为例，宋教仁遇害后，上海审判厅根据行凶者供词，两次传票提审国务总理赵秉钧到沪候审，审判厅的法票直接寄给京师检察厅，让检察厅代转通知国务总理赴沪备询。当时赵秉钧气得要死，但无论是他还是袁世凯，都拿法官没有办法，堂堂一国总理不敢加罪法官，最后只能辞职以避风头。这一件事让袁世凯明白了一个道理："如欲剪除异己，司法界必当收为我用。"① 于是他从最高审判机关大理院入手，自院长以下逐一收买，安插一大批北洋旧人进入司法界，终使司法界成为他得心应手的操控工具。

1922年发生的"罗文干案"，就是民国时期军阀、政客将司法作为政治斗争工具的典型例子。直系军阀中的保定派争权，检举北京政府财政总长罗文干擅自签订对外借款合同，换发新债票，致使国家蒙受5000万元巨额损失，逼迫总统黎元洪下令逮捕罗文干。黎大总统在胁迫之下，竟然对未经证明有罪的人，草草下令逮捕，后经地方检察厅宣布对罗文干不予起诉。当时的教育总长彭允彝为了讨好参议院议长吴景濂，在内阁会议上公然提出对罗文干案再议，最终内阁会议居然做出决定，由司法总长程克命令地方检察厅对罗案继续侦查，已经获得自由的罗文干重被逮捕。让人诧异的是，提出对罗案重议要求的竟然是教育当局，而非司法当局。蔡元培对此非常愤慨，于1923年1月在各报登出启事，声明"不能与主张干涉司法独立蹂躏人权之教育当局再生关系，业已呈请总统辞去国立北京大学校长之职"②。

江庸曾在报刊中公开表达了对当时司法问题的看法。他认为，与政府在教育、军政、交通等领域建设相比，民国司法建设尚取得一定成效：其一，"人才齐整，胜于其他机关"；其二，"贿赂之事，确较少于往时之司谳"。江庸对民国司法成绩的概括基本是准确的。民国初建，社会上下对文明法治的期望，从根本上确立了司法改良的时代基调和发展趋势。本土培养的法科毕业生和海外留学生群体，给司法界补充了人

---

① 张庆军、孟国祥：《民国司法黑幕》，江苏古籍出版社1997年版，第25页。
② 《京报》1923年1月17日。

才供给，他们所接受的西方法律教育，为司法机构注入了新元素和新气象，促进了民国的司法进步。江庸同时也指出，当时司法界存在两大弊端：其一，诉讼不免延滞；其二，审判不能独立。① 这样的判断远不能概括民国司法的混乱状况。邵元冲（曾任国民政府"立法院"副院长兼代理院长）在日记中谈到，国民党江苏省党部执行委员倪弼因涉某事嫌疑坐牢，出狱后去拜访他时，"详言狱中黑暗状况及司法官吏之腐败"。曾任驻德国公使的蒋作宾在日记中也说过，一天晚上友人聚会，"多诋司法界之龌龊，教育界之破产，闻之至为骇然"。1924 年时任北京大学校长的蔡元培，干脆在一次公开发言中抨击说，法律已经是"舞文的工具"。民国司法建设成果屡屡被司法腐败现实冲击得凌乱不堪，司法为政府高官、地方武人所操纵，受多方势力感染，几无司法独立和司法公正可言，历届民国政府，概莫能外。1929 年国民政府"司法院"公布全年工作概况报告书，强烈抨击军阀破坏司法。报告说，近十余年来政府一直倡导司法改良，之所以未见改良成效，原因有许多，"而其总因则实由军阀专横，对于司法事务或漫不加意，视为具文；或恶其害已（己），时加蹂躏"，而"军阀时代，武人干涉审判之事数见不鲜，法官力不能抗。或委曲迁就，或掣肘时闻"②。

民国军阀干涉司法，百弊丛生，其实质原因是利益使然，司法衙门有油水可捞，才有一幕幕军阀竞相委派法官的剧目。以广东为例，民国时期广东军阀征战不断，各派军阀走马灯似地委派自己的司法长官。1918 年桂系占据广东，广东高等审判厅厅长徐傅霖、检察长梁瑛芳都是广西派，徐绍桢任省长，委任伍岳为高等审判厅厅长，前任厅长抗不交接，伍岳便借滇军势力，带军队到审判厅武力接收。伍岳还争夺广东各县级法官的委任权，谁委任自己的各县属法官，谁就有本事勾结地方军阀。为争夺司法权，武装交接等乱象在广东已司空见惯。广东地方检察厅首席检察官文壮因不交印，被武装人员进入检察厅强行劫走，最后花了四千大洋才把人赎回；增城检察官陈俊雄多人，因拒不交印，被武

---

① 江庸：《法律评论》创刊号，《发刊辞》，1923 年。
② "国史馆中华民国法律志编纂委员会"编：《中华民国史法律志》（初稿），"国史馆"1994 年版。

装押回广州；阳春县分庭，司令邓本殷委任一黄姓检察官，当地民军又委任一检察官，加上原任共三人，争执不下，后经调解，三人和平共处，共分案件、经费及一切收入。因政局变乱，军阀争相委任司法官的丑剧一直延续到抗战时期。

武人争夺司法行政权，委派自己的司法官谋取私利，对司法损害尚在其次，毕竟被委派的司法官不是法界外行，干涉司法乱象中危害最大的，还是武人直接包揽司法审案。韩复榘统治下的山东，别廷芳管辖下的宛西，司法界之黑暗、荒唐闻名全国，堪为中国司法史上的笑柄。韩复榘把持、包揽司法肆无忌惮，他喜读《包公案》《施公案》《彭公案》，以"清官"形象自诩，仿效历代巡抚钦差，亲定法律，亲自坐堂审案，无论刑事、民事一律亲审，任意恣行，刚愎自用。往往当地法院受理案件当日，中途就被韩提走了当事人，法院已经判结了案，韩复榘也可以推翻重来，山东法院形同虚设。韩复榘以躬身断案为快，且武断处理，既无证词也不重视人证物证，一经判决就要马上执行，错杀无辜、放走真凶者是平常事。韩复榘审案，是民国时期军阀干涉司法的典型，他以政戏法、以言代法，专断、随意比历代衙门老爷有过之而无不及。

1926 年北京发生了一起军阀随意逮捕律师、干涉律师执业的案件，曾轰动整个新闻界。1926 年 11 月 26 日，德国人韩次巴尔克因诈财被诉附带民事诉讼一案在北京开庭，北京律师陈步东受委托，在高等审判庭代理出庭，当庭与对方当事人言词辩论略有争执，随即对方以律师从中作梗为由，报告山东当局，山东张督办转电京畿宪兵王司令。12 月 4 日夜里，京畿司令部派手枪队多人将陈律师逮捕囚禁，声称如不讯令德国人签字交款，即将该律师押往山东。后高等审判厅只好将陈律师取保回家，暂行平息此案。[①] 律师接受当事人委托，依职责代理，据理争辩，案件矛盾焦点却转向律师，本案的处理最终也成了幕后交易。事发后北京律师公会也无能为力，只能"建议司法总长，请求咨呈国务会议，准予通电全国各军事机关，将律师应守之法定职务予以详细说明，

---

① 参见《法律评论》第 187 期，1927 年 1 月。

其嗣后勿再干涉云"。① 仅此一例，武人干法之霸道可见一斑。

民国时期干扰破坏司法的，岂止军阀？从最高当局到政府官员，往往都是如此。时任湖北省高等法院推事的吴献琛曾撰写《旧中国所谓"司法独立"三例》一文，描述一起专员干涉司法的实例。1936年冬，吴献琛负责办理一起选举诉讼案，被告为襄阳专员。依法律规定，案件由高等法院负责一审兼终审，为了调查案件事实，必须传讯被告，但此案被告不是普通被告，法院传讯不能不格外小心。于是吴献琛先跟民庭庭长商量，继而又请示法院院长，院长指示可以依法传讯，但孰料该专员接到传讯后大发雷霆，立即乘车前往武汉行营绥靖公署，找到主任何成濬，强烈要求何成濬传高等法院推事吴献琛到绥靖公署加以训斥。何成濬答允了，在旁的秘书婉言提醒，吴献琛的做法依现行法律并无不合，并言湖北高等法院院长系其旧友，可否先见见院长，想个彼此兼顾的办法，以避免行政干涉司法之嫌。在秘书再三说明下，何成濬才同意他赴法院协调此事。法院院长表示，民国政府一贯标榜司法独立，如果推事连传讯被告的权力都没有，司法独立何在？如果依了专员的主张，传讯承办此案推事，此案原告就可能在报刊上揭露行政干预司法情形，这样不但对何主任不利，还会给外国人以口实，他们会借此拒绝中国收回领事裁判权。协商的结果，由被告襄阳专员委托一律师到庭答辩，被告本人可不必出庭。秘书据此复命，专员传推事面斥后这才就此作罢。据吴献琛说，"这类倚仗权势蔑视司法的专员，当时所在皆有"②。

此外民国司法乱象，不只是各方干涉司法一条，司法界自身也存在问题。民国五院之一的"司法院"，虽然不能与"行政院"平起平坐，但依然是众人瞩目的高官厚禄之地，下辖司法行政部、行政法院、最高法院、公务员惩戒委员会。民国政局动荡，"司法院"走马换将极其频繁，从1912年到1927年，近16年间"司法院"部长更易35人，平均每人任职不足6个月，从1927年到1934年底，除居正任"司法院"院长兼司法行政部部长时间略长，"凡八年而部长易七人"，管理全国司

---

① 参见《法律评论》第187期，1927年1月。
② 吴献琛：《旧中国所谓"司法独立"三例》，载《文史资料选辑》第78辑，文史资料出版社1982年版，第139页。

法行政事务的长官很少能久在其位，当然会影响司法建设的推进，其结果正如王用宾①言，"民国司法事业萎靡不振"②。如果司法高官势大，结果又会陷入传统官场罗织关系网的旧例。居正任"司法院"院长期间，广罗湖北同乡，安置亲信，"司法院"俨然成了"湖北同乡会"，自院长以下，如秘书长张知本、会计长朱干卿、总务科长陈哲云，均是湖北人，朱干卿还是居正的女婿，湖北人在"司法院"任官者有40余人。抗战爆发后南京政府西迁重庆，蒋介石趁机渗透安插了一些湖北外籍人，但是1943年的"司法院"全体共170人中，湖北籍仍有90余人。虽说内举不避亲，但"司法院"内分派争权，上上下下都是关系网。民国司法界历来派系门户很深，北洋时期就有留学英美和留学日本两大派系，南京国民政府时期还出现了留法派。以王宠惠、罗文干为首的海外留学生纷纷进入司法界，以居正、王用宾等"西山会议派"组成的"元老派"开始退居副职，随即英美两派又有争斗，最后罗文干为首的英美派执掌"司法院"大权。

再说民国大理院的问题。大理院疏于司法，不理正事，常遭舆论指责，某报曾呼吁将大理院改为不理院。民国大理院成了食禄取俸、养闲逍遥的处所。民国时期何谈国泰民安，不是无案可理，而是时局动荡，政府影响式微。袁世凯上台后玩法弄法，复辟帝制，解散国会，连北洋政府存在之法统都失去了基础，何况大理院等审判机构的权威。袁氏死后，军阀们拥兵割据，战乱连年，各路诸侯武人为争夺北洋政府治权，一团混战。各派军阀上台下台，法令朝令夕改，视同儿戏。地方更是大小军阀独霸一方，各省军阀提出"省自治""联省自治"，军人可以随意委任自己的司法审判官，各地名义上是军民分治，实际上是民政受军政控制，军阀、督军干涉司法，司法权被严重破坏，司法体制支离破碎，中央大理院成了空架子。

---

① 王用宾（1881—1944），字太蕤，又字利臣、理成，别号鹤村，山西猗氏县人。光绪三十年（1904），官费选派入日本盐仓铁道专科学校攻读铁道工程，后考入法政大学法律科攻读法律。光绪三十一年，中国同盟会在东京成立，其为首批会员。民国后选为第一届国会参议院议员，1928年12月当选为国民政府第一届立法委员会兼法制委员会副委员长。次年，兼任法制、财政两委员会委员长，后调任"考试院"专门委员。1934年，调任司法行政部部长。1937年，就任国家公务员惩戒委员会委员长。

② 王用宾：《二十五年来之司法行政》，《现代司法》1936年第1期。

袁世凯为复辟帝制作准备，集权于中央，于 1915 年 6 月指令司法部修正并公布清末制定的《修正暂行法院编制法》，革除全国三分之二的地方审判厅和全部的初级审判厅。段祺瑞执政后虽有恢复，但已大不如前。民国几十年，很难说中央政府有真正意义上的治权统一，各地军阀将自己所控制的区域视为禁脔，俨然为独立王国。至 30 年代中央司法政令仍不能贯彻到全国各级司法机关。四川军阀刘湘驻军川东，重庆、万县等 40 余县的司法权都由他的第 21 军司法科管理，法官、书记官及各县承审员，一律受司法科指派，后电告四川高等法院追加委任，南京方面的命令照例不予接受。地方势力各自为政，如未取得地方行政军政长官首肯，中央指派很难到任，地方法院也是仰赖地方军阀，抵制中央司法部插手。

1926 年江苏省司法厅厅长陈和铣在《申报》曾猛烈批评民国司法之恶劣。陈和铣说，民国法律多承袭清代，清代司法弊端，也为民国所继承。民国的各项法律"沿自前清，而前清又多抄袭日本与德国……现存司法制所有种种恶劣习惯，自前清绵延至今，且益变本加厉"。他认为民国司法弊病主要在于："为特殊阶级化的，而非平民化的。盖其目的，全为国中特殊阶级之利益。"① 前清及北京政府所存留之司法制度，不良之点不胜枚举，在这位司法厅厅长的眼里，民国司法极其黑暗，不比前清好多少。"贪赃法官，伙同讼棍，以及类似讼棍的律师，利用不良的司法制度，在审判中营私舞弊，徇情枉法。"②

民国时期出现的行政和司法不分、检察和审判不分，正是承袭清朝遗留。辛亥革命后的民国社会动荡不安，司法独立很难超然于政治之外，司法领域新旧杂糅，司法改革推进艰难。在省以下的地方政府，司法与行政合一的传统模式，几乎没有受到多大触动，政府基层审判模式仍然沿袭前清旧例。通观清末至民初司法建设，"大理院"被戏称不理院，"司法院"成同乡会，行政左右司法，军阀干涉司法，司法乱象丛生，光怪陆离。1927 年民国审判机构一律改称"法院"，今人难以想象民国时期法院之稀少，很多基层县没有设置地方法院或分院，司法仍由

---

① 《陈和铣访谈》，《申报》1926 年 6 月 1 日。
② 《陈和铣访谈》，《申报》1926 年 6 月 3 日。

县长兼理,加之军阀干法,这样的情况在全国非常普遍。

民国时人朱国南曾撰写《奇形怪状的旧司法》一文,文中称法院费用名目繁多至难以计算,以诉讼费用一项就有:刑事状纸费、民事状纸费、抄录费、缮状费、送达费、保证金、民事诉讼费(按诉讼标额收费)、勘验费、声请费、执行费等。1924年朱国南的舅伯邹士安与弟媳王氏发生家事纠纷,王氏到天门县上告,未经传讯,王氏后悔即撤诉,被告邹士安连县衙大门都没进,却已花了100多元。朱国南干脆说,"民国司法是为有权有势有钱的人服务的"①。另据王用宾《二十五年来之司法行政》记载,广东省法院收取的各项费用"均属超过原额",在广州地方法院设有专办执行案件的"学习推事"多人,法院不给他们开工资,他们的工资由向当事人征收的"执行旅费"解决,因此王用宾哀叹道,法院之威信更因此而丧失殆尽!②

江庸提出要解决此弊端,必须进行司法改良,树立法官的地位,重视职业精神:"当此世风颓靡,廉耻道丧之时,为天地留正气,为士类争气节,为历史增光荣,不能不有所厚望于今日之司法官矣。"③ 民国司法实况距离法治理想甚远,在司法经费无法保障的情形下,何谈司法官的职业精神?民国司法弊端丛生,律师制度作为其中组成部分,自然受种种弊端干扰。一派乱象中,民国律师发展之路荆棘密布,与此同时,传统讼师活动借民国乱象得以延续,一时间新旧杂糅。

二 阻碍司法建设的原因

清末司法改革具有强烈的功利性目的,主要是基于收回"治外法权"的强烈愿望使然。内忧外患情景下的制度改革,急于求成在所难免。关于"司法独立""司法公正"的精神实质,时人未必完全理解,甚至未必真正接受。清末修律,不管法律条文如何修改,立法、行政、司法仍总揽于清廷专制者,但是为满足列强修律的要求,权力又必须分

---

① 朱国南:《奇形怪状的旧司法》,载《文史资料选辑》第78辑,文史资料出版社1982年版,第119—125页。
② 王用宾:《二十五年来之司法行政》,《现代司法》1936年第1期。
③ 梁启超等:《晚清五十年来之中国(1872—1921)》,香港龙门书店1968年版,第104页。

立。为解决这一矛盾,只能做些表面文章。因此清末匆忙制订一套司法改革计划,规定至1915年全国各县一律成立审判厅,这个计划制订仓促,脱离实际,指导思想也不清晰、不明确,所谓改革成果多停留在字面上,从中央到地方独立的司法机构未及完全建立,有些法律也未及颁行,清王朝就灭亡了。

辛亥革命后,各项制度更新已成必然趋势,由此也鼓舞了司法精神。但袁世凯很快就精明地出手收用法界,在高官厚爵的诱饵下,北洋旧僚一系联翩加入法界,上下贯通一气,司法成了袁氏天下。"二次革命"失败后,总检察厅以内乱罪起诉国民党人,大理院据此呈请处理,立即通缉国民党要人,不少民国开国功臣被革除职位,严缉归案查办。当时袁世凯对外国使节表示,"我未尝不想成全民党,无奈民国的法令如山,无私情可循,案犯被司法机关拿办,总统对此也无可奈何"。袁世凯俨然将自己扮成了一位严格守法者。袁氏收买议会,收买法官,虽然不能为时人所证,但法界经办此案的,或被提拔或被调到更肥腴位子,是有目共睹的。许世英因此从司法部部长、大理院院长调任内务部部长,当时南方国民党人报纸对此连篇累牍地大书特书。

民国刚刚孕育的司法精神如风中烛火微弱且飘摇。民国政治家在形式上继续推进司法建设,但是对如何推进的理解不尽深刻。宋教仁谈到政体和国家政策时,并没有把司法作为政体架构的内容。按照宋氏政体的设想:一是单一国制;二是责任内阁制;三是地方行政长官由民选制进而委任制;四是地方自治团体有列举立法权;五是国务总理由众议员推出。宋氏的五点设想没有涉及司法,关于司法独立也语焉不详,民国缔造者们对司法问题明显重视不够。待宋教仁陈述政策时才提及司法,但并没有详细阐述司法独立,只是主张统一司法。他认为司法是三权之一,"亟宜统一",而统一方法就是划一各省司法制度,"养成法官律师",养成法官使司法得以独立,养成律师来保障人权。[①]

梁启超任北洋政府司法总长时谈过"三权鼎立","使势均力敌互相牵制而各得其所"。但他所理解的司法独立的本质精神,重点在于审

---

① 徐血儿:《宋渔父先生传略、遗著、哀诔》,载《近代中国史料丛刊》,台湾文海出版社1979年版,第3—15页。

判时以法律为准绳，不受其他牵制，"至于执法之官，应否有特殊地位，本属后起之意，而非必要之经"①。在梁启超心中，司法独立就是诉讼公平，并非权力制衡。正因为对司法建设方向不明确，当有问题凸显时，就经常以司法权让步换取矛盾解决。民初时期社会治安混乱，司法效率低下，屡屡受到各界指责，为解决这一问题，梁启超在1914年提出司法改良意见，建议仿效前清咸丰、同治年的做法，"宜将一部分之罪犯，划归厅外审判"，"将聚众窃盗一罪，别由法庭以外之机关，用他种程序讯鞫惩治之"②。如此轻易地提出变通措施，不仅导致法院本就式微的地位大打折扣，也导致司法权限本身越发混乱。

以行政权为核心的权力一元化机制，行政和司法不分，特别是地方的行政权和司法权合一，在中国传统社会延续数千年。在皇权统治下，强调个人的权威和集权力量，重视"人治"而非"法治"，"朕即法律"，个人意志凌驾于法律之上。绝对权威不仅来自专制皇帝，各级官吏也是地方管辖范围的主宰，形成了长期不变的、顽固的因循。民国初期的司法界乃至整个社会，依然受困于这个痼疾。因司法改革提出的司法独立，对行政权造成制约，必然激起行政权的抵制。在讨论审级问题时，政治会议中竟有人提出，"取消三级制，废初级厅以地方厅为初审，大理院为终审，不服大理院判决得陈诉司法部及大总统"③。果真如此，民国司法与前清司法又有何区别？虽然这样的提议最后未能成文，但为政治会议所讨论，说明在行政支持下，对司法改革有利的声音十分微弱。1914年袁世凯帝制复辟之际，帝制与共和的矛盾是重头戏，行政、立法与司法的矛盾相互纠缠、交织，其中以司法力量最弱，常常受制于其他二者。立法机构、政治会议和司法部，对裁废审检厅、实行"兼理司法"制度各持一端，意见无法统一，最终结果是司法部退让，而起到决定胜败的重要因素，是因为立法方面得到了行政方面的强力支持。

梁启超提出撤废地方审检厅后，政治会议表现得比司法部更积极。为了保住地方审判厅，司法总长章宗祥提出司法计划六条，总的精神是积极维持已经设立的审检机构，在全国重要地方设置高等分厅，尚未成

---

① 《梁总长整顿司法文告》，《法政杂志》1914年第三卷第八号。
② 梁启超：《饮冰室文集点校》第四册，云南教育出版社2001年版，第2519页。
③ 《改良司法纪要》，《申报》1914年4月9日。

立的仍应陆续筹设。章宗祥提请大总统袁世凯，不要让政治会议讨论"裁废"问题；即便必须讨论，也要让他的意见在政治会议能够充分表达。章宗祥的建议并未奏效，当时的议员多数做过多年州县长官，他们已经习惯了掌握司法大权，岂能甘心拱手相让？政治会议最终得到袁世凯支持，开会当天下令，对县上审判厅的处理是："其初级各厅，……拟请概予废除，归并地方。"①

民国司法建设的各种阻力重重。直隶总督冯国璋极力反对新任法官须由符合司法部规定的法科大学毕业生充任，公然称"有我在一日，旧法官即须保全一日"；当他被告知司法独立不是行政官所能干涉时，竟然说，"司法独立我不懂，洋人几时承认中华民国，我几时承认司法独立"②。1913年2月直隶定兴县一官吏滥刑毙命案发，保定高等检察厅上请将该官吏归案治罪，冯国璋公开包庇不允许治罪，检察厅因为他的阻挠而奈何不得。

民国司法建设遇到的阻力是全方位的，不仅来自高层和军阀，除中央斗争外，省县两级对地方审检厅也百般刁难。根据民初《法政杂志》的记载，江苏上元县成立审判厅之后，某乡镇发生一起刑事案件，初级审判厅派员协同司法警察前去提人，警察竟然不去，审判厅无奈之下，只能请县上签派拿人，县上把人提来之后，只能归县府讯问，最后审判厅只能放弃审理权。江宁监狱中一个犯人毙命，检察厅依法检验，但"所需各物无人预备，呼应不灵，……甚至差夫无县署差条，不肯抬送善堂，善堂无县署戳记，不肯付给收据"③。审判厅受县署百般掣肘，离开县署几乎寸步难行，一些地方知县还在上级官厅授意下，重新受理词讼，理由是"盖以审判开庭日浅，人民程度不及，未易逐收实效，……故仍令地方官帮同裁判，唯不得私用刑讯"④。因为地方府县行政官员的刁难作梗，使县级审判厅从成立起就陷入困境，现实中审判厅处理诉讼不得不依赖行政，但越依赖司法权就越羸弱，于是形成恶性

---

① 李振华辑：《近代中国史料丛刊续编·近代中国国内外大事记》，台湾文海出版社1979年版，第2019、3000页。
② 《直隶法庭改组之里面》，《申报》1913年3月25日。
③ 《江宁上元两县仍收词讼》，《法政杂志》1911年。
④ 《江宁上元两县仍收词讼》，《法政杂志》1911年。

循环。

民国司法混乱，还有一个很现实的客观原因，司法经费困难。1935年以前，各高等法院和地方法院的司法经费全部由各省、市、县自行承担，中央政府概不负责，各司法部门只能自找财路。根据国民政府"司法院"秘书处1935年编印的《各省司法概况报告汇编》记载，绥远全省的司法经费总计每年由财政厅拨款仅有六七万元，不足之数，由法院通过"创收"（名曰"法收"）解决。县法院的经费更为困难，除凉城、兴和、集宁、陶林等县"统收统支"外，其余各县一概由罚没款应付开支，每月仅由财政厅酌拨数十元为囚粮支出。经费无论有多困难，省财政厅均不会过问，听其自生自灭，于是各县法院为生存计，"对于罚没等项，不惜尽情周纳，额外诛求。敲骨吸髓，痛苦不堪言状"[1]。

民国的几任司法总长都十分清楚各省司法经费由地方开支的弊端，于是提出"全国司法经费，应由司法部统筹，方足以资规划"[2]。由中央统一预算只是司法界的一厢情愿，脱离了财政实际，没有财政经费支持，新式审检厅万难维持下去，这就给"兼理司法"制度出台提供了充足的理由。1913年上海奉贤县审检所因"经费支绌"而终止，重新由知县监管;[3] 1914年松江县发生了同样的情况。[4]

北洋时期裁撤审判厅，实行"兼理司法"制度，究其原因，无法回避的也是最现实的原因，是政府财力不支，司法经费严重短缺。民初中央政府直接收入"全年不过300余万两"，支出则是"每月至少必需之经费及协助边省之饷需，月以400余万两计"[5]。中央政府一个月的收入根本无法支撑各项支出。在财政部编制1913年度国家预算的总册中，岁出经常门和临时门列项还记载有拨给司法部的经费；在1914年的预算中，即只在岁出经常门中保留了拨给司法部的经费，总额与前一

---

[1]《各省司法概况报告汇编》，国民政府"司法院"秘书处1935年编印。《中华民国史档案资料汇编》第3辑司法（一），中国第二历史档案馆，江苏古籍出版社1991年版。

[2]《国务会议关于审议司法部官制修正草案理由》，载《中华民国史档案资料汇编》第3辑政治（一），中国第二历史档案馆，江苏古籍出版社1991年版。

[3]《奉贤县志》，上海人民出版社1987年版，第271页。

[4]《松江县志》，上海人民出版社1991年版，第256页。

[5]《财政部整理财政总计划书》，载《中华民国史档案资料汇编》第3辑财政（一），中国第二历史档案馆，江苏古籍出版社1991年版。

年相比还大为减少。至于下拨地方各省的司法经费，1914年与1913年相比，大幅下降。司法经费的减少使很多地方审检厅面临无米之炊的窘迫局面，不得不靠自己筹划，然而各地穷富不一，司法经费拨付多寡各异，即使在富裕省份，司法经费也未必足用。依照江苏省1913年的预算统计，岁入银元6684494元（因关、盐税直属中央除外），而岁出是7164383元，入不敷出，可一目了然，此支出还不包含军政、司法两项费用。①

依照江苏都督程德全的说法，司法经费很多是"有其名而实际无着"②。1913年的《申报》上经常刊登江苏各县司法机构经费恐慌的消息，如"本月司法经费，除少数有司县借领外，多半分文无着，若再不发给，旦夕生变，非速予维持，各厅人员也将解散"③。当时解决司法经费短缺的最常用办法，就是向行政机构借款，正所谓借钱者气短，靠借钱度日的审检厅怎能理直气壮地独立审判？财政富裕的江苏尚且如此，内地穷困地区的状况可想而知，司法经费的竭蹶和司法部门的尴尬处境是普遍现象。

民国司法乱象种种，司法建设阻碍重重，作为新式司法制度之一，律师制度的发展很难脱离整体困境。民国元年北洋政府即公布并实施《律师暂行章程》，但立法领域的进步停止于法律文本，任何制度实质性的推进和发展，离不开整体司法环境下适合的土壤，还有法治环境的温度和湿度。橘生淮北则易为枳，西方司法制度是舶来品，直接移植进中国过于仓促，显然出现了水土不服，由此导致难以植根于本土。北洋政府的司法制度本就混乱，不能给律师提供良好生存条件，清末民初启动的司法改革终结了讼师命运，法律服务群体由讼师到律师、由传统向现代，正因为民国时期司法建设存在的各种问题，司法改革并不彻底。北洋政府在民法、刑法上依然大量援用前清法律，县知事"兼理司法"制度实施，新式司法机关未普遍设立，不能实际落实新式的诉讼制度和审判方式，律师制度遇到了重重阻碍。如此种种，一方面反映了旧体制遗留的客观现实，另一方面为讼师继续执业提供了客观上的生存条件，

---

① 《江苏省二年度之预算》，《申报》1913年5月6日。
② 《江苏司法独立之现象》，《法政杂志》1913年。
③ 《司法经费之竭蹶》，《申报》1913年9月23日。

从而形成新旧交集的局面。这一切都与国家和社会转型时期的复杂局面有关，结果就是"新制度是有其名而无其实，这些制度渐渐地，但却从来没有完全地获得实质性的发展"①。

第二节　新旧交集中的惯性存在

一　"兼理司法"的旧制度容留

1912年3月10日袁世凯就任临时大总统，次日公布《临时大总统宣告暂行援用前清法律及暂行新刑律令》。依此规定，审判机关依然按清宣统元年（1909）的《法院编制法》确定为四级三审制，分为初级审判厅、地方审判厅、高等审判厅和大理院四级。初级审判厅采取独任制，地方审判厅兼采独任与合议制，高等审判厅及大理院采取合议制。当时各省以及中央政体已经基本确立独立司法机构，但省级以下的地方政府内，司法独立却仅仅为象征含义，初级审判厅与地方审判厅并没有在全国普遍设置，除了首都、省会商埠外，其他地方都未筹设，已经设立的，在北洋政府时期也大多相继废止。到了1926年，只有66个地方审判厅和23个分厅在维持正常功能。② 地方行政长官依然主导地方机构的司法活动，形式看似合理的制度并没有真正实行。

北洋政府通过专门立法，以法令的形式确认了地方政府司法行政合一体制的合法性。1914年4月5日北洋政府公布了《县知事兼理司法事务暂行条例》，规定县知事的司法权。"凡未设法院各县之司法事务，委任县知事处理之。""县知事审理案件，得设承审员助理之。承审员审理案件，由承审员与县知事同负其责任。县知事有司法人事与司法行政权。承审员由县知事提名"，"呈请高等审判厅长审定任用之"，"承审员受县知事监督"。还规定了"司法警察以县知事公署巡查兼充之"，确定县知事任用书记员等权力。③ 次日北洋政府又公布《县知事审理诉

---

① ［美］G.罗兹曼：《中国的现代化》，江苏人民出版社2003年版，第345—346页。
② 参见《申报年鉴》，1993年3月。
③ 《县知事兼理司法事务暂行条例》，载《近代中国史料丛刊续编·近代中国国内外大事记》，李振华辑，台湾文海出版社1979年版，第2998—2999页。

讼暂行章程》，进一步明确："凡未设审检厅各县，第一审应属初级或地方管辖之民刑事诉讼，均由县知事审理"，"县之司法区域与行政区域同"①。

《县知事审理诉讼暂行章程》专为没有设新式法院的县所定。其中有特别限制性规定，防止律师辩护以其他方式出现在县一级的审判衙门中。根据《县知事审理诉讼暂行章程》，县级诉讼活动中实行代诉人制度。对于充任代诉人的范围，该章程规定：律师不得提任代诉人，除非律师本人与当事人存在亲属关系。该章程第10条列举了三种人不得提任的代诉人，其中第三种为"以参预人诉讼为业者"。《县知事审理诉讼暂行章程》禁止"以参预人诉讼为业者"任代诉人的规定，与前清禁止讼师的规定法律相似。由此也说明，民国初年司法领域依然有讼师类的执业活动。北洋政府的法律规定，既针对传统的助讼者（讼师），又禁止了律师，可谓一石二鸟。

北洋时期这两部法律的颁行，确定了地方官员兼理司法的合法性，民国政府立法规定县级行政官员的司法权，实质上是传统社会行政司法不分的旧遗留。依照上述法律规定，县知事和录审员对他们审理的案件，有权发出传票、拘票、押票、搜索票，可以无须搜索票即行搜索，对民事被告有逃亡可能者，有权管制收押。这两部法律文本的立法本意，不仅是为了确认县知事司法权，同时也是对县知事司法权的限制。但因为条款内容的概念模糊不清，反而给县知事的自由裁量权预留了很大空间；而且规定法庭设在县知事公署之内，进一步加重了司法对行政的依附。这两部法律的导向作用，使一些已经成立的审检机构被撤销，"兼理司法"制度的施行，使县级行政对司法权的控制越发加强，律师制度在中国县一级形同虚设，实际上是徒具其名。民国初年的县知事兼理司法制度的出现，其实也是迫于现实的不得已，并且只是在尚未建立新式法院的县地实行，一旦建立新式法院后，即应废除行政司法合一的制度，需要改行新式审判体制。但全国各地的司法实际情况是，基层各县纷纷适用司法部《未设审判厅地方诉讼暂不用律师制度令》，普遍不

---

① 《县知事兼理司法事务暂行条例》，载《近代中国史料丛刊续编·近代中国国内外大事记》，李振华辑，台湾文海出版社1979年版，第2998—2999页。

施行律师制度。

北洋政府时期新设立的县级司法体制，可以分为以下几种：县知事兼理司法制度、审检所制度、新式法庭制度、司法公署制度。1912年北洋政府共设置地方审判厅和初级审判厅 303 所，其中地方厅 124 所，约占三分之一强。1913 年共设置第一审新式法院 91 所，审判处 9 所，县司法公署 46 所，司法筹备处 1 所，县知事兼理司法事务衙门大约 1800 所，另外还有少数特别法院。至 1926 年，当时全国共有新式法院 139 所，包括高等审判厅、大理院、大理院分院、高等审判分厅、地方审判厅、中东铁路附属地内所设之特别法院等。① 北洋政府统治时期全国 1800 余县内，初级审判厅和新式地方审判厅所占比例较小，所占比例较大的则兼理司法机关，大多数县仍保持行政司法合一的传统，由行政长官负责司法审判。如：直隶省共 119 县，除天津、保定、万全三县已设地方审判厅外，其余 116 县均由县知事兼理司法。② 此时《律师暂行章程》已经公布生效，但民国时期广大地区的基层法院，由于没有普遍施行新式诉讼制度和审判方式，律师制度实际上仍然处于禁止之列。

民国初期因为"兼理司法"制度，初级审判厅未及普遍设立就遭遇重挫，初审职能又回到了县知事手里，行政负责司法的审判体制依然延续。中国古代的州县衙门作为基层审判机关，在整个司法体制中占据重要地位，而州县地方长官一直承担着司法审判职责。州县长官处理刑事案件时，往往担负着今天的检察官、法医、警察和法官的多重职责，不仅负责刑事案件的勘验、传唤、通禀、通详、拘提、看押、监禁等事务，同时还负责案犯的笞杖刑、看管、发配和监管有关人犯的执行。审理民事案件时不仅负责审判，还要负责执行。民国初期的县衙，延续"行政兼理司法"旧传统，反映了社会转型时期西方法律移植遭遇的社会现实。1935 年民国"司法院"完成《各省司法概况报告汇编》，其中突出地反映了四川省各县普遍施行县长兼理司法的情况。四川省连年内战，形成所谓的"防区制度"，军阀各霸一方，各县的县长由驻军军长

---

① 《调查法权委员会报告书》，法律评论社编印 1926 年版，第 216 页。
② 《申报年鉴》1993 年 3 月。

委任，素质驳杂，很多人缺乏法律知识，有的就是"法盲"，而各县的承审法官多数是县长私人关系，再加上司法经费和法官的薪金都需要仰赖于县长，没有县长，承审法官就没了饭碗，所以承审法官唯县长马首是瞻，县长让怎么判，他就必须怎么判，县长授意枉法审判，他也依从照做，"裁判案件，难期公允。猾吏土棍，又复因缘为奸，由是人民一审未结，而财产已将耗尽矣"①。上级法院也无法保障审级权威，即使有案件上诉到附近法院，调卷传人，各县均不予配合，一案历经数月，法院也无法审结，案件自然就成为悬案。

直到20世纪20年代以后，法政学堂等各院校的法科毕业生才逐渐充任县长职务，而之前的县知事、县长大多不通法律，或出身行伍，或军阀裙带，"今之兼理司法之知事与录审员为何人？不特非专门法律人才，且与普通法律常识也有所未谙"②。这些人根本不按法定方式和法定程序进行诉讼，长官认为判决书任务繁重，就改为简易判决，因简易判决也应该符合法定方式，所以不愿受其拘束而干脆改为堂谕，"观于民国四年司法部之呈请变通，可知兼理司法之知事，于法律常识实若未具。以毫无法律知识之知事而知县知事作判决书之困难，而特于变通，又岂肯让律师之出庭"③。尽管立法并无明文禁止律师出庭，但事实上是禁止律师执业的。

据王用宾《二十五年来之司法行政》一书中披露，自民国建立至1927年，由县长兼理司法的县数占全国总县数的90%还多，这种情况多年间没有什么改进。1929年曾制订筹设全国地方法院的六年计划，目标是到1935年为止，全国地方法院筹设完成。按照此计划，到1936年就不应再有县长兼理司法的县，但是六年期满时，计划却落空了。1936年全国只有县法院397个，"第一审仍有一千四百余县，在审判检察不分、行政司法混合之下"。很多人认为县长兼理司法是理所当然，而县长们又视司法为禁脔，根本不容他人插手，因此地方上强烈反对取消县长兼理司法制度，多方阻挠设置地方法院，中央政府亦无力强制推

---

① 《中华民国史档案资料汇编》第3辑习法（一），中国第二历史档案馆，江苏古籍出版社1991年版。
② 《申报》1919年4月20日。
③ 《申报》1919年4月20日。

行,"任其污辱于地方官吏淫威之下二十余年而不闻不问"①。1947年11月江西省高等法院首席检察官张毓泉提交全国司法行政检讨会议一份提案,直指"县长兼理检察职务,其贪赃枉法、积案滥押者十常八九"。民国时期县长兼理司法造成的后果十分严重,至民国终结一直都没有解决。

20 世纪 30 年代初,江苏高等法院第二分院院长沈家彝,随蒋介石视察湖南司法事务,他在进呈蒋介石的报告中直言,因为国家没有财力普遍设"立法院",现阶段县长兼理司法还不可废止。他认为:"以中国目前财政而论,断不能普设法院,县长兼理司法,制度势在必存。而一省之中法院究属有限,大部分人民皆托命于兼理司法之县政府。故不欲整顿司法则已,如欲整顿,则必须将法院与县兼理司法等量齐观。"②沈家彝甚至认为,对司法进行整顿的同时,必须将法院与县长兼理司法放在同等地位。他在报告中还说,湖南省地方法院和分院很少,诉讼极为不便,且自民国以来,湖南地方政权屡经变化,各县法院时设时废,人民对于法院,信仰薄弱,零陵邻近各县百姓不得不打官司时,往返须费几天时间,疲于奔命,劳民伤财。由县长兼理司法,符合中国国情实际。

民国时期"兼理司法"制度出台并长期延续,是当时司法改革最突出的变数。其原因是复杂的,除了传统体制和观念的遗留影响,客观上,新式制度推行受到了各方阻碍,加之财力限制、司法人才匮乏等条件的不足,还有"审检所"制度自身的缺陷等因素,都造成了司法体制变革的反复,可见突破传统之艰难。仅仅追求形式上的近现代化,结果可能欲速则不达,甚至会出现意想不到的变数。民国时期不仅有兼理司法制度的旧遗留,还有前清法律的继续援用,如前清野蛮、残忍的斩首刑,直至 1929 年很多地方仍在沿用。曾有人给国民党中央执行委员会写信,要求明令废除斩刑,信被转到国民政府"文官处",又转到"司法院","司法院"经过复议,做出如下答复:"查死刑用斩,早已废除,原呈所称'犹多沿用'一节,是否军警机

---

① 王用宾:《二十五年来之司法行政》,《现代司法》1936 年第 1 期。
② 沈家彝:《视察湖南司法应行改进事宜报告书》,1934 年。

关因镇压匪徒，或有此种办法，无从悬揣。但原呈用意深厚，不妨略取其意，酌予申明禁令。凡执行死刑，除依刑法及刑事各特别法令处置外，一律禁止死刑用斩，以符法制。"① "司法院"称斩首刑早已废除，事实却并非如此。民国时期沿用传统司法的不只是刑罚，还包括诉讼模式，许多案件的审理没有完全脱离前清影响，特别是在基层法院，法官审案还是前清那一套。

县知事、县长重掌司法权属于旧传统遗留，因为"兼理司法"制度的施行，独立司法机关始终未能在全国范围普遍设立，从而无法落实新式诉讼制度和审判方式，造成律师制度推行的现实阻碍。但凡事都是相对的，正因为新式律师制度遇阻，旧讼师才得以容留，1912年《律师暂行章程》正式颁布施行后，民国时期依然可见讼师活动，与此不无关系。

二 讼师的惯性生存

民国司法领域的旧制度遗留，客观上给传统讼师执业提供了生存条件。关于讼师与律师共存的准确时间，客观上无法准确认定，但可以确定的是，传统讼师并没有因为律师出现而立即消亡，在相当长的时期内，讼师得以惯性生存。

1907年清政府曾规定，妇女、未成年人、有心疾疯癫者、积惯讼棍不得充当代诉人。从一方面看，这是对讼师的规制，但另一方面也说明，讼师依然是现实存在的，讼师活动应该也是活跃的，否则不会制定专门针对性的限制规定。在租借地等各大口岸城市，因为领事裁判权和会审公廨制度，施行了西方诉讼模式和审判方式，这些地区的律师执业活动比较活跃，而在其他地区，律师的出现对讼师执业的冲击并不明显，讼师活动依然故我。

北洋政府时期随着律师制度的颁布施行，律师正式取得法定地位，开始名正言顺地提供法律服务，传统讼师逐渐衰亡。因为上文所述多重原因，客观上，律师制度推进阻碍重重，最核心的问题没有解决，司法模式没有彻底革新，律师制度在全国范围内无法普遍实行，特别是"兼

---

① 司法行政部编：《司法法令汇编》第4册，上海法学编译社1946年版，第252页。

理司法"的制度容留，讼师客观上获得生存空间，传统讼师依然得以继续执业。

清末民初，讼师活动依然有痕迹可查。

例一，1897 年 5 月 25 日的《申报》刊登一则消息："浙江余杭已革举人杨乃武，素工刀笔。光绪初年因葛毕氏谋毙本夫葛品连一案仅以所为不端，革去功名，递解回籍。迄今二十余年。初时尚知敛迹，近则故智复萌，时或扛帮讼事。杭州府林迪臣太守访拿讼师，以杨为首，业经解省。审讯后，即发迁善所拘禁，以示薄惩。"① 当时杨乃武被无辜牵涉葛毕氏谋杀本夫一案，轰动全国，至今由这起案件改编的民间戏曲"杨乃武与小白菜"仍广为流传，戏曲中的杨乃武是个教书先生，这是事实，但还有一个事实不为人知，杨乃武也是个讼师。官府称杨乃武"素工刀笔"，他应该是一个具有丰富诉讼经验的资深讼师，"故智复萌，时或扛帮讼事"，这是操讼业无疑，在杭州府太守专门针对讼师的治理活动中，杨乃武被抓起来，审讯后被送到专门的迁善所拘禁，按今天的话就是送去劳动教养。杨乃武被抓的 1897 年（光绪二十三年），中国发生了多起值得关注的历史事件：这一年，发生了巨野教案，德国侵占胶州湾，法国政府上书清廷租借广州湾；这一年，浙江大学前身求是书院成立，商务印书馆成立，中东铁路开工，中国第一套邮票由大清邮局发行。晚清政府不得不承受内忧外患，传统社会面临诸多变迁，讼师杨乃武被抓一事，与上述历史事件相比，只是一桩寻常小事，正所谓细微迹象可以准确把握时代脉搏，这则报纸消息真实地反映出晚清时期的司法实况，亦可见其时官方对待讼师的态度。

例二，北洋政府发生了一起民国革命家马云卿被人诬告而革职的事件。马云卿，1911 年 10 月 10 日参加武昌起义，行为英豪，被视为人才，后被湖北军政府任命为军务部长，负责筹集武装入豫。马云卿受命后，树河南旅鄂"奋勇军"大旗，召军两千人，率"奋勇军"北上坚定革命，所到之处，清军溃逃。1912 年 4 月北洋政府成立后，"奋勇军"被改编，马云卿为西路巡防，统带两个营，先调驻淅川，后移驻新

---

① 《申报》1897 年 5 月 25 日。

野、邓县一带，继续进行除暴、剿匪、禁赌、剪辫、放足等活动。邓县土豪"黄八女"拥有土地千顷，马云卿命他每天给革命军送小麦一车，"黄八女"不从，马云卿于是以抗粮不交的罪名，将"黄八女"之子扣押南阳。另有京官孙举人之子，仗势抗命，拒不剪辫，为马云卿所杀。正因为马云卿行为激进，遂为当地保守豪绅所记恨。孙举人与襄阳豪绅李某勾结，重金聘请邓县刀笔讼师袁嵩。讼师袁嵩受命写了告状信，向大理院诬告马云卿，马云卿遂被革职。当时民国政府已经施行新的诉讼模式，孙举人等人须到北京大理院告状，但请来写告状信的却是讼师，而不是律师。地方豪绅观念保守且固执，他们不拥护革命，不接受时代变革，自然也不接受变革后的新事物，这些乡绅依然信赖讼师，袁讼师应该是当地名讼师，他的刀笔功夫了得，足以颠倒黑白、混淆是非，否则也不会诬告得逞。

例三，民初有讼师陶锡庚，受人尊敬，经常调解乡间纠纷，被记入族谱传记。民国初年陶家庄乡绅陶锡庚，人称"陶五先生"，亦称"五老先生"，是有名的讼师。据《陶氏族谱》中《郡庠生陶公锡庚传》记载："陶锡庚，字翊辰。少颖，从九峰先生读书，每一艺出，先生即深为嘉评，尝曰：'汝大器晚成，吾于汝有厚望焉。'""久困场屋，虽屡拔前茅不获早登高科，年近三十始以第一人入乡试。"陶锡庚中举后，乡间有事，都依赖他排解，他磊落不群，能"言人所不敢言、行人所不敢行"。有一养羊人家的山羊啃了佃农的麦田，佃农发现后非常生气，便找羊的主人理论，二人争执不休，最后告上县衙，县老爷说二人没有状子不予受理，二人只好先后找陶锡庚代书诉状。他为佃农写的是："羊羔羔吃麦苗，前腿刨，后蹄蹬，麦苗根儿朝了天。"后又为养羊人写道："三九腊月天，地冻赛钢砖。洋镐刨不动，羊嘴怎么餐？"县太爷看罢，左右为难，不知如何评判，便差人请来五老先生从中调解，两家就此了结。① 一桩民事纠纷由此化解，当然要归功于陶讼师。陶讼师应该是当地的贤达人物，他不可能故意刁难县令，这件事被写入族谱传语后人，说明陶讼师的做法是深得人心的。

以上三例，讼师的活动时间不一，一例发生在清末，其余两例发生

---

① 参见《陶氏族谱》，《郡庠生陶公锡庚传》。

在民初。例一，杨讼师因"扛帮讼事"被抓，清末官府对讼师的集中整顿，恰恰说明这个阶段讼师活动可能是频繁的，或者造成了一定的社会影响，才会引起官府注意而成为打击对象。当时距离浙江不远的上海租界，律师活动已经非常活跃，中国社会的法律服务群体面临新旧更替，但传统讼师依然惯性生存。例二，袁讼师收受乡绅重金，代书诬告信递到大理院，将革命家革职查办。这起案件发生时清逊共和替，革命趋势已经不可逆转，但保守阶层顽固、排斥革命，讼师属于传统的固有之一，新旧冲突时期，对讼师的需求显然基于既有习惯。例三，陶讼师是讼师的一个正面形象，他以智慧化解了乡里纠纷，赢得了乡间人的敬重。民初乡土社会里还有讼师的活动空间。

　　传统讼师得以惯性生存，与转型时期的社会复杂局面密切相关。究其具体原因有如下几点。第一，民国初期律师数量不多，多数是留洋背景，社会地位高，大律师更是大人物，普通民众难得一见。国内法政学校等法科毕业生取得律师资格者，受执业范围限制，律师执业远未渗透到全国各地，特别是乡下，还见不到律师的身影，也没有可能轻易就请到律师。第二，民国时期司法改革不彻底，民国初期沿用前清旧制，给讼师活动在制度上提供了容留空间，"兼理"司法制度的延续，客观上排斥了律师活动，保留了讼师熟悉的执业环境。第三，前清法律大量被北洋时期继续援用，与传统讼师既有的知识结构相适应，讼师仍有用武之地。并且地方司法官员多是前清旧吏，与当地讼师是旧相识，这也给讼师继续执业提供了客观条件。第四，民间百姓存在惯性需求。民间百姓打官司找讼师已成习惯，打官司是要讲理，有理无理的都要讲出来的，无论衙门如何更换名称，在旧时上堂还是现在进法庭，老百姓心里一样忌惮，乡间人少见或者几乎见不到律师，习惯地找身边熟悉的讼师帮忙，国人忽然间没有了皇帝，但很多惯常做法不可能瞬间改变，客观上支撑起讼师延续生存的执业空间。

　　虽然清末之前朝廷通过制定条例屡屡严格抑制讼师活动，但始终无法削弱讼师的顽强生命力。随着清末民初的社会变迁，国家和法律向现代化转型，司法变革带来新的诉讼模式、新的司法机构、新的官称以及从西方直接移植而来的律师制度。民众对于新事物的接纳，普遍有个渐进的过程，特别是新事物完全没有传统基础，无论体制内外都没有自发形成内在需求，被大众顺利接受的程度可想而知。清廷为了收回治外法权，直接移植西方司法制度，是自上而下的推动，设立律师制度与普通民众选择无关。清末民初的绝大多数民众面对种种社会变革，依然懵懵懂懂，对他们刺激最大的，是没了皇帝，是剪掉辫子。律师从无到有，是崭新的西方舶来品，时人对律师完全是陌生的，乡土社会的百姓对于从讼师到律师的名称变化并不敏感，并不关心二者的本质区别，多将律师与讼师混为一谈，不过都是帮人打官司的。清末民初"律师兴、讼师灭"发生了，但是讼师没有立即消失，讼师在一段时期继续惯性生存。

三 讼师活动空间的转移与身份的转换

律师制度施行初期，讼师与律师尚能抗衡。从整体人数，还有参讼办案经验，或是人情世故关系上，讼师都还占有一定的优势。1915年北洋政府颁布《司法官考试令》，司法队伍开始大换班，传统讼师处境尴尬，逐渐陷入孤立。北洋政府后期关于律师的规章制度不断颁行，至南京国民政府时期律师法律体系逐渐完备，新兴法律人才大量涌现，开始流向律师行业，律师在法庭内外逐渐占优势，讼师的生存空间越发受到挤压。

因律师影响力逐渐增强，讼师不得不调整执业范围，被迫向中小城市或偏远地区转移，回归最基层的乡土社会，讼师的活动空间明显发生了变化。根据张庆军、孟军祥整理的民国司法活动资料，民国时期江苏海门县讼师活动频繁，有几个讼师整天坐在衙门前的茶馆里，遇到想打官司的人，就主动上前搭话，吹嘘自己如何神通，这些讼师被人讥讽为"朝风蜘蛛"待食而捕。有一位来自下沙的农民顾某，因家庭矛盾，与兄长发生争执被打伤，激愤之下就想到县府告官。等赶到县衙门口，头脑冷静下来，怒气渐消，打算吃杯茶就回家，谁知与某讼师交谈后，火气重涌，讼师火上浇油，竭力怂恿，还保证打这场官司只赢不输。顾某犹豫不决时，讼师已经跑进衙门，喊出一位法警，与法警耳语几句，法警立即吩咐买状、撰状、递状，顾某骑虎难下，一步步照办了。从此顾家无宁日，传票费、差旅费、食宿费、传告费不断往外掏钱，顾某也想过撤诉，但他兄长这边也受了另外讼师的鼓动，兄弟俩针锋相对，不依不饶，一桩小小的家庭矛盾，引发了一场长达一年的纠纷，双方精疲力竭，从此势如仇敌。①

民国时的《苏州晨报》刊载过一桩趣闻，讲当时某地乡间讼师怎样玩弄手段、诈骗钱财。某乡绅兼操讼业，与官府勾结，大肆鱼肉邻里、乡党，百姓有了官司，必先到他处登门拜访，送钱请托，一般小事，只需他一句话就可定案。有乡民两人争分家产，争要一台织布机，这台织布机也就值两三元钱，兄弟俩争执不下，要闹到法庭公断。兄先去和讼师商议，说了自己的理由，讼师答应他到县里请托，可把机器断给他。但乡绅说，"衙门难进，内外都要钱，凭他的关系，也要百金，你愿意么？"见对方犹豫，他继续鼓动，"争气不争财，钱财事小面子事大"，对方终于点头答应，交款而去。弟不知兄已找过乡绅，他盘算自己认识乡绅，可以找他出面帮忙，于是弟也登门拜访，表明自己想到法庭控告兄，讼师又把对其兄说过的话再讲了一遍，弟表示不惜花费，当场答应百金。兄弟双方的钱都给了，讼师答应近日进城见官。几天后告诉兄长，"已见官，因你是兄，织布机理应判给你，你归家即取，弟如和你争，就告诉他是法庭裁断，不服者加重惩罚，决不宽恕。"兄闻听后乐不可支。弟打探到消息，去讼师家责问，讼师安慰他说，"你胜了，县里夸你人品好，理应得机，但这台机器也旧了，你要它也不值，县里专门制了一台新的织布机给你。"只见堂屋上放着一台崭新的织布机，弟破涕为笑，感激不已。讼师又告诉弟，"你先回去吧，明日县里派人来，新机器送往你家，还有酒食，给你兄弟言和。弟觉得荣耀之至。"第二天，果然有人送来新织布机还有一桌酒席给兄弟二人，兄弟两个和好如初。他们却不知，这些都是讼师玩的手段，一台织布机加一桌酒席费用不过10元。

不管世事如何变迁，时人眼中，从前清到民国的讼师手段还是以诡计谋财，而见诸报端的律师，多是时髦、新潮的文明形象。在一段时间内，讼师和律师在不同领域、以不同的形象、不同的方式，形成执业交集，为转型中的中国社会提供着法律服务。大多数情况下，律师和讼师有各自的活动空间，二者的执业地域明显不同。在上海、北京、汉口等

---

① 张庆军、孟国祥：《民国司法黑幕》，江苏古籍出版社1997年版，第113页。

大城市，传统讼师已难立足，他们被排挤至小中城市或偏远地区，而在未设立新式法院和未施行新式诉讼模式的地区，律师却无法施展本事，讼师仍有用武之地。民国时期新旧法律服务群体交集的地域，尚无从准确判断，但根据现有资料分析，新旧交集地域的形成受两个因素影响：一是传统讼师执业的活跃程度；二是新式司法体制和律师活动的拓展程度。各地讼师的生存情况也存在差异，如上海等新兴通商口岸没有讼师身影，而上海地区周边的县，则聚集了不少讼师，讼师执业地域发生空间转移。如苏州一带，清末是讼师活动的典型地区，受传统遗留的影响，民初讼师依然惯性执业。民国时东吴大学在苏州办学，新式法律制度和新兴法律人物在苏州城并不陌生，律师出现了，讼师却未退场，从而形成了执业交集；再如北京、天津地区，作为西方司法制度最先推进的地区，随着新式审判机构的确立，律师业发展迅速，但"律师兴"没有瞬间导致"讼师灭"，司法体制边缘开始出现模糊身份，出现了"非律师""黑律师"现象，折射出制度适应中的变异反应，新旧群体交集的形态更为复杂，而边远偏僻地区，就不存在交集，因为律师还未渗入。

《苏州茶馆往事》曾描述民国时期苏州的讼师活动。清末民初苏州有两家有名的茶馆，道前街舒巷口"凤翔春"和桃花坞"胜阳楼"。苏州茶馆出讼师，"凤翔春"靠近高等法院，"胜阳楼"贴邻地方法院，在茶馆吃茶的，多不是为了逍遥自在，不少人看起来忧心忡忡、满腹心事，多为涉讼而来，茶馆里坐的有原告、被告，有律师、代书状子的，还有所谓的律师捐客。捐客的活计就是怂恿人家打官司，再介绍律师从中渔利。原、被告在开庭日在茶馆等候传讯，或者约律师在茶馆商量辩词，还有许多农民来苏州打官司，少不了要先托人代写状子。此处商业衰落，好多茶馆停歇，而"凤翔春"和"胜阳楼"两家经营依旧，生意兴隆。胜阳楼里还出了一个小有名气的讼师丁白也，丁白也名廉宝，在当地是有名的状子代笔人。丁白也的父亲当初以酤酒为业，开着一家小酒店，牌号"永丰"，店堂里有三只方桌兼售热酒，桃花坞、河沿街一带的手工业者常来此处小酌，因此生意不错。丁父虽然经商，却是一位学究，四书五经、《史记》《通鉴》背得滚熟，他望子成龙，课子很严。丁廉宝从小读了点书，有点歪才，十五六岁时白天在店里帮着父亲做买卖,晚上父亲回家睡觉,他就睡在店里看店,看起来还蛮老实。其实丁廉宝自幼就不是安分守己的人,偷鸡摸狗,无师自通。当时店后面有一家小赌场,他经常待晚上父亲离店后,偷偷赶到赌场,耍到天明将至才悄悄回店小睡,后来东窗事发,被父亲痛打一顿却不悔改,终于被父亲赶出家门。丁廉宝却满不在乎,竟然靠山吃山、靠水吃水,终日和赌棍、流氓厮混,不久还加入了青帮。他晚上在赌场帮忙,白天就在胜阳楼专门为乡民代写状子,每份收二元,因为他稍有国学基础,又兼有几分歪才,所以生意蛮好,慢慢地小有歪名,还收了些徒弟。1937年苏州沦陷后,他趁苏州居民纷纷离乡避难,在各处开烟馆大干起来,还与贩毒总机构"宏济善堂"拉上关系,靠恶势力纠帮贩毒,并得到日伪势力支持,成为苏州一霸。丁廉宝坏事干尽,罪恶累累,最后天理报应,在中华人民共和国成立后以伏法告终。

　　清末至民国,苏州一直是富庶之地,又临近上海,受社会变迁影响较大。民国时期苏州当地报纸,有专门版面登载新式审判案例,还刊登关于律师执业的报道。如《苏州明报》曾用极其醒目的位置,刊登当地富商聘请大律师章士钊为法律顾问的广告。[①] 因为律师制度的实施和影响,按理说,苏州这样的城市应很难见讼师,但正如前所述,当地的讼师活动没有销声匿迹。苏州是清代盛产名讼之地,长期以来,传统讼师活动频繁,传统养成已深,即便民国律师制度已经实施,且发展很快,讼师也没有完全退归乡间,更没有彻底绝迹,而是变换执业方式,转换执业空间,因此也形成了律师和讼师的执业交集。

　　民国时期的天津,有不少民国大律师挂牌执业,如唐宝鄂、刘崇佑,但直至民国末期,讼师活动都没有完全销声匿迹(下文会着重提到天津讼师与律师的斗争)。只是讼师的活动比以往更加不能正大光明,他们没有律师的法定权利,成了地下"黑律师"。天津市档案馆曾经组织编写一套关于天津旧事的系列丛书,其中有一本《旧天津的大案》,书中详细描述了1946年天津卫发生的一起轰动全国的佟海山霸占小白玉霜案。[②] 在这起案件中,有一个"黑律师"替佟海山出头,还写告状

[①] 《苏州明报》1925年10月。
[②] 周利成、王向峰:《旧天津的大案》,天津人民出版社2010年版,第35—40页。

信状告当地警察署官员,最后佟海山连带"黑律师"一起丢了性命。

1946年夏,评剧名伶小白玉霜(原名李再雯)到天津献艺,当年的李再雯24岁,花容月貌,楚楚动人,一进天津城,就被大混混佟海山看中,他想方设法对李再雯软硬兼施将她霸占,李再雯无奈下只能认命,以为有了佟海山做靠山,就可以在天津卫从此站住脚,能安心唱戏。佟海山,人称小佟五,久居天津地道外,混在青帮,凶暴残忍,心狠手辣,许多地痞流氓都投在他旗下,一伙人横行南市、地道外和鸟市一带,寻衅滋事,欺压百姓。他有一个嗜好,爱听戏、爱捧角、爱玩戏子,日伪时期佟海山开始涉足娱乐界,把持着几个大戏园,控制着数名戏曲艺人,收取保护费,人们对他敢怒不敢言。这样的人看上李再雯,怎么会给她带来保护和安宁?佟海山不只霸占李再雯,还把她当成了摇钱树,根本不管她死活,李再雯辛苦挣来的钱统统被佟占为己有。李再雯稍有不从,轻者张口就骂,重则抬手就打。李再雯为了面子,也惧怕佟海山的淫威,从不敢去官府告状,只能忍气吞声。

李再雯与曹锟的一个居津的小儿子在北平时即相识,进津后一直保持联系,李再雯在挨打受屈后,经常到曹处诉苦,曹多次劝她下决心,尽早脱离这种不明不白的关系,并说会给她想办法。1946年11月北京有人来津邀请李进京演出,吃饭时商议演出日期、上演戏目和包银诸事宜,议定后当场预付了一半的包银作为订金,李再雯正要用手去接,却被佟海山一把夺下,揣进了自己的腰包,让大家都很尴尬。李再雯脸色稍有不悦,佟海山当场就给了她一记耳光,并破口大骂起来。正是这记耳光,让李下定了决心:彻底脱离佟海山!她谎称上厕所方便,跑到了曹府,曹答应让她暂时躲在曹府,以后的事情由他出面处置。佟海山在席间等候多时也不见李回来,就让人去厕所找,仍不见她的踪影,感觉到事态不妙,立即召集人马四处寻查无结果后,恼羞成怒的佟海山认为李再雯存心摘他的"眼罩儿",坏他的"名声",扬言一定要将人抓回来并将她活剐了!

曹闻讯后急忙找关系,托了天津警备司令部稽查处长白世维出面调解,劝佟海山答应尽早脱离与李再雯的关系。白世维认为他亲自出马,定能如愿了结此事,于是在登瀛楼设宴,广邀天津卫各界人物作陪,屈尊下帖请佟海山出席。没料到佟海山根本不给面子,听完了白世维转达李再雯要求与佟脱离关系后,站起身来说:"恕兄弟我愚钝,白爷话我听不明白,承蒙在座各位老少爷们儿看得起我,大老远赶来,我佟某不是冲大伙儿,我先恕个罪,我还有事,先告辞了!"说罢向大家一抱拳,行了一个"罗圈儿礼",转身扬长而去。这样弄得白世维当众无法收场,白世维深感奇耻大辱,大包大揽地把这事应下,原想向双方买个好儿,没想到竟碰了一鼻子灰,还让一个"杂巴地"的混混儿,在众目睽睽下奚落了一顿!他越想越窝火,盛怒之下,下令将佟海山抓起来。他本没想将佟海山治罪,只想杀一杀他的威风,让他知道自己的厉害,服个软儿,就把他放了。可没想到,佟海山根本不吃这一套,非但没服软,还扬言要找人来办他!

佟海山有个外号叫"佟大姑"的亲姐姐,当时在天津卫是个风云人物,是出了名儿的悍妇,她丈夫就是个"黑律师",专门包揽诉讼。闻知佟海山被捕消息后,他们先在《民国日报》上登载鸣冤启事,后又在《中央日报》上将此案抖了出来,一时间天津的《民国日报》《大公报》都做了跟踪报道。因为与评剧明星小白玉霜有关,所以消息一经发出,很快便传遍了全国各地,新闻界的普遍关注让李再雯不能再沉默了,她先是向《大公报》详述经过,后又向天津地方法院递交了诉状。与此同时,佟大姑的丈夫也写了诉状控告白世维。白获悉后大为震怒,事态的扩大使他始料不及,情势所迫他只好先发制人,马上将佟海山处决了,以免留下活口再生事端。按照日常处决罪犯的惯例,须在下午二时将犯人提出,经示众后再押赴小王庄刑场执行处决,由于事情紧急,这次一大早就将佟海山由稽查处提出,直奔小王庄刑场执行,当日仅在东马路贴出一张布告,处决佟海山罪名是"通匪"。当晚白世维又派人将佟大姑的丈夫从被窝中掏出投进了海河,写状告他的"黑律师"也丢了性命!事后小白玉霜携其年迈的老祖母李下氏远走他乡,离开了天津。

佟海山霸占小白玉霜案,明显地反映出一个客观现实,那就是当时"黑律师"的存在。佟大姑的丈夫平素包揽诉讼,混迹司法,绝非弱小,否则不会如此胆大妄为,与天津警备司令部斗法。据资料记载,"佟大姑"的丈夫被名以"黑律师",他在佟海山案件中出谋划策、写告状信,显然是过去讼师的做法。北京市档案馆所藏民国年间的司法档案，经常出现"非律师"的话语表达，北京律师界用"非律师"称呼那些没有取得律师资格、尚未加入任何律师公会，却在司法诉讼活动中提供代理服务的人。在《天津文史资料选辑》中，用的则是"黑律师"一词。据1940年天津律师公会的调查统计，当时的"黑律师"达二三百人之多。[①] "非律师"或"黑律师"的身份不合法，收费更是非法的。这些人群的滋长，与司法传统的旧遗留不无关系，但更主要的是因为国家司法体制的漏洞。这些人的群体构成，有传统讼师的部分遗留，过去做讼师的还继续从业，也有伴随时代变迁而重新滋生的非法身份。1914年（民国三年），天津设立直隶高等审判厅及高等检察厅，同时设立天津地方审判厅和地方检察厅，律师以合法代理诉讼的职业身份开始在天津出现，然而司法体制边缘也随即出现了灰色人群，他们有的来自法院退职的书记官、司法警察，有的是行政机关的小吏以及会道门的黑道人物，还有一些人打着新闻记者招牌、却干着调词架讼勾当。民国律师制度施行以后，民众眼中那些包揽词讼的讼师表面上看似消失了，却依然有人干着和讼师一样的生计，原来的讼师改头换面，又有新的人群进来，地下或半地下的参讼助讼活动依然继续。

无论是苏州讼师丁廉宝，还是天津"黑律师"佟姐夫，这些新旧执业交集的情况，都可归于旧遗留。所谓"非律师"和"黑律师"，不过是原有的非法定身份的群体发生了新的执业形态变化，传统讼师摇身一变，改了新名称，实质上都是徘徊在国家正式司法体制边缘的模糊身份，是灰色人群的不确定形态。

民国时期司法领域新旧杂糅，事实上存在新旧法律服务群体执业交集的客观情况。讼师的去向不同，有机会提供容留空间的，即继续执业，得以惯性生存下来；如遇到司法环境大变化，就转移活动空间，或者转换生存形式，而隐性活动。有些人选择放弃讼行，转以他业谋生。还有讼师趁时局混乱之际，跻身进政府，改头换面成了官老爷。1918年至1919年，讼师邱沅出任淮安县知事，讼师做了县知事，应该知足，但邱沅还贪图钱财。据当地县志记载，后来邱沅贪污三万元被解职，他

---

① 姚士馨：《解放前天津律师业概述》，载《天津文史资料选辑》第三十七辑，天津人民出版社1986年版，第188页。

贪污的钱存到钱庄被骗了半数。① 这是明显有迹可查的讼师去向。大部分讼师的命运应该是自生自灭，讼师形成本是自发，有民间需求就以助讼为生涯，否则就另寻谋生之路，讼师无生意可做，转行也是自然。

1967年湖北某地清理"二十一种人"，竟然清理出了一个中华人民共和国成立前的讼师。当时死了两个驼背，一个是陈驼子，因出言不慎惹祸自杀；另一个是刘驼子，据说刘驼子中华人民共和国成立前在县城当过讼师，死前是供销社售货员。当时刘驼子本来不在清理之列，最后他却受到了单位批判，还准备把他揪到公社万人大会上去斗争。刘驼子丢不起这个丑，大会前夜上吊自杀了。资料里没有提到刘驼子怎么当上的售货员，但之前他做讼师的事应该被人记得清楚，否则中华人民共和国成立后人们不会想起这笔昔日旧账。

民国时期律师如何"兴"的轨迹清晰，讼师怎样"灭"的情况却是模糊。考虑到"非律师"和"黑律师"的现实存在，也可以这样认为，他们和讼师存在着一定关系。讼师一行，无论兴旺、衰落或遗留，始终处于"非法"状态，灰色身份人群的长期隐性存在，对中国的社会生活和法律生活产生了深刻影响。

第三节　讼师与律师的合作与斗争

一　讼师的生存努力

民国时期的讼师越发难以立足，他们的执业空间和业务范围越发狭窄，尽管讼师的作用及影响力越来越微弱，但事实上却在相当长的时间顽强地生存着。张庆军、孟国祥曾在《民国司法黑幕》中提到民国讼师活动，"竞争更显激烈、手段更见卑劣，已至无所不至的地步"②。

民国时人天虚我生曾编写《老上海见闻》，书中收入"状师"一条："状师在吾国，本已具着悠远绵邈的历史，但是，自从欧风东渐以来，律师的制度传入我国，既而国人多数察觉状师的弊窦与罪恶，因之

---

① 《淮安县志》，"民国七年至八年"。
② 张庆军、孟国祥：《民国司法黑幕》，江苏古籍出版社1997年版，第113页。

民国成立伊始，政府当局即颁布命令禁止状师的私底营业，规定只许正式律师悬牌应征，但是状师的演出却始终没有绝迹……""依目前状态而说，有法院的所在，就有小茶馆的踪迹，这些状师们，几乎全部都在那里驻足……以作业务上的竞争……他们对古时那种巡检、典司、吏目之类的人物，都具有相当的交谊"。① 这段文字真实地描述了民国初年的讼师（状师）情况，反映了时人对讼师的认识。讼师之弊端由来已久，并非与律师制度对比后才被察觉，不管是清朝廷的"查拿"，还是民国政府的"禁止"，讼师活动都不是公开的。讼师被彻底排除在法庭之外，只能在庭外想办法施展手段，讼师依然存在，即便在上海这样的"文明社会"也有迹可循。

讼师被视为"刁民"，刁民也是民，不管是在近代国家还是在传统社会，无论被禁止、抛弃还是漠视，总要生存，总要挣扎。民国时期讼师一行之所以走向衰落，根本原因是律师制度的施行。在新式司法体制环境下，律师才是司法变革后需要的法定职业；讼师为了生存，必然努力挣扎。于竞争中，讼师暴露出太明显的薄弱和短处：一是法理欠缺，讼师不熟悉新式法律规定，法理不通，业务即不能深入，遇到疑难案件无法应付；二是讼师缺乏律师应有的法定权利。在民事诉讼中不能出庭做代理人，在刑事诉讼中也不能作为辩护人出庭辩护。讼师上不得台面，也不能调取卷宗。根据南京政府公布的《刑事诉讼法》第27条规定，"被告于起诉后得随时选任辩护人。被告之法定代理人、配偶、直系三亲等内旁系血亲或家长、家属，得独立为被告选任辩护人"。第29条规定，"辩护人应选任律师充任，但非律师经审批长许可者，亦得选任为辩护人"。从立法条文而言，后一项规定给讼师出庭提供了客观可能，但实际上极少能够实现。

民国时期的讼师为生存而努力活动，其林林总总，不一而足。

第一，主动招揽客户。讼师没有执照，不能挂牌，不能坐等客户上门，只有四处打听，到处招揽，法院门口、茶馆酒肆、街头市井、乡间里坊，是讼师招揽生意的所在。稍有线索便紧追不放，不挑案子大小，不计较酬金丰薄，结果不论输赢。讼师没有律师的法定权利，不能直接

---

① 天虚我生：《老上海见闻》，1915年。

调阅卷宗，为了解案情，讼师必须四处奔波忙碌，明察暗访，跑被告、跑原告、跑承审员、跑书记官、跑证人，跑所有涉案人员，四处打听案件细节，然后再盘算计议，制定应对办法，这样才能赢得诉讼当事人的信任，不至于中途换人。

第二，广交关系。想保住讼师饭碗，必须门路广，要和法院交接，和法院那些基层人员如司法警察、庭丁、承发吏、传递员等搞好关系。起码做到出入法院不受门禁之限，能在法院畅行无阻，甚至做到让取保的当事人，无论民事、刑事案件，可以先放人、后送保单，法院不为难。能办到这些的讼师，当然在当事人心中有分量，也利于招揽业务。讼师做到这样程度，得靠脸皮厚了，要不惜人格，不怕受辱，遇到呵斥指责，也能笑脸相对；要敢于行贿、送礼，拉关系、套近乎。民国时期讼师认干亲、拜把子、拉同乡、拜老师、结儿女亲家、搞裙带关第，各自花样繁复，也确实因此受益。除了脸皮厚，不得已时还要做事强横，如天津讼师刘两芳，能够在讼业立足，靠的就是敢在法院耍横。他以普通代理人资格代当事人出庭，如果法官不准，他就公然坐在旁听席上，拒绝离庭，法官多熟悉他刁横，一般情况下也不愿意和他多纠缠。

第三，靠金钱铺路。由于执业合法身份的限制，讼师在受理案件时，必须靠金钱铺路，事事用钱做敲门砖。民国时期的讼师只能在当事人背后出谋划策，功夫就必须做在法庭之外。从传达、收发、厅警、翻译、书记、推事到法官，层层步步都要到位，否则就可能满盘皆输。最保险的办法，就是用大把的钱铺路，法院上下既然有好处，同时又有把柄，自然就会行方便。讼师王隐波公开说，"我都有材料，如叫我不痛快，我就来个大佛上殿，谁也别吃"[1]。为了息事宁人，也为了和气生财，法院有时也就向这些恶讼师妥协，放他们经手的案子过关。

上述各种属于民国讼师的执业能力，若不如此，就难以谋生，只能歇业关门。因为处境艰难，讼师只能在夹缝中求生存。之所以还能有容留的空间，究其原因：一是司法界的黑暗让他们有空可寻；二是操讼业者略有文化，不甘心体力劳动，除粗通法庭内外事，再无所长，为养家计，只能勉强继续；三是民间百姓对讼师有客观需求，讼师比律师更容

---

[1] 张庆军、孟国祥：《民国司法黑幕》，江苏古籍出版社1997年版，第116—119页。

易接近，讼师主动上门，对案子不挑剔，许多律师不屑于代理的案子，讼师明知必败也会承接；四是讼师没有职业道德约束，他们大多不论是非、钻营投机、胆大妄为、心狠手辣，比一般律师更适合在司法腐败的黑暗中生存。

民国时的讼师为了扩大案源，为了能接到酬金丰厚的案件，往往大肆吹嘘、编造经历，以招揽客户。如，广州讼师陈某，宣传自己上过法政学堂，还曾经海外留洋，在国外实习过律师业务，只是因为家中突然有变故，断了接济才不得已回国，因而没有取得律师资格；再如，广东省新会县讼师吴某，自称当地法院推事和他是至亲[①]；又如，天津讼师刘两芳，吹嘘自己有大学一年级文化程度，他写的状子却于法无据、文理不通；天津讼师李小全，自诩精通英文，擅长办理华洋诉讼，但是从未见有洋人来找他代理业务；还有的讼师投靠青洪帮组织，结党成群，借助社会黑势力壮大声势。民国时的天津，有高新、王一臣、王隐、刘润波四位讼师自称"东南西北四大侠"，他们暴力干讼，良善百姓和怯懦律师多望而生畏。[②]

二 与律师的合作与斗争

民国江苏司法厅厅长在陈和铣谈及民国司法问题时，言及司法官员伙同讼棍和那些类似讼棍的律师，互相勾连，干扰司法公正。[③] 陈和铣的观点应该有事实依据的，民国初期讼师并不甘心退出历史，律师也没有完全占据法律服务领域，一段时期内，讼师与律师既互相对抗，也相互合作，甚至是勾结。

前文于"法律人的职业转换"内容中，提到民国时期的政界、法界和法科教员纷纷转职从事律师业，其中不乏高官显要曾挂牌执业。民国律师大致分为四种：第一种来自司法界上层的名律师，如章士钊、董康、罗文干、江庸等人，他们这些大牌律师，专办大案、要案，收费高，名望盛；第二种曾在大专院校任法律教职，或有司法部门任职经

[①] 《广州文史资料》第七辑，中华人民政治协商会议广东省广州市委员会内部发行，1963年。
[②] 《天津文史资料选辑》第三十七辑，天津人民出版社1986年版，第194页。
[③] 参见《民国时期江苏司法档案辑录·法官卷》，国家图书馆出版社2020年版。

历，这些人法律功底深厚，有丰富司法经验，在社会上有一定的人脉和声望；第三种是国内本土法科毕业生、海外留学生毕业后直接入律师行，或从其他行业普通身份转职，这类律师社会地位、名望、交游关系无法与前两种相比，他们普遍具有良好专业背景和业务能力，也具备一定社会关系，律师收入足够维持体面生活；第四种是民国律师业的最底层，他们终年围着法院转，很少出庭代理诉讼，只在法院门前租上一间斗室，或在附近旅馆包个单间，门口挂上某某大律师事务所的牌子，就算是开门营业。这种律师实际上兼书记和勤杂一身，终日奔忙，收入不高。

第一种"名律师"凤毛麟角，他们是社会上流人物。第二、三种律师是民国律师的主要构成，人数居多，有些人为了抬高身价，也以"名律师""大律师"自居，但与第一种律师无法相提并论。第四种律师社会地位低，人数也不多。讼师与第一、二种律师地位相距悬殊，有时会和第三种律师有交锋，有机会竞争的，多是第四种律师。第四种律师被称"三不"，即文理不通、口才不行、交游不广，加之人微言轻，不被重视，为了生计他们不得不与讼师合作。其实，民国时期不只底层律师，连一些颇有地位的律师，也会选择与讼师合作。于是出现了这样的情形，讼师需要律师帮忙，律师也利用讼师扩大案源，律师对待讼师，不是一味排挤、打击；讼师对待律师，也不是一概排斥和拒绝，讼师和律师在抗衡中有合作。

讼师的社会地位低，谋生艰难，因此多不顾颜面，深入社会各底层，三教九流，无所不交，他们活动范围广，信息多，而一些挂牌律师囿于身份，往往不能像讼师一样兜揽业务，经常被讼师抢了生意。因此律师就会利用讼师的社会关系，给讼师一些业务介绍费，或者干脆与讼师合作，律师台前，讼师幕后，所得报酬双方按比例分配。

民国时期讼师与律师的合作主要表现在以下几方面。第一，合作挂牌。讼师虽然四处跑动寻找案源，但总还是需要一个场所经营业务。于是讼师就与律师合作，租间房子，挂上约定好的律师招牌，有的在自家门口，有的在法院附近，还有的在饭店或旅馆。如，天津讼师李宝意就挂着赵德成律师的招牌；北辰饭店里挂着孙学谦律师招牌，实际却是讼师温瑞的公事房。这些讼师挂着律师招牌，一方面可以此掩护，抵挡法院追问；另一方面，可彼此借力，招揽生意。第二，合作盖章。当时的司法制度规定，凡是当事人向法院递交诉状时，没有律师的盖章，法院不接收。于是有些律师就专门做盖章生意，每个状子收费三至五角，至于诉状内容根本不问，时人称他们为"卖戳律师"。第三，合作办案。如广州名律师曹某、金某、杜某、陈某，号称四大天王。他们手下各有一批讼师跑腿，有的干脆招揽过来做了助手，有的小案子，偶尔也会交给讼师处理。如南昌名律师黄某，长年雇佣着一些讼师走街串巷，与客户商洽案子时，也让一些有经验的讼师陪衬，联手唱双簧。[1] 讼师在承接案子时，许多地方需要仰仗律师帮忙，一些复杂的法律专业问题更需要业务好的律师指点、释疑，有时讼师还花钱让律师代为撰写法律文书。一般情况下，讼师对待律师，大都巴结、奉迎，希望对方能在以后打交道时给予方便。

民国初期讼师与律师之间尚能形成抗衡。讼师和律师互相帮衬、彼此合作，本应被淘汰的讼师依然顽强地努力生存着。但到了北洋政府后期，特别是南京国民政府成立以后，因为新式司法制度的需要，大批新兴法律知识分子进入律师行，逐渐侵蚀讼师的执业空间。司法界的新人登录，司法队伍的大换班，让讼师越发孤立无援。律师与法官、检察官、推事、检事、书记官，不是同窗就是师生，请托、沟通更为直接方便。讼师还要面对法律知识结构老化的问题，新法不断出台，西方法律制度陆续实施，讼师原有的执业经验、法律知识明显落后，已经远远不能适应司法实践的需要，在心理、知识结构、权利上都处于劣势。因此，即便讼师与律师合作，也始终处于被动地位，讼师与律师的竞争，极少占上风，不少讼师为了在不利状况中扭转局面，手段日渐极端。

上文提到民国天津讼师有"东南西北四大侠"，四个讼师高新、王一臣、王隐、刘润波都是青帮中人。高新家住法院之南，自名为"南侠"；王一臣住法院之北，自称为"北侠"；王隐、刘润波二人在法院之西，一个称"西侠"，一个称"西大侠"。时人也有称他们是"南霸天""北霸天""西霸天"的。[2] 他们的诉状都是用极低的代价找些底

---

[1] 朱道孔：《解放前黑律师的形形色色》，载《天津文史资料选辑》第三十七辑，天津人民出版社1986年版，第194页。

[2] 张庆军、孟国祥：《民国司法黑幕》，江苏古籍出版社1997年版，第122页。

层律师代做，基本事实说不清、道不明，法条引用张冠李戴、错误百出。这类讼师之所以能生存，一是他们与法院基层勾连交接，办事方便；二是当事人找这些讼师，也有以暴制暴的目的，事主对法律业务本身多不在意，这些讼师往往有自己稳定的客户市场。

讼师受理业务后，感到窘迫而又最无奈的，就是不能以普通代理人的资格出庭。江苏海门讼师刘二宝，曾经接手了一桩颇有油水的案件，律师陆仰山代理被告出庭辩护，刘讼师却没有这权利，以至于他代理的原告败北，案件获胜无望。刘讼师私下央求陆律师，希望原被告和解了事，陆律师胜券在握于是严词拒绝，结果刘讼师的案件败诉，一笔丰厚的收入没了。刘讼师败诉后，守候在陆律师回家的必经之路上，等陆律师走近后，就将预先准备好的草纸包着的粪便撒扬在陆律师头上，随行的其他讼师和闲人，异口同声高喊陆为"吃粪便律师"，拊掌狂笑。陆律师受此羞辱，狼狈不堪，无计可施，也只能认自己"倒霉"。

人称"南霸天"的天津讼师高新，法庭上失利就动用武力。高新曾和王俊生律师在一桩家庭纠纷案中，各自代理原、被告。"南霸天"对这桩案件非常重视，精心筹划部署，拉拢人做伪证，一应俱全，只想胜诉，结果却完败。一天，王律师独自步行在南市的小胡同里，忽然从后面上来两个人，把王律师打倒在地，泼了一脸硝镪水，王律师忍痛到日租界公立医院住院多日才痊愈。事后天津律师公会主张彻底追究，被王律师力阻，因为他知道"南霸天"心恶手狠，什么事都能做出来，不愿意再扩大事态了。[①] 天津的薛万选律师也有过同样遭遇。有一天他从法院出来，路过金钟桥，迎面来了一个人，打了他一顿后又拉他一起跳河，吓得薛律师从此不敢出门。薛律师认得行凶者，是他曾经代理的一桩案子的对方当事人，此人受了讼师刘润波唆使行凶。[②]

天津的讼师们还曾联合争取法院默认他们的出庭代理权。讼师刘两芳在一起民事纠纷案件中代理被告张王氏，律师朱道孔代理原告。一次

[①] 朱道孔：《解放前黑律师的形形色色》，载《天津文史资料选辑》第三十七辑，天津人民出版社1986年版，第201页。

[②] 朱道孔：《解放前黑律师的形形色色》，载《天津文史资料选辑》第三十七辑，天津人民出版社1986年版，第194页。

开庭，被告抗传不到，过了几堂后，律师张则韩和讼师刘两芳一起出现在法庭，朱律师当庭严词表示，被告抗传不到，显见情虚，原告不同意被告委托没有代理人资格者出面缠讼，请法院就这一点做出决定，并保留原告抗辩权。刘讼师虽然事先已经在法院打通关节，但是推事也没有办法，只能让他退庭。遭此羞辱后，刘讼师便秘密活动，串通津门一大批讼师联手对抗，策划另外由讼师王一臣继续代理张王氏。刘两芳、王隐等其他多名讼师在新一轮庭审时聚集于旁听席准备闹事，法庭的承发吏得知这一计划，向朱律师秘密通告了此事。朱道孔时任天津律师公会副会长，遂组织律师界进行坚决反击。朱律师立即通知了地检处警官，称有人要蓄意捣乱，须注意法庭内外安全，防止有人蓄意捣乱。同时征得院长同意，找来同生照相馆拍照，整个旁听席上的讼师都被摄影留证。案子再次开庭，承审推事换新人，推事首先核实代理人身份，追问王一臣以何种身份作代理人，王一臣语塞，推事即宣布他没有代理权、立即下庭，王一臣想往旁听席里进，推事亦不准。旁听席上几个讼师看势已去，无奈只好悄悄溜走。整个事件显然是受讼师刘两芳鼓动，意在威胁原告和原告律师，如果没有事先准备，还不知要发生什么事故。事后天津律师公会向法院正式提交报告，警告法院，恶讼师活动已经很猖獗，不能再姑息。[①]

有《民国司法黑幕》[②] 一书中多处提及民国时期天津的讼师，翻阅《天津文史资料选辑》，却未见"讼师"表述，而多用"黑律师"表达。其实讼师也罢，"黑律师"也罢，不管名称如何，他们都不是合法身份，这些人之所以滋生并且存在，有着深刻的社会原因。1937年天津律师公会会长李洪岳、副会长朱道孔约天津地方法院院长方药雨恳谈，主张严厉取缔"黑律师"。方药雨认为是律师收费太高才造成出现"在野律师"现象，他甚至认为，把这些人称为"黑律师"未免刻薄，所以改换了"在野律师"的说法。李洪岳等人对此称呼极为不满，他们认为"在野律师"名不正言不顺，现行律师章程里没有"在野律师"这个称呼，律师章程中同样没有"黑律师"这个称呼，律师界不认同

[①] 朱道孔：《解放前黑律师的形形色色》，载《天津文史资料选辑》第三十七辑，天津人民出版社1986年版，第195页。

[②] 张庆军、孟国祥：《民国司法黑幕》，江苏古籍出版社1997年版。

"在野律师"的表达，当然不是因为于法无据，而是因为"名不正则言不顺。现行律师章程里没有在野律师这个名称，院长这样称呼他们，虽说不失忠厚，但影响所及，不堪设想"①。

民国时期天津的"黑律师"作风豪横，他们多为青帮分子，靠黑社会壮声势，扩大影响。上文所说的天津讼师利用极端手段与律师抗衡，进行威胁辱骂殴打，与"黑律师"行径相仿。天津讼师如"四大侠"之流，刁横无耻，暴力干讼，威胁恐吓，下流手段无所不至，称他们为"黑"恰如其分。律师赵衡哉曾代理了一起民事诉讼，房东诉租户腾房，判决结果限租户六个月腾房。被告请了一个叫胡兰亭的"黑律师"代理。宣判第三天，胡兰亭忽然带了一个人找到赵律师，先说自己是杂地霸，曾经打伤多少人，边说还边从口袋里掏出电工刀，接着又对赵律师说，要是有仇人想报仇，您说话我效劳，最后他表明来意，就是为被告腾房之事而来，如果一定要腾房，就要搭上几条命。最后赵律师没有办法，把房东找来，答应让被告再住三年，才算了事。

不仅在民国，即便在当下，一个正常体制的秩序边缘，必然出现非正常的形态存在，会出现所谓的灰色地带和灰色人群，不只于司法领域，其他领域也是如此。

第四节 "杨三姐告状"案中的讼师与律师

清末民初中国社会发生邅变，从讼师到律师，是当时社会司法领域"新陈代谢"的重要内容。前文有不少事例可以表明一个事实：民国时期的现实司法环境给讼师提供了生存可能，不少案件都反映了中国传统社会转型时期的社会和法律发展情况，包括司法制度的更新、民众法律观念的转变。1918年河北省滦县发生的"杨三姐告状"案，就是非常具有代表性的案件。

"杨三姐告状"案，被称为民国十大案件之一，根据这起案件改编

---

① 朱道孔：《解放前黑律师的形形色色》，载《天津文史资料选辑》第三十七辑，天津人民出版社1986年版，第192页。

的现代评剧广为人知。杨三姐四上公堂，一个16岁的倔强少女面对官府衙门的黑暗和腐败，表现出大智大勇，坚定不移地为亲人申冤。在县里，讼师为她写状子，在天津城，律师帮她跑检察厅，最终杨三姐打赢了官司，凶手被绳之以法。

1918年，河北省滦县土豪高贵章二子高占英，娶了雇农之女杨二姐为妻，高占英平素流氓成性，和他的大嫂裴氏、五嫂金玉有奸情，杨二姐好言劝夫改邪归正，高占英非但不听，反生歹意，伙同裴氏、金玉及其族叔高贵和将二姐害死。杨三姐随母到高家吊孝时，发现疑迹，要求辨明二姐死因，遭高家百般阻挠。杨三姐愤而赴滦县县衙告状。杨三姐在滦县告状时求人代写诉状，代书人听了她的陈述，颇为同情，不但帮她写了状纸，还出主意让她把自己的年龄少写两岁，改为15岁，因为当时打官司往往一拖几年，女子告状如岁数太大，法官怕官司打到一半就出嫁，就会多不准告。杨三姐到滦县政府告状，受理诉讼的是代行县长职务的帮审牛成。牛成毕业于专门的政法学堂，但他对钱更感兴趣，自从他靠着他姐夫何国柱的势力爬到县帮审位置后，凡是来打官司的，不论原告被告，谁给钱多，他就判谁胜诉。牛成见杨三姐前来告状，盘算这正是大捞一笔的机会，就以一无报告、二无干证、三是小女子无父兄陪伴孤身告状为由，没有接诉状。杨三姐哥哥杨国恩得讯回家后，兄妹一同到县城二次告状。高家得知后，果然向牛成重金行贿，牛成当庭称杨氏兄妹妄告不实，是看到高家有钱意图敲诈钱财。杨家兄妹要求开棺验尸，牛成不但不准，反以"咆哮公堂罪"将杨三姐的哥哥杨国恩押了起来，将杨三姐赶出公堂。倔强的杨三姐不甘心糊里糊涂地败诉，决定以死抗争，怀揣剪刀三上公堂，牛成升堂后不由分说，就令人把杨三姐逐出法庭。杨三姐拔出剪刀要当庭自杀，被庭上巡长夺下，牛成没想到一个小小女子如此刚烈，这么难对付，他也怕三姐死在堂上，两案并发惹来大麻烦，自己无法收场，便佯装一定认真查处此案，并将杨国恩释放。高家收到县府开庭传票后，买通村医高作庆出具伪证，当庭一口咬定杨二姐是血崩而死。牛成遂提出折中方案：虽然杀人罪不成立，但高家要赔偿杨家数次打官司的路费150块大洋，了结此案。最终牛成宣布：两家讼案，已经明断，各具审结呈，当堂销案。

到此，在滦县这一县级司法审级的诉讼过程中，从起诉、受理、审理到判决，真实地反映了民国司法的黑暗和混乱，同时也客观地反映出当时司法制度的运行实状，如行政司法合一传统的延续、甄别确定证据的方式、官老爷一言堂的传统诉讼模式、讼师和律师为当事人提供的法律服务等。值得注意的是，帮杨三姐写诉状的代书人，应该就是在中国乡土社会环境中继续执业的讼师。普通人就算识文断字，顶多能写出有理有力的状词，但不可能很有经验地给杨三姐改了年龄。很显然，给杨三姐写诉状的代书人，是个老练娴熟的行内人，他熟悉衙门办事规则，懂得规避衙门风险，应该就是一个讼师。民初讼师还有客观需求，乡土社会长期形成的习惯，老百姓有事很自然地去找讼师写状子、出主意，加之新式司法模式还没有渗透到县级地区，完全可以确定，民初讼师依然在继续执业。

杨家兄妹明白了，在滦县是不可能冤案昭雪了，于是下定决心进天津继续上告，连牛成一起上告。杨家兄妹二人通过关系找到了徐维汉律师。徐律师是个正直的律师，以主持正义、抑强扶弱而著称，在天津颇有影响。徐律师了解到案情后，义愤填膺，他依据杨氏兄妹的口述，精心拟定了一份诉状，亲自送到了直隶省检察厅杨以德手里。杨以德新任厅长不久，原是军阀出身，与何国柱早有旧怨，听到有人告何国柱的小舅子，他立马来了精神，决意借此机会杀杀何国柱的威风。徐律师趁机将杨以德吹捧成"杨青天"，这个军阀厅长非常受用，心花怒放地要做个"青天"，还能趁机公报私仇，于是他收了杨氏兄妹的诉状，决意把案子查个水落石出。杨以德还真的微服私访到了滦县，通过察访，了解到高占英虐待杨二姐，不听规劝，与嫂通奸，视杨二姐为眼中钉、肉中刺；更主要的是，高家暴富后，高占英嫌贫爱富，盘算着休妻另娶，杨二姐不从，高占英遂起杀心。杨以德还访问了高家近邻，获取了直接人证。据邻居称，二姐身亡当晚，听见隔壁高家传来惨叫，他爬上烟囱观望，正好看到高占英用刀子杀人，但是他胆小怕事，一直不敢说出真相。

杨以德在调查并取得人证后，下令开棺验尸。消息传开轰动极大，周围十数里的客店都已住满了前来看热闹的人。正式开棺验尸那天，现场被围观百姓围得水泄不通。杨以德亲自指挥检验吏打开棺材，杨二姐尸身已经腐烂，但是几处致命刀伤依然清晰可见！案件终于真相大白。

验尸完后，杨以德直接下令将高占英带回天津。随即向直隶高等审判厅提起公诉，直隶高等审判厅择日开庭审判。高占英在庭上仍百般抵赖，拒不承认杀妻，但是人证、物证俱在，高等审判厅依据中华民国临时政府刑律第 4 款第 78 条判处高占英死刑，同案高贵和、金玉潜逃，待捉拿归案后另行处治。代县长牛成系民国官吏，因此需要呈报省政府待严惩。高占英被判死刑后并没有立即执行，杨以德将他羁押在监狱，又趁机敲诈了高家一大笔钱财。杨氏兄妹担心高家再用钱财买通监狱把高占英放了，就再次来到天津"盯案"，兄妹二人在天津艰难度日近 7 个月。直到 1919 年 10 月 6 日高等审判厅才将高占英执行了绞刑。令人遗憾的是，杨氏兄妹闻讯赶到刑场时，人已经散了，他们没能亲眼看到处决凶手的一幕。当日的《益世报》在"本埠新闻"栏内刊发了一则消息："滦县高占英谋杀其妻一案，经高等审判厅判决，判处死刑。"①

  这起案件的一系列告诉、审理、判决过程，客观地反映了民国的司法实况，包括司法审级的差异、地方司法机构的设置以及讼师的乡间助讼、津门律师仗义援手，其中既有传统司法的遗留痕迹，也有新式司法制度的崭新样貌。杨三姐到天津后，面对的是乡土社会不熟悉的人和事，如天津城里陌生的律师，换了官名的大老爷，还有面对的一系列西方司法程序，审级和诉讼模式的变化。讼师和律师的不同地域分布，有新旧更替，也有新旧交集。随着民国律师制度的推进，讼师最终销声匿迹，但似乎又从未根除，并没有真正退出中国人的生活，而是若隐若现，这正是中国社会特有的法律现象和社会现实。

---

① 周利成、王向峰：《旧天津的大案》，天津人民出版社 2010 年版，第 7—12 页。

第七章

新气象与旧残留：变革带来的思考

第一节　民国律师业的新气象

一　民国律师确立的职业使命

1912年《时报》上刊登了一篇名为《新陈代谢》的文章，勾勒了清末民初风云变幻之际，社会各个领域新旧更替的生动景象。[①] 其中的"律师兴、讼师灭"，是众多新陈代谢之一，格外引人注目。清末民初国家和社会种种变迁让人目不暇接，面对"数千年未有之大变局"，一个新的时代已经到来，中国法律能否走出封建窠臼？律师作为西方舶来品，被直接移植引进中国，并迅速成为一个崭新的社会阶层，在中国社会瞬间出现，崭新的律师群体又能带来什么新气象？

民国建立伊始的"新气象"，可以从清末民初的报纸中寻找答案。1904年《时报》上有一篇文章被《东方杂志》转录，详列了涉讼时需要律师的六大好处。其中收回治外法权是清廷引进西方律师制度最重要的原因。当民国成立，原有的桎梏与禁忌被彻底抛开后，

[①] 吴冰心：《新陈代谢》，《时报》1912年3月5日第6版。文章原文："共和政体成，专制政体灭；中华民国成，清朝灭；枪炮兴，弓矢灭；新礼服兴，翎顶补服灭；剪发兴，辫子灭；盘云髻兴，堕马髻灭；爱国帽兴，瓜皮帽灭；爱华兜兴，女兜灭；天足兴，纤足灭；放足鞋兴，菱鞋灭；阳历兴，阴历灭；鞠躬礼兴，拜跪礼灭；卡片兴，大名刺灭；马路兴，城垣卷栅灭；律师兴，讼师灭；枪毙兴，斩绞灭；舞台名词兴，茶园名词灭；旅馆名词兴，客栈名词灭。"

律师使命已经远远超出清廷设计该制度的初衷。1912年9月16日《律师暂行章程》公布施行，标志着律师取得法定合法身份，中国开始有了法定身份的法律服务群体，律师开始活跃在各大城市，并组建成律师团体，以崭新的形象公开执业。作为中国近现代社会新兴的职业角色，作为西方舶来品的律师，面临全新的自我定位，提升其社会形象成为首要任务。

1912年初开始，民国报刊上就已经频频出现有关律师从事法律事务与其他社会活动的报道。《民立报》《新闻报》《申报》等报纸都可见早期上海华界关于律师出庭辩护以及其他相关事务的记载。1912年1月初，江苏都督府提法司任命陈则民等32名法政学堂毕业生为公家律师。2月，上海地方审判厅厅长黄庆澜控告典当行伙计万厚恩监守自盗，被告延请律师金泯澜辩护，要求公开审理；黄厅长允准，并请狄梁孙律师代理诉讼。3月，律师伍梯云、黄赞熙出庭为盗犯乔某义务辩护。上海地方审判厅为了避免诉讼程序迟滞，依据江苏省高等审判厅的决定，特发布告示指出，不准当事人在传票发出之后临时添请律师。《民立报》刊登"姚荣泽审判"一案，林行规、狄梁孙担任原告律师，巢堃担任被告律师；案件的审理得到当时的南京临时政府司法部长伍廷芳和上海都督陈其美的高度重视，二人虽在不少问题上存在分歧，但是对庭审中使用律师辩护最后还是达成了一致意见。

1912年1月7日的《申报》刊登了一份蔡寅等13位律师给上海都督陈其美的请愿书，他们想仿效江苏和浙江的做法，在上海成立律师团体（辩护士公会）。请愿书中写道："窃维人民之权利规定法律，诉讼之争点全赖乎辩护。现在知识尚未普及，民间诉讼驯良者难免屈抑，狡猾者自多巧饰，官长裁判未得真相，人民权利未能巩固。即间有请律师辩护，而律师多系外国人士，其与中国风俗习惯或多所隔膜。且外国律师商埠都会固易聘请，而内地审判各厅终难风行。现闻苏杭人士互相组织辩护士会，所以保护人民权利意至深焉。上海处交通之地，人民辐辏，诉讼滋繁。寅等素考法律之科，曾任司法之职，学理经验略窥藩篱，因租界之有领事裁判权，国家之法规既不完全，而华洋人民诉讼又岂可专任为人辩护？故拟在上海地方组织一中华民国辩护士会，为保护人民权利起见，即为国家扩张法治之精神。"①

　　这是一份公开的请愿书，其呈送的直接对象是上海都督，但是通过各大报纸的刊载，这份请愿书的影响被更广泛地传播给了社会民众。当时民国肇始，民众普遍希望新政府带来新气象，社会各界都希望建立法治、文明、强大的国家，抵御外侮、民族富强更是国人多年的心愿。这份请愿书首先提出了保护人民权利的理由，结合社会状况和民众的希望，提出法治尚未健全，司法主权也不完整，只有本国律师才能保护本国国民的权利。这份请愿书不仅迎合了公众的心理，也向公众展现了律师正义、良好的形象，可见民国风气伊始，律师在"保护人民权利""国家扩张法治之精神"中发挥重要作用。

　　当时的报纸还有专门版面报道司法案件。如，《申报》上刊登巢堃律师出庭，称，"巢律师上堂辩护之锋芒"，与奥国律师一起出庭，用英语与原告"辩良久""口齿清亮"。这样的职业形象显然意味着文明、进步。1922年一名刚从政界转入律师界的律师在《申报》上发表《律师杂谈》，文章指出"律师非讼师也"，他认为"讼师好弄刀笔，淆乱黑白，颠倒是非"，而律师的职责则是"依法保护人权，指导社会纳入法规"②。当时国内报纸常有律师刊登广告，以此进行自我宣传，在广告中，"保护人权""维护法律"成了一块雷打不动的招牌，如"文超大律师为保护人权起见，特辞青浦地方审判厅推事之职，与徐怀霖、李大钧大律师共设公事务所于上海城内县西街八十七号门牌"③；"本律师等为保护人权起见，特设公事务所，代办一切诉讼及保证、订约、析产、内产、登记等事"④；"本律师研究法律有年，前江苏省城开审判厅即蒙程雪楼都督保任省城地方监察厅检察长，嗣因镇江商埠开办地方厅，调任镇口检察厅长。今为阐扬法理、保护人权起见，专为人民办理一切诉讼及非讼事件"⑤；"本事务所许大律师自日本法政大学毕业回国后执浙江官私立各法政校教鞭凡七年，造就政法人才数千辈，光复后兼

---

① 《申报》1912年1月7日。
② 《律师杂谈》，《申报》1922年5月26日。
③ "律师公事务所广告"，《申报》1912年7月3日。
④ "大律师孙润宇、沈褧、张家镇广告"，《申报》1912年8月15日。
⑤ "律师王邦黼广告"，《申报》1912年7月18日。

任浙江第一地方法院院长,去年六月辞职,仍任各校讲座。现为保护人权起见,按照律师章程,在司法部注册"①,等等。

律师们借用广告自我推销,招揽案源,往往首先介绍自己良好的教育背景,并强调自己的法律从业经历,特别是之前担任法官、检察官的,这样既凸显了丰富的经验,又容易得到他人的信任。有司法官"显赫"经历的辞官做律师,按照他们自己的说法是"为保护人权起见",动机高尚。"保护人权"当然可能是策略性的说辞,因为法官、检察官身份虽为公职,但同样肩负着维护法律正义和人民权利的责任,或许辞去公职的这些律师确实有保护人权的崇高理想,但理想绝对不是他们辞职做律师的唯一动机。民国时期的政府特别是司法部门的一些高官辞职做律师的原因则要更复杂一些,有不满当权者、避隐宦海的考虑,但是通常情况下,普通官员选择转做律师大多因为律师收入优厚。相形之下,民国初期司法系统的薪水比较微薄,如1921年,司法部由于经费不足,甚至考虑减薪,最后只能向律师收费来解决问题。②

不管"人权保护"是否出于自我宣传的策略,律师们标榜保护人权还是反映了当时社会文化的变迁:民众保护自己权利的意识在逐渐增强,"人权"一词,即意味着文明、进步,在中国传统文化语境下解读"权利",其本意是指权势和财货,西方的权利观念在近代中国的传播经历了曲折的过程。民国时期,国人对权利的理解,经由传统文化长期浸染后的选择和重构,与外来"权利"概念还是存在着偏差,但注重个人权利的新价值观念已成为民国初期的一种社会潮流。

基于保护诉讼当事人的权利而产生的律师行业,在民国初期个人价值观念觉醒的时代具有先天优势,自始即获得中国传统社会的讼师群体无法比拟的生存空间。1912年9月,杨天骥、费玄韫、孙润宇、章士钊等30多人组织成立了一个学术性质的法律协会组织,除了下设研究部刊物《法政杂志》外,另设一律师团,由协会会员中具有法定律师资格者组成,"凡一般国民有受身体、财产、名誉各种权利之损害者,

---

① "许壬大律师事务所广告",《申报》1913年3月13日。
② 《司法部推广律师之由来》,《申报》1921年12月9日,上海书店1982年影印本,第176册,第174页。

得报告本会,由本会调查其事实,确有理由者,介绍本会律师团据理力争"。①

在中国本土律师执业初期,新闻报道中的律师常常以正面的形象出现,从报道用语就可体察一二。如,报道伍梯云与黄赞熙两位高等律师出庭进行义务辩护,尽管是义务性质的,仍"盘诘至再,代办甚力"②。另外一则有关巢堃律师的报道,则突出了他乐于助人的高尚品德:"此次巢律师赴青浦办公,在舟次见有乡人尹桂昌在途痛哭,询系被抢白米四十担,控官不准。巢律师悯之,遂带尹来沪,助之费用,代为起诉。业已追到洋一百二十元,该乡人感激不置。"③

民国律师不仅以维护民权、彰显法治为使命,他们同时担负着保护公民财产权和其他正当权益的职责。1926年的《民国日报》刊登了江蓉律师以及蒋保厘、蒋保廉律师分别代表郑仲华、许秀英女士的两则紧要启事,声明二女脱离卖笑书寓,表示如有人侵害她们的身体自由的,"本律师当尽依法保障之责"。做过江苏省高等检察厅厅长的杨荫杭,因不满司法黑暗,辞官执律师业后,总是给予弱者高度关注和救助,有时候"为当事人气愤不平,自己成了当事人,躺着床上还撇不开",他对待每一案件都极认真,"每一张状子都自己动笔,悉心策划,如果委托人显然无理取闹,或是提出不公平的要求,不管酬金多高,他都会严词拒绝,而对于含冤蒙屈的无辜百姓,他又会自告奋勇为他们义务辩护,并把这些看作律师应尽的职责"④。

二 民国律师新形象实录

1923年律师施洋被直系军阀枪杀。施洋是当时武汉人力车公会、武汉工团联合会的法律顾问。1921年12月武汉人力车夫罢工,施洋以

---

① 《发起律师协会广告》,《申报》1912年9月8日,上海书店1982年影印本,第118册,第691页。
② 《高等律师之义务辩护》,《申报》1912年3月14日,上海书店1982年影印本,第116册,第617页。
③ 《巢律师之好义》,《申报》1912年6月20日,上海书店1982年影印本,第117册,第795页。
④ 杨绛:《回忆我的父亲》,载《杨绛作品精选·散文(1)》,人民文学出版社2004年版,第82—83页。

律师身份出面，代表劳动者与资方谈判。罢工胜利后，他在工人中建立了极高的威信。据包惠僧回忆，施洋从不避讳一切活动，是名公开的"过激派"，他把"打抱不平、帮助穷人"视为"律师的天职，法治的精神""保障人权"。在政府看来，律师施洋是个"危险人物"。"二七"惨案后，施洋被捕，他抗辩道："施洋不是军人，不是江湖大盗，本来就没有犯法，即令犯了法，也应该由夏口地方法院审理，湖北都军署的陆军审判处无权审理。如果你们一定要审理的话，那末（么）你们就是藐视国法，逾越权限，你们首先就犯了国法，你们就要考虑你们对法律上应该负什么责任！"①

1933年江苏省高等法院公开审理陈独秀"危害民国"案，章士钊虽与陈独秀政见不同，但是他挺身而出，作为委托律师义务为陈独秀辩护。章士钊从法理、逻辑和事实多方论析，"政府不等同于国家""反对国民党及其政府，并非反对国家"。他在法庭上雄辩滔滔，明确表达了其观点，"至若时在二十世纪，号称民国，人民反对政府，初不越言论范围，而法庭遽科刑论罪，同类无从援手，正士为之侧目。新国家之气象，黯淡如此，诚非律师之所忍形容""以言论反对或攻击政府，无论何国，均不为罪"②。章士钊的辩护词洋洋万言，据法力争，逻辑严密，坚持陈独秀无罪。他的辩护词经《申报》《大公报》等报道刊登后，传诵一时，在全国引起巨大轰动。国民党《中央日报》社长程沧波专门发表社论，撰文《今日中国之国家与政府——答陈独秀及章士钊》进行反驳。章士钊又撰写《国民党与国家》一文，发表于《申报》予以回击。这场法庭内外的论战，引发了当时意识形态领域的高层辩论，最终章士钊的精彩辩护虽然未能改变审判结果，但是维护了法律和律师的尊严，律师的崭新形象通过这起案件更加清晰。

1936年发生的震惊中外的"七君子"事件中，被捕七人中有四人是律师，他们就是民国时著名律师沈钧儒、沙千里、史良和王造时。沈钧儒等人因组织"救国会"，奔走抗日并组织罢工后援会而被捕入狱。

---

① 包惠僧：《包惠僧回忆录》，人民出版社1983年版，第156页。
② 孙国栋主编：《律师文摘》，时事出版社2002年第1辑，第208—209页。

沈钧儒从事律师执业，一直以"侠义心肠为人找证据、翻定案，当他判断清楚谁是谁非时，就会全心全意支持是的那方面。穷人找他申冤，他写状、出庭、大声疾呼的辩护，完全尽义务，甚至于有时候自己还要拿出钱来"①。"七君子"之一的女律师史良，1927 年毕业于上海法政大学，曾任江苏临时地方法院书记官，1931 年开始在上海执律师业，立志做一个"不出卖灵魂的律师"。她早年在上海开律师事务所，因为打民事纠纷官司而一举成名。她说过："很多人选择律师做职业，目的是要主持社会正义，保障人民权利。"② 她办公桌上摆着一个醒目的银盾，上面镌刻"人权保障"四个字，时刻勉励其做名正直的律师。她曾办理过营救邓中夏等中共地下党员的多起案件。

律师以"法治""人权"为职业使命的自我定位，在抗日战争前夕的"七君子"案辩护中体现得淋漓尽致。当时为"七君子"辩护的是一个庞大的律师团，共有 21 人，皆是一时之精英，有张耀曾、李肇甫、陈志皋、江庸、汪有龄、江一平、刘崇佑、张志让、秦联奎、刘世芳、陈霆锐等。民国律师界的知名律师几乎倾巢而出，他们中既有做过政府高官的，也有大学校长、教授，还有上海和苏州的律师公会会长。沙千里在后来记述此事件时说："请这样多的律师，而且多是知名人士辩护，这在司法界的历史上是仅有的。"③ 这些律师多是为正义而来，他们义务为被捕的七人辩护，有些人与"七君子"的政见不尽相同，甚至还有较大分歧。针对起诉书对七人"危害国家"的指控，律师团认为是颠倒是非、混淆黑白。在法庭上，律师团以大量的事实说明七位被告从事救国工作，目的在于"欲求全国上下团结一致，共御外侮"，认为起诉书中所列犯罪证据十款"无一足以成立，声请停止关押被告"④。此案最后因社会的各界压力以及抗战的爆发而撤销。

民国时期各行各业都在发生新旧更替，一个旧时代结束了，新时代已经来临。这些变化意味着什么，新的秩序又将会怎么样，其时人们无

---

① 林之春：《青年老人沈钧儒》，《人物杂志》1946 年第 4 期。
② 史良：《史良自述》，中国文史出版社 1987 年版，第 8 页。
③ 沙千里：《漫话救国会》，文史资料出版社 1983 年版，第 56—57 页。
④ 沙千里：《七人之狱》，生活·读书·新知书店 1937 年版，第 177 页。

法准确预见，也无法清晰地阐述。1936年著名法学家张知本在《东方杂志》上发表《法治国律师之地位》一文，认为律师制度的设置，除了保护贫弱者，其根本精神还在于"协助法治主义之进行"。在"人权保障""法治""正义"等自我职业定位的积极设想中，民国时期律师给社会和法律生活带来了新气象。

三 民国律师职业团体的创设

"法律运动催生了律师业，司法管理的迫切需求造就了一个职业阶层。"① 辛亥革命后，清末修律开启的法制变革所制定的新法体系，已经确立了律师的合法性；更重要的是，律师的积极作用已经为国人所认可。在律师制度随着民国诞生而呼之欲出时，于民国建立之前，一些律师在上海和其他地区已经有了执业活动，并且确立了律师公会的管理制度，在一定程度上实现了律师职业自治。

律师作为全新的职业阶层，在民国初期引起社会的广泛关注。1912年1月，江苏都督府提法司任命陈则民等32名法政学堂毕业生为公家律师，包括陈则民、钱谦、陈毓璇、徐用锡、孙巩圻、祝寿柏、丁榕、陆家鼐、周衡、范蕙、孙展圻、巢堃、王凤瀛、李文玉、吴让礼、胡廷宪、朱祖壶、金石声、宋铭仁、宋肇琪、贺冠南、吴曾善、江维钧、俞高镕、罗逢瀛、罗永清、蔡倪培、潘志冈、沈复、钱崇固、沈兆芝、沈兆九。这是最早由民国政府方面公布的本土律师名单。如有原被告聘请，这些律师可上法庭为其辩护。其中陈则民、丁榕、蔡倪培长期在上海执业，是早期上海律师公会的重要成员，三人先后都担任过律师公会会长。32位公家律师中大多都有海外留学背景。早期律师从业者良好的教育背景，决定了崭新律师的社会地位必然迥然有别于传统讼师，早期的律师也确实向如绅士一般高尚的专门职业（Gentlemanly Profession）塑造而努力，并意识到需要组织律师公会。

民国时的律师公会一经产生，便被社会普遍接受。苏杭地区率先建立了律师总会性质的辩护士公会，这也是民国律师组织的发端。1911

---

① ［美］罗伯特·N.威尔金：《法律职业的精神》，王俊峰译，北京大学出版社2013年版，第91页。

年旧历十月前后，江苏律师总会成立。① 1912 年 1 月苏州律师公会成立，稍后又成立了江宁律师公会，随即全国各地又发起了几个律师公会，既有地区性的组织，也有全国性的组织。1912 年元月上海 14 名律师成立了"中华民国律师总公会"（时称"中华民国辩护士公会"），蔡寅当选为临时会长，许继祥、涂景耀为临时副会长。在《律师暂行章程》颁布后，1912 年 10 月北京律师公会成立，这是全国范围内第一个经司法部认可的地方性律师组织，曹汝霖等人成了当年第一批注册律师。1912 年 4 月由法政大学毕业生沈维和、罗汉明、沈汉裔、翁耀、鲁道生等 20 人发起组织中华律师联合会，时任沪军都督的陈英士对此"深堪嘉许"，并将他们的申请转法部核准。1912 年 9 月杨天骥、费玄韫、孙润宇、章士钊等 30 多人发起组织法律协会，这一协会是带有学术性质的组织，下设研究部和律师团，律师团由协会会员中具备法定律师资格者组成。②

在上述的各种律师组织中，以中华民国律师总会的规模最大，入行人数相对来说也最多，解散时已有会员 170 多名。③ 1913 年 1 月在原中华民国律师总公会基础上，依据司法部规定改组成立上海律师公会，当时金泯澜为会长，陈则民为副会长，有评议员张汝霖、卢尚同、丁榕等 7 人，共有会员 34 名。上海律师公会明确强调了其地域性，这明显是根据不久前北洋政府公布的《律师暂行章程》相关规定而建构的。该章程规定，每个地方审判厅管辖区域须设立一个律师公会，明确规定，禁止律师公会参与司法或有关律师共同利益之外的其他事务。当年底司法部给全国一共 297 名律师颁发了执照，至 1913 年 8 月，这个人数达到了 1520 人。④ 1913 年 3 月，江苏省已经有 124 名律师在江苏高等审判厅注册执业，他们当中有 22 人是新建立的上海律师公会的成员。⑤

民初律师公会的成立，使中国近代的律师业走上职业化之路。如庞

---

① 《江苏律师总会广告》，《申报》1912 年 2 月 11 日，上海书店 1982 年影印本，第 116 册，第 397 页。
② 《发起律师协会广告》，《申报》1912 年 9 月 8 日，上海书店 1982 年影印本，第 118 册，第 691 页。
③ 《停止律师不合之职务》，《时报》1912 年 12 月 19 日。
④ 《政府公报》1913 年 8 月 13 日第 457 号。
⑤ 《时报》1913 年 6 月 20 日第 7 版。

德在《古往今来的律师》书中所言，律师作为一种专业需包括三要素：专业公会、专业知识和为公众服务的精神。① 其中专业公会的作用，就在于严格执行行业准入审查和职业规范审查，以维护律师的职业道德、纪律等，以保持律师职业的专业性。《律师暂行章程》限制从业资格，将一些未经专业训练的法律从业者排除在外，符合章程规定的国内外大学法学院或法科专业的毕业生才可以取得律师资格的条件。很显然，这样的规定得到了新式法律知识分子的欢迎和支持。中华民国律师总会迅速而平稳地改组为上海律师公会，表明了有新式教育背景的律师从业者对政府法规的自发支持，在律师公会的组织和成立问题上，政府的作为和律师的配合都是值得注意的。在美国和英国，律师公会是律师群体努力保护自身作为一种自由职业的结果，同时也提升了这些国家律的律师职业标准。

早在《律师暂行章程》出台以前，中华民国律师总会等律师社团已经建立，律师们强烈地希望建立自觉和自律的团体，以表明他们是一个专门的职业群体。1912年上任的袁世凯政府默认了那些自发组成的律师公会，北洋政府仿效德国和日本的范例，通过政府行为对律师业进行规范和管理，包括主持律师资格考试。1912年春，有律师请求司法部正式承认在全国各地已经设立的律师公会。司法部回复说，有关律师的一系列法规还未准备好，待相关法规制定后将会审查批准此类律师公会。② 1912年9月司法部颁布《律师暂行章程》，正式确立了律师业的存在。律师公会这种自由职业社团既不是完全独立的自治团体，亦不在国家体制之内，地位模棱介于两者之间，由此给了民国律师业（特别是律师公会）极大的公共空间和回旋余地。

1929年5月，南京国民政府"立法院"法制委员会在一次会议讨论时，正式使用了"自由职业团体"。该委员会决定，如果自由职业团体指行业公会或商会，就不需要颁布不同的法规，但是如果是指律师、医生或者其他类似职业团体，就应颁布适用其职业的法规。自此，律师公会就被认定属于国家确定的自由职业团体性质，由此，律师就是为社

---

① See Pound Roscoe, *The Lawyer From Antiquity to Modern Time*, St. Paul: West Publishing Co., 1953.
② 《政府公报》1912年5月16日第16号。

会提供法律服务的自由职业者。1927年，为了彻底解决律师的合法性基础，南京国民政府宣布北京司法部颁发的律师执照不再有效，新的执照将由南京政府颁发。南京国民政府还在1941年通过的《律师法》中强调了关于律师公会的管理。该法规定，如果律师不加入律师公会，即不能执业，包括不能接受当事人委托，不能以律师名义登报通告担任常年法律顾问。地方法院登录的律师满15人，应在该法院所在地设立律师公会，并依照地方法院的区域范围作为律师公会的组织区域。不满15人的，应暂时加入附近地方法院所在地的律师公会，或者共同设立律师公会。各地方律师公会以7人以上发起，需全体过半数以上人同意，才可以组织全国律师公会联合会。同时确定律师公会的中央主管机关是"内政部"，地方主管机关为省（市）、县（市）社会行政主管部门，但应受法务部和所在地地方法院检察处指导监督。这就意味着民国时期通过立法明确了律师公会是人民团体，除了律师法对其有特别规定，还应适用组织法的规定。因此县市政府依照组织法对于县市人民团体所享有的职权，同样依法可以对律师公会行使。律师公会受所在地地方法院首席检察官的直接监督，基于民国组织法规定"其目的事业应依法受此事业主管官署之指挥监督"，并以此排斥县市政府对律师公会滥用职权。民国时期政府对律师公会的管理和控制，一边按西方模式建立司法制度，同时按本土政权意识形态实际建构，这是一种西方制度移植和本土结合的奇怪结合。

民国律师从执业初期起就形成了职业团体的意识，这是新兴法律人在所从事的职业中形成的一种正当的自豪感，以及蕴含团体精神的职业感。陕西西安律师张守顺在《律师规范》一书中表达了对"公会"的理解："公会者，公会组织之会所也。律师之人数既多，各不相谋。不特意见参差难收声应气求之成效，抑制且漫无统系，无规矩准绳之可循。极其所至流弊丛生，殊非法律设置律师制度用以保护诉讼当事人权利之初旨。此律师章程所以有公会一章之规订（定）也。律师公会系由公会全体所组织之公共机关。盖以示办事之准则，而谋公共之利益者也。"[①] 张守顺作为西安地区颇具影响力的律师，他的

---

① 张守顺：《律师规范》1935年。

这段话代表了民国时期大部分律师对于律师公会的认识和期待。民国时期的律师公会在确立"律师办事之准则"以及"谋全体律师之利益"方面发挥着重要作用，特别是维护了律师职业群体的声誉、独立，并以律师代言人的身份代表律师职业处理外部执业环境等。

在民国时期的律师公会中，作为行业自治的重要组织——上海律师公会，是当时上海各自由社团中表现最出色的社团。民国时期，风气初开，律师业发展速度很快，上海律师公会从成立之初，即为保护本土律师的职业地位、培育职业团体的生命力而努力。在上海律师公会积极参与收回会审公廨和取消治外法权的运动中，这一点表现得尤为突出。1918年12月，在陈则民的提议下，上海律师公会的全体会员组织了一个委员会，针对中国政府参加巴黎和会达成废除治外法权事宜，专门研究为政府提供参考方案。[①] 1922年3至5月，国内不少律师公会敦促上海律师公会牵头在上海召开全国司法会议。当年9至10月，全国19个律师公会和3所法政学校派出代表参加，会议形成决议，各地律师公会要求政府采取步骤，收回上海公共租界的会审公廨。[②] 1926年6月初，上海律师公会会长张一鹏向江苏省政府明确提出建议，废除外国人审理中国民事案件的权力。随后，上海律师公会还以强调中国主权和法庭效率等理由，反对外国律师在收回会审公廨后执业。上海律师公会的意见是否影响了政府与各国谈判的立场尚无从确定，但最终的谈判结果似乎满足了公会的某些要求。1930年4月1日起，上海公共租界的临时法院改组为第一特区法院，全面适用中国法律，所有法官和法院人员由中国司法当局任命，西方领事代表观审的做法被废除。外国律师应和中国律师一样受到司法部的资格审查，领取司法部颁发的执照，受司法部监督和惩戒，到1931年4月，有14名外国律师按规定领取了律师执照。[③]

民国时期律师的职业化是个复杂的过程，各个律师公会的成立以追求职业群体利益和职业群体自治为目的。律师公会是得到民国政府批准的自由职业团体，是合法的"法团"和"社团"，其活动围绕律师的专业化、国家司法主权的恢复、法治和司法独立开展。特别是在关于支持

---

① 《时报》1918年12月16日第5版。
② 《申报》1922年9月19日第14版。
③ 《密勒氏评论报》1930年4月26日，第326页。

政府收回治外法权的问题上，对职业群体利益的追求和国家主权、民族主义的事业重叠，赋予了律师群体完全不同于传统讼师人群的新时代特质。在中国古代社会，即便是讼师活动最活跃的时期，人数再众多，势力再盛，也不敢明目张胆地形成行业组织。现有资料记载的讼师行业组织，不过类似于今天的"文学沙龙"或"作家协会"。《清稗类钞》里提到讼师参加的是"作文会"和"文昌会"①。关于讼师组织化的记载并不多见，传统社会的讼师因民间需求而存在，系自发形成，不敢公开活动，甚至还要隐姓埋名，讼师的地下或半地下身份决定了他们不能正大光明地活动，根本无从谈起行业组织和群体自治，更不可能形成职业自律和职业精神。

中国的法律服务群体从讼师到律师，完成了历史转型，律师群体因制度创设自始即取得合法身份，在自我需求和政府规范的双重作用下，形成了自由职业团体组织，趋向专业化和职业化道路。旧的分散如沙，自然状态存活，新的有组织、有管理，开始培育精神。民国律师公会非常注意确立职业新形象，1934年3月，中华民国律师公会发起组织贫民法律扶助会，设于各律师公会内，为志愿性质，制定《律师公会附设贫民法律扶助会暂行规则》，经南京政府司法行政部批准施行，以"对于贫苦无资力之民众无偿予以法律之扶助为宗旨"，确定扶助会任务：一是为贫民解释疑问；二是为贫民证明法律关系；三是为贫民办理有正当理由的诉讼业务。②虽然需要进一步查阅文献资料才可以了解扶助会的具体工作，但据此可知民国时期的律师公会开始有了法律扶助的自我意识。在中华民国律师公会的号召之下，青岛、江宁、天津、吴县、上海等地的律师公会均相继成立扶助会，一时引起强烈社会反响。天津《大公报》专门发表社论，赞誉贫民扶助会的成立，为贫民排忧解难，体现"律师界维护人权服务社会之精神"，"值得国人嘉许"③。中国近现代的律师业自始即倾向于明确职业使命，开始萌生职业精神，可谓民国律师的新气象。

---

① （清）徐珂：《清稗类钞》，"狱讼类"。
② 《致全体会员函——为征求加入贫民法律扶助会由》（上海律师公会报告书），第33期，第78页。
③ 《律师界的两种运动》，《大公报》1935年4月2日第2版。

第二节 无法消逝的旧残留

一 律师执业乱象与社会各界的负面评价

有人在《申报》上撰文，称律师为谋私利往往"故意延荡，勒索报酬。原可早日判白之诉讼，反因律师之辩护而混淆。流弊所及，影响甚巨"①，当时民众对律师的不满并非无端妄语，空穴来风。辛亥革命后，民国风气甫开，律师也不都是如伍廷芳、曹汝霖那样留洋归国，速成入行的不在少数。至1927年上海特别市政府成立，会审公廨收回并设立特区地方法院后，著名小说家包天笑形容这时期的上海律师"不但是多于过江之鲫，真似大群的散巢之蜂"②。有些律师就是一般庸才，缺乏基本法律常识，竟然连文字表达都不甚了了，外文更不必说。北京律师的情况与上海大体略同。

民国时期的报纸最能折射社会变迁时期的种种世态人情，20世纪20年代至40年代的报纸，无论地方小报，还是如《申报》《大公报》这样有影响的大报，有关律师的报道和律师发布的广告随处可见。在报纸广告栏中，某某律师挂牌、某某律师事务所开张的消息满目皆是，有经验的律师都知道这笔费用要舍得。甚至有些律师还虚假宣传，如贵州省律师徐某，在贵州《民国日报》上自吹自擂，还编造一些假名假姓，感谢他如何热心为当事人服务，赞扬他怎样精通法律，花钱将这些内容在报纸上披露。一时间贵阳城无人不晓得徐律师大名，都知道徐律师热心助人，神通广大，连当地法院都怵他名声，会相让三分。民国律师已经懂得利用舆论工具进行形象包装，这也算是一种"新气象"。

民国律师的各种执业弊端，受时人诟病，关于律师玩法、勒财、凌弱，在许多民国报刊、小说中都有鲜活的描绘，律师与法官勾结，违法、乱法、弄法情形，比比皆是。张庆军、孟国祥曾专门讲述了民国律师的败类、丑角种种，如以拉关系起家的赣县律师谢某，从赣县县城到

---

① 《律师之流弊及其补救方法》，《申报》1923年10月29日。
② 包天笑：《钏影楼回忆录》，中国大百科全书出版社2009版，第381页。

县属各地，凡是地方上稍有名望，略有势力的，谢某都刻意奉迎巴结，为了拓展业务，他还与地头蛇讲应酬、拉关系，对方则投桃报李，给他推荐案源、提供线索。如南昌律师黄某，人称"魔术师"，他原本是个吃喝嫖赌的浪荡公子，在南昌执业后，为了抬高身价，每天装模作样地坐着轿子到法院律师休息室休息，好像业务忙得不可开交，欺骗了很多不知底细的人，他甚至雇人扮成打官司的人，在法院附近走来走去，如遇到那些真打官司的，立马上去周旋，顺便替他吹捧，称他如何高明，如何有关系让案子胜诉，靠这样的手段为他张罗生意。如，在天津、上海这些帮会活动猖獗的大都市，有不少律师加入青洪帮以壮大声势，杜月笙、黄金荣门下都有一些声名赫赫的名律师，更有甚者，投身军统、中统等特务组织。[1]

涂媛写过一篇《解放前的富顺律师杂忆》，真实反映了当时四川律师业的情形。[2] 民国时期在富顺律师开业最早的是安徽人李宣，后有四川法政学堂的廖维礼、钟其禄，志成法政学堂的龚清汉、刘清渠、杨振林，再后有四川大学并入成都大学的涂媛，由四川法政学堂并入四川大学的戴思齐，最后有司法训练班毕业的李廷杰，整个三四十年间，从事律师工作的不过十来个人。当时律师资格取得也简单，只需要向司法行政部上缴一张大专法律专业文凭，即发给律师证书，向高等法院登记后，就可以挂牌执业，至于律师的学识高低、品德好坏，完全不加考察鉴定。清末民初，四川地区的法科学校有成都的官班、绅班法政、岷江专门法政以及后来的四川法政、志成法政，这些学校为了筹措经费，采取"来者不拒"的做法，不管学生是否到校听课，只要按期缴费，满了四年就发给毕业文凭，毕业了一批不学无术之辈。富顺有一个钟其禄，本不叫这个名字，他哥哥叫钟其禄，他拿了哥哥的中学文凭去报考四川法政学堂，所以就更名为钟其禄。还有个叫杨振林的，干脆假造文凭去投考志成法政学堂，他从没有去学校读书，还是领到了毕业文凭，公然挂牌律师执业。不懂法律能当律师，在民国律师行业中并非鲜见。

---

[1] 张庆军、孟国祥：《民国司法黑暗》，江苏古籍出版社1997年版，第140页。
[2] 涂媛：《解放前的富顺律师杂忆》，载《富顺县文史资料选辑》1990年第4辑，第150页。

富顺律师的乱象反映出民国律师业的混乱。富顺律师养成"上勾、下串、外抓"特性，成了当地社会一害。上勾，就是勾结在上的官府。有律师龚清汉为了钱势，与县法院首席检察官李培贤勾结，他支使自己的妾与李的姨太太结为姊妹，天天打牌玩乐，有时李培贤也到龚的事务所玩耍，从不避嫌疑。李培贤的妻舅是县法警队长尹西平，利用抓烟拿赌的机会，到处敲诈勒索，龚清汉就是他的线人。下串，就是往下串联各社会阶层，特别是串通法警，通过法警或"官司客"拉案子，凡拉来案子所得的律师公费，从中提取二至三成。律师戴思齐除用上述手段外，还经常到法院门口的茶馆去"钓鱼"自拉案子。外抓，就是抓社会势力。富顺律师大多是袍哥大爷，颇有社会势力，他们为了拔高自己的政治身份，千方百计地抓县参议员、抓党派。杨振林、龚清汉、钟其禄、廖维礼都有县参议员的官衔。1944年为了竞选参议员，律师杨振林一手包办富顺县律师公会，自封为公会主席。名片上印着"中华民国律师公会四川省富顺县分会主席杨振林"字样，单是这样长的头衔，就吓坏一些老百姓，把他当作大官一样。律师龚清汉不仅做了参议员还不够，还和富顺三青团部勾结，竟然还抓红黑两帮。中华人民共和国成立前富顺西部有名的匪首殷二哥和甘有芬，和龚关系极为密切，中华人民共和国刚成立时，殷、甘等土匪抢劫城内富商，就隐藏在龚清汉的律师事务所，事后还在事务所内分赃。中华人民共和国成立前富顺的平民百姓提起律师，多有谈虎色变之感，当地一些土豪劣绅、地痞恶霸为横行压服人，遇有纠纷，动辄威胁说"我已经请了杨大爷律师了！"，或者"已经请龚大爷律师为我办理了"，这样对方不得不畏惧几分，更不敢反对了。

民国时期富顺律师的"上勾、下串、外抓"，浓缩了民国律师业的乱象，律师形象不佳与当时的不良司法环境有关，但归根结底还是缺乏职业自律。律师刚刚崭新出现时，人们怀有敬畏之心，律师很容易取得当事人的信任。天津大牌律师饶某就是利用当事人的信任诈取钱财。辫帅张勋的小妾从北京赶到天津投诉，称曾有一处房产托饶律师处理，如今房产易主，饶某却不知去向。法庭随即在调查中吃惊地发现，这竟然是个连环骗局，饶姓律师利用当事人的信任，掌握有全部房契证件，早就以高价将房屋出售给了外国一家公司。饶某拿到钱后，又借故需要办理交割手续,致使这家外国公司也没有取得这处房产,遂让几方受害人陷入无休止的诉讼之中。①

渐渐地,民国律师的执业实况与最初定位的"高尚职业"相距甚远,时人评论"律师诈钱最易",逐利之心淹没了高尚的职业追求,律师成了"营业营生","人权保障""维护法治和正义"成了高调的口号。

二 民国社会各界对律师的负面评价

民国社会各界对律师的整体评价可谓是毁多誉少。维护法律、扶助贫弱、伸张正义,本为律师天职。为了提高律师形象,民国政府还给律师制作了和推事、检察官同类的专门律师服,但是很遗憾,崭新的新气象维持不久,就开始发生变化,逐渐出现了各种律师败行,让民国律师业蒙诟。社会公众眼中的律师,从最初的高大形象,又变成了和旧时讼师一样,以至于导致民间话语传承与社会角色接替的认识误区。在民众看来,律师就是过去的讼师,名称的更换不能改变他们挑词架讼、诈财弄法的实质。

1933年6月15日,天津的一家报纸登载了一篇题为《妓女,律师,医生》的文章,将律师看作"无罪就该杀"者。文中写道:"律师实逢人之恶,又长人之恶也。缘律师所操之职业,只为赚钱,不管你聘他来处理任何案件,明明你犯的是奸盗邪淫之案子,他都有法给你辩护:如你偷了别人的东西,他上堂去三言五语,说你'因一时急需,实在无法,暂时借用,以后仍拟归还'。你犯的淫案,他为你辩护道:'圣人有云:"食色,性也"。凡人当然不免,在对方诱惑之下,他自然知道"与之不取,必有天灾"。'于是刑事可变民事,民事一变为罚几个钱而已。对方明明无罪,他可以说的天花乱坠,将他徒刑三年。真是淆乱是非,颠倒黑白,然后大洋钱入腰包,所以越是闹的律师越该杀。"②

从1917年起,全国各大中城市出现的挂牌执业律师犹如雨后春笋,

---

① 张庆军、孟国祥:《民国司法黑暗》,江苏古籍出版社1997年版,第150页。
② 红瓣:《妓女,律师,医生》,《益世报》1933年6月15日第11版。

总数已有3000人左右。南京国民政府时期，因司法机构大规模增加，对律师的社会需求量随之大增，律师业以惊人的速度发展。许多头脑灵活、对法律略知一二、手中又持有文凭的人，往往醉心此职业。整体而言，民国律师良莠不齐，其中不乏无畏强权、保护民权、维护正义者，展示出律师的"高尚职业"精神；也有不少利用律师执业之便，巧立名目、锱铢必较的；更有违法乱纪、诈骗钱财的，甚至是道德败坏的。民国报纸上曾有人尖锐地斥责说："现在那些狂吹法螺的大律师，就是过去的贼头贼脑、刀笔害人的老讼棍。时代不同，名称也不同，实际上是换汤不换药，更觉变本加厉。过去讼棍欺骗，是藏头露尾，作些偷鸡盗马的勾当。现在律师敲诈，公然明目张胆，有降龙伏虎的神通。"

民国民众经常将律师与旧日讼师混为一谈，以至于不仅是普通民众对于律师业多有恶评，官方对律师违规行径也提出尖锐批评。1914年时任北洋政府司法总长的章宗祥这样评价北京140余位从业律师："数年以来，京师一隅，凡律师之曾经出庭（登录在厅）执行任务者，已达一百四十余人，就中贤明谨饬者，诚不乏人，而卑鄙恶劣者无属不少（所在皆是），供过于求，竞争遂烈。有不顾品性，随处包揽诉讼者；有文字不同，不明法律者；有串通胥吏，窥探案中内容对人撞骗者；有指保释之人，或不起诉之案而居功者；有藉推检官名义，在外恐吓诈欺者；有唆讼抗帮，如旧月积惯讼棍者；有伪造文书证据，希图胜诉者；有湮灭犯人证据，又藏匿犯人者；有代人书状，肆口漫（谩）骂，妨害公务，又使人犯诬告者；有办理诉讼，格外需索，诉求无厌者；更有冒充官员，作威作福，鱼肉百姓，或勾结好讼之党，多怒之人，朋比为奸，毫无忌惮者。诸如此类，实难枚举。"①

章宗祥以司法总长的立场，发声评价北京律师职业群体，足以代表当时官方对律师业的态度。在章宗祥看来，审判厅刑事、民事案件数量激增，不再如"前清之民皆安分"，而新时代"民国之民皆好讼"，无关于民众，是因为律师的肆意妄为。更重要的是，律师的行为还直接影响到民众对法院乃至政府的看法，"因恨律师转而迁怒于

---

① 《会详司法部请整饬律师并晓谕人民请鉴核》，北京市档案馆藏档案，北平地方法院检察处，J174-1-243。

法庭"。章宗祥认为，律师良莠不齐，执业乱象丛生，根本原因在于律师间的恶性竞争，因此他主张修改律师章程，强化律师道德风纪职守，通过立法加强对律师的约束，对不符合职业道德底线的律师"严行淘汰"①。章宗祥列举律师种种不良行为，如包揽诉讼、串通胥吏、对人撞骗、唆讼抗帮，即如同"旧日积惯讼棍"，这样的语言表述与过去朝廷对讼师的否定完全一致。1918年北洋政府规定"律师无代理关系而为人撰写词状者，无论民刑诉讼，均应于状末署名盖章，违者酌量情形，提付惩戒"，这项加强律师监管的措施，制定初衷就是基于对律师的不信任，通过律师署名防止不当唆讼行为，这和旧时官方的做法如出一辙，律师对此回应并不积极，"不亲自署名，或已署名不盖章者，亦复时有所闻"②。

民国政府对律师的指责更多的是针对律师职业道德。1934年南京国民政府司法部在训令中，总结了民国律师的执业问题："乃查近来各地律师，漠视职责与德义者，往往有之。受当事人委托后，于该案件所有事实上资料，不预先详细询明，比至开庭，辄瞠然不知所对，以致唯有延期辩论，此其一也。于该案应适用之法律，并不切实研究，每每强词夺理，为冗长陈述，法院阅其书状，听其辩论，虚耗劳力时间，无益于事，此其二也。因见案情形势于其委托人不利，遂托故声请变更期日，或提出不必要之攻击、防御方法，以为拖延诉讼之计，此其三也。其嗜利之辈，甚至有挑唆诉讼，及阻止当事人和息情事，此其四也。"③

南京国民政府司法部针对律师漠视职业道德的总结，特别是针对律师受理案件并介入司法之后的不当行为，概括是比较清晰的，关于"律师不免为世人所诟病"的结论也是显然的，司法行政部门的态度比之民众对律师的反感，相对而言还是理性的。抗战爆发之后，因为时局动荡，前文所说那些民国律师业的乱象越发严重，这完全是民国政府创设律师制度之初始料不及的。

---

① 《会详司法部请整饬律师并晓谕人民请鉴核》，北京市档案馆藏档案，北平地方法院检察处，J174-1-243。
② 《高等厅另律师代书词状应署名盖章违者提付惩戒》，北京市档案馆藏档案，北平地方法院检察处，J174-1-251。
③ 《北平律师公会关于秋季谈话会情形报告》，北京市档案馆藏档案，北平地方法院检察处，J174-2-165。

三 "非律师"和"黑律师"现象

清末民初伴随社会转型的进程,因为国家立法的制度推动,律师从无到有,以崭新的执业形象活跃并繁盛于民国社会生活。民国律师业的发展,在一定程度上保护了当事人的权益,有利于规范社会秩序,普及法律观念,对促进社会进步和经济发展都起到积极作用,给当时社会带来诸多新气象。然而在民国时期,无论是国家制度还是民众意识层面,都没有真正确立法治原则。就律师体制而言,依然存在诸多不足,导致律师业发展过程中出现种种弊端,其中既有司法环境不良的因素,也有律师队伍自身不纯洁问题,律师业高尚的职业热忱没有得到普遍、持续的坚持。同时,困扰民国律师业的"非律师"和"黑律师"现象,成为无法逝去的旧残留。

民国初年,"民主、共和、法治"已经得到社会的一致认同,文明、进步的发展大趋势已定。以司法独立为主要标志的新式审判机制和律师制度,在中央和各省设立的新式法院中开始适用,清末修律即创设的律师制度在民国时期得以继续推进。民国各时期政府公布的《律师暂行章程》《律师章程》以及《律师法》等法案,均有关于律师职业资格的明确规定,不仅于制度层面确立了职业律师的合法地位,也促进了民国法律服务群体渐趋规范。在上海、北京、天津这样的大都市,传统讼师已逐渐失去赖以生存的客观条件,但在未建立新式法院的广大地区,因为前清制度的遗留,传统的司法行政合一模式依然占主导地位,实际上,律师制度和观念并没有完全融入民国时期的基层社会和普通民众中间。民初法制的漏洞和司法的种种弊端,也使律师群体受到了其他非律师身份者的执业干扰。因为律师入行资格的限制,将大批无专业背景的人挡在律师门槛之外,传统讼师没有机会合法转换身份,于是在民国司法活动中,开始出现"非律师"和"黑律师"现象。

北京市档案馆所藏民国年间的司法档案有"非律师"这个特殊的称谓。民国律师的话语表达中,用"非律师"来指称那些没有取得律师资格证书、尚未加入任何地区的律师公会,却在从事诉讼或非诉讼代理的人员。律师业出于维护自身职业地位和利益的目的,对"非律师"

的执业行为颇有微词，坚决呼吁政府予以取缔。民国时期"非律师"现象存在无疑，但"非律师"能否成为一个确定的概念，根据目前可见的文献资料，仅 1922 年的《日本律师法修订委员会之重要决议》中有"非律师"的提法，该决议第二条规定："非律师不得就他人之间之纷争以处理属于律师业务范围之事项为其职业，但有充当律师资格者不得索报酬因公益而处理本项所揭事项者不在此限。"① 民国时期的相关律师法规中，都未见到"非律师"的官方表述，而是频频出现于律师和法界的话语表达中。张知本曾撰写一篇名为《法制国家律师之地位》的文章，刊载于《东方杂志》，提到"若以非律师而为诉讼代理人，法院斟酌其情形，得以裁定禁止之而已"②。按照民国时的法律规定，诉讼当事人（尤其是民事诉讼），可根据自己的意志选任代理人，这个代理人可以是律师，也可以是"非律师"身份的其他人士。这就不排除一些不具有律师身份的人作为民事诉讼代理人出现在法庭上，而法院不能无故拒绝"非律师"人员的代理活动，所以允许"非律师"人员出庭。但关于代理人的界定是含糊不清的，当事人既可以自己出庭，也可以由其亲朋代理，民国立法给"非律师"从业者提供了可能。一直为中国传统社会提供法律服务的讼师（或者兼职讼师），客观上有了生存可能，于是不少讼师从旧衙门到新法庭，成为"非律师"。

前文提及北洋政府曾强制推行"律师代书词状署名"制度，严格监管律师的执业活动，其推行政策的出发点正是基于对旧时讼师一贯"唆讼"的否定，这无疑混淆了律师与讼师的本质差别，直接导致国家体制对"非律师"身份认定的模糊。民国时期，政府一方面加强对律师的管理，限制律师的执业活动；另一方面，又允许"非律师"代理诉讼，且不采取有效控制。既然制度允许"非律师"可以代人撰写词状，那么律师为何必须在代书词状上署名盖章。"非律师"在民事诉讼领域的活动空间反而要比律师自由得多，"非律师"不需要署名盖章，不必填写住址职业，即便有署名，也多以"自撰""卖卜""庸书"等敷衍。这些代书词状很可能就出自一直没有退出法律服务行业的讼师之

---

① 《日本律师法修订委员会之重要决议》，《法律评论》1926 年 12 月，第 180 页。
② 张知本：《法制国家律师之地位》，《东方杂志》第 33 卷第 7 号，1936 年 4 月 1 日。

手，在旧日官府追查词讼代书人时，"卖卜"人（算命先生）正是最后逃避责任的办法，因为江湖上的"卖卜"人行踪不定，难以查证。民国时期的"非律师"活动实际上处于无序的混乱状态。从讼师到律师，中国社会的法律服务群体经历了从传统到近现代的转型，但传统的力量依然以其巨大惯性维持着现实生存。

对于民国时期的"非律师"活动，律师们颇有微词。民国律师界在向地方法院检察处递呈投诉时，对"非律师"的活动大加斥责。如，一些"非律师"撰写的词状缺乏基本法律常识，以至于不被法院受理；还有的"非律师"冒用律师名义，代书词状骗取公费；还有更严重的，"非律师"利用当事人的无知，"不顾呈状之真相，徒以贪图薄酬，不惜饬词声听，常致因伊等所撰之状词，而使案件节外生枝，转昧事实真相"①。让律师业更为气愤的，"'非律师'用种种卑污之法妨害同人营业，损坏同人名誉，凡同业者莫不切齿"。这样的情形如不禁止，长此以往不只当事人受蒙骗，对于审判程序也有很大阻滞，并且"非律师"的执业会玷污法律服务业的声誉，使律师职业受损。律师马德润认为，法院应做出规定，"非律师"撰状必须签名盖章。因为法律上对"代理人"界定不明，因此唯有法庭事先调查当事人与代理人之间详细情况，才能彻底取缔"非律师"②。律师游桂馨提出取缔"非律师"的具体办法：将原名单抄录送厅，请求照单拘传治罪；照相存厅，以备考察；各状纸非由律师盖章，不能投递。③

1927年5月，北京律师公会将那些以代理诉讼为常业的"非律师"开具名单，呈交北京地方法院，请为查照。④ 次年7月将204名律师印鉴交付北平地方法院用以鉴别，力促司法当局对于收受的各种诉状，非由律师署名盖章不发生效力。在律师的一致呼吁之下，"非律师"作为

---

① 《律师公会呈请布告对于非律师撰状人应令其署名签押以便稽查》，北京市档案馆馆藏档案，北平地方法院检察处，J174-1-269。
② 北京律师公会会长马德润在1926年5月15日常任评议员会上发言，北京市档案馆馆藏档案，北平地方法院检察处，J174-1-268。
③ 北京律师公会评议员游桂馨在1926年5月17日常任评议员会上发言，北京市档案馆馆藏档案，北平地方法院检察处，J174-1-273。
④ 《河北高院奉转司法部为复验律师登记簿的训令》，北京市档案馆藏档案，北平地方法院，J65-3-436。

民事诉讼代理人被法律明确禁止。但禁止"非律师"活动的规定实施不久,一些"非律师"又开始聚集在法院周围,他们频繁出入法院,与法院的法警等人员交接,拉案源,律师们形容这些"知识既然浅鄙,人品亦极卑污,状纸上并不署名盖章,亦不填写住址职业,甚至伪造证据,设局敲诈,种种违法行为,实足以妨害审判之进行"。京津一带有一些所谓的"盖章律师",他们长年在法院周围活动,或者干脆在法院周围的旅店租赁一个单间,挂上牌子就开始营业,主要就是给诉状盖章,有"非律师"代理诉讼时,就去"盖章律师"处盖章,有了律师的署名盖章,法院就不能驳回了。"非律师"和"盖章律师"的合作,颇类似往昔讼师与代书人的交易。

依据北京市档案馆馆藏"北京律师公会呈报北京地方法院的'非律师'人员名单",北京地区的"非律师"的执业范围主要是代理民事诉讼。"非律师"的身份也多有不同,有前法庭人员、学校学生还有公职人员。他们"招摇撞骗、包揽词讼",频繁出庭代理,诈取钱财。因为他们经常制造讼害,被社会公众视为"不法流氓"。律师界为维护职业信誉,将公众对律师的负面评价直接归咎为"非律师",在向北京律师公会递交的"非律师"活动陈述中,将其归于昔日讼棍行径,其中一名叫齐体仁的"非律师",被直接称为"京城著名讼棍"[①]。

民国时期在司法体制边缘活动的法律从业人员,还有所谓的"黑律师"。在不少关于民国时期司法实况的记述和回忆录中,都提到"黑律师"。有一些本身并不具备律师资格,或虽然有资格,但未履行登记手续的人从事律师业务,对这些实际上属于非法执业的人,当时被称为"黑律师"。民国时期京津一带法院一直有"黑律师"活动,30年代末期,在天津各法院频繁活动的"黑律师"达300人左右。迫于无奈,当时由天津律师公会组成"黑律师临时调查组",专门就"黑律师"进行调查,发现登记在册的"黑律师"就有241人。

如何防范"黑律师",是困扰民国律师业的一个大难题。"黑律师"利用各种法律漏洞,承揽案件,欺罔当事人,还利用各种社会关系(包

[①] 《河北高院奉转司法部为复验律师登记簿的训令》,北京市档案馆馆藏档案,北平地方法院,档案号:J65-3-436。

括一些法院、警察局官员关系，甚至黑帮关系）干扰正常的司法秩序，也严重破坏了律师的形象。如何处理"黑律师"又无章可循，以至于"黑律师"势力越来越大。民国社会出现"黑律师"现象，有其必然性，民国司法体制的不健全，传统的人为因素从未根除，而社会上的帮派团体又支持一些"黑律师"，甚至司法机构中任职的黑帮成员内外勾结，更加助长了"黑律师"的嚣张气焰。

如何看待"非律师"与"黑律师"的关系？"黑律师"属于"非律师"人群之一，是"非律师"中更为豪横的流氓，所谓的"不法流氓"是"黑律师"无疑。"黑律师"之所以"黑"，一是因为他们没有取得合法的身份，其执业不能正大光明；二是因为他们与黑社会帮派勾结，甚至有些人就是青洪帮成员；三是他们欺蒙良善，诈欺钱财，唆讼闹事，其行径黑帮作风。这些被名为"黑律师"的出现，导致了非法身份与合法身份竞争业务问题。一方面与律师资格的限制有关，民国时规定律师考试制度，但是名大于实，律师从业者主要是通过免试、甄别或所谓检核途径进入律师业，一批已经具备一定法律知识和能力者，有心从业却不能通过正常路径获取律师资格进入律师队伍，由此导致旁门左道的"黑律师"滋生。另一方面，与社会动荡、司法黑暗的现实也不无关系。非法定身份者从业后，不受有关律师法规约束，缺乏行业组织监督，司法机构也无法有效监管，这些人不规范行为居多，渐渐形成黑势力，既严重损害了律师的社会形象，也阻碍了民国司法体制的正常运作。

"黑律师"活动嚣张不只让人厌恶，有时候也给他们自己惹来祸端。前文提到旧天津青帮分子佟海山的姐夫就是当地有名的"黑律师"，他在佟海山与评剧名伶小白玉霜的案子中，挑词架讼，利用媒体肆意虚构事实，攻击在纠纷中出面调停的天津警备司令部官员白世雄，事态扩大超出当事人预料，白世雄恼怒之下，将佟海山的姐夫深夜从被窝里拉出来扔进了海河。

受资料局限，目前尚无法求证解构出"非律师"（"黑律师"）的具体构成，也无法判断他们是否就是昔日的讼师。但可以确定无疑的是，律师制度施行之后，这些人依然活跃在体制边缘，对当时的律师执业造成极大干扰。民国时期"非律师"的活动与传统讼师显然存在差别,但包揽词讼的表现可算是共同的形式特征,"非律师"("黑律师")和昔日的讼师,只是称谓上的"新桃换旧符"罢了。无论称之为"非律师",还是名之为"黑律师",究其实质都是指那些没有合法身份,却在以法律为营生的地下法律服务者,他们与传统讼师具有明显共性,都是游离于正式体制之外,以非正式身份实际执业的人。时至今日,这也是中国的特有社会现象,一种法定制度边缘必然出现灰色的模糊地带,滋生一些模糊身份,有些"非律师"可能就是原来的讼师,有些可能是新滋生的从业者,这些人游弋在体制边缘,适应力极强,总是以极其灵活的方式找出解决实际问题的办法,几乎无法根除这类人群的活动。

第三节 思考与困惑

一 "兴"与"灭":舍旧立新的取舍与判断

从讼师到律师的转型,是清末变法修律催生的直接产物,没有传统因循,而是从无到有,创设了完全崭新的新式制度。晚清政府在"仿效西方法律,固守中国法统传统"的立法思想指导下,完成了对中华法系的改造,修订了一系列带有西方色彩的法律法规。清末新政中,地方设立了咨议局,中央设立了资政院,代表地方利益的新兴士绅阶层已经初具形态。那些昔日依附地方权力的"讼师"群体,本可以有机会施展主张和本事,实际上却没有在士绅权力张扬和法制近代化建设的过程中获得任何一点好处。律师作为一个崭新的社会群体,瞬间出现,在中国传统社会长期活动的讼师,忽然间消失,"律师兴、讼师灭",就如外科手术一样的切除和重新移植。

在传统司法变革前,讼师不在官方体制秩序范围之内。新式制度创设和构建,讼师还是没有被考虑进去,依然被排除在国家司法体制之外。清末修律大臣的取舍与判断态度,决定着讼师的命运。清末选任的两名修律大臣,其中一位是熟谙中国律例的沈家本,另一位是熟悉西方法律的伍廷芳。清廷对修律大臣的选任表明了"参与中西"的修律态度,朝廷寄希望他们的组合可以实现"吸收世界大同各国之良规,兼采近世最新之学，而仍不戾乎我国历代相沿之礼教人情"①，达到仿效西方法律优良并固守中国传统法统的变法目的。关于律师制度的创设，明显与修律的指导方针看起来不一致，并没有考虑"参考古今，博稽中外"的原则，而是直接移植西法，引入律师制度，培养新式法律人才，完全没有考虑原有的讼师。伍廷芳曾给朝廷上呈了一道奏折，奏折中表明了引入律师制度的必要性："夫以华人讼案，借助外人辩护，已觉扞格不通，即使遇有交涉事件，请其申诉，亦断无助他人而抑同类之理，且领事治外之权因之更形滋蔓，后患何堪设想。拟请嗣后凡各省法律学堂，俱培养律师人才，择其节操端严，法学渊深额定律师若干员，卒业后考验合格，给予文凭，分拨各省以备办案只用。"② 这份奏折透露出修律大臣创设律师制度的两个理由，一是维护本国国民的权利，二是控制治外法权的进一步扩张。律师制度作为西方舶来品的引入，正是为了治外法权的收回。律师制度是清末法律变革的历史产物，创设律师制度是迫于外力压迫的功利性选择，清末司法改革是历史性的重大变革，必须有巨大的推动力。但实际上，却是迫于外力被动激发出变革动力，不是由内自外的自发而起，更不是明确地自觉，没有遵循规律进行推进，因而谈不上科学设计、严谨论证，是迫于外力压迫的复杂因素促成的结果。现在看来，很多做法违背了事物的通常发展规律，正因为治外法权收回的功利性目的，自我变革动力明显不足。

清末创设律师制度的舍旧立新态度是值得思考的。讼师一行长期处于传统社会的法律生态边缘，虽然官方对讼师身份从未正式认可，对于讼师的态度更多的是严厉打击和控制，但不可否认，讼师在中国传统社会生活中长期存在，在民间发挥着重要的助讼功能，基于广泛的客观的民间需求，讼师一直保持着顽强的生命力，至清末已经颇具社会影响。可以从以下几方面分析讼师在传统社会具有存在的必然性与合理性。

其一，讼师的存在与一元化的社会结构有关。中国传统社会是政治至上、权力本位的一元化社会。正如清末学者顾家相在《中国严禁讼师外国重用状师名实异同辨》一文中所说，讼师与律师职责相似而境遇不

---

① 沈家本等：《奏进呈刑分别草案析》，《大清光绪皇帝新法令》第20册。
② 丁贤俊、喻作凤编：《伍廷芳集》（上册），中华书局1993年版，第280—281页。

同,是因为中国与西方政权中心不同。西方注重民权的伸张,保护个人自由,因而律师制度发达。中国注重君主权力,严禁对君权的侵凌,弱小的百姓需要借助他力与象征国家权力的官衙相抗争。退一步讲,传统百姓可以没有权利意识,却有基于人性需求的说理愿望,到了衙门,有理没理总要表达出来,这也是为什么官府一再禁止,而讼师在民间却颇受欢迎的根本原因。

其二,讼师的存在与传统的法律思想不无关系。按照杨鸿烈先生的说法,中国法律思想的发展可以划分成这样几个阶段:萌芽时代、儒墨道法诸家对立时代、儒家独霸时代、欧美法系侵入时代。其中儒家独霸时代最为长久,从公元前 2 世纪到 19 世纪末 20 世纪初,延续 2000 余年。[①] 中国传统法律思想是以儒家思想为核心的思想体系,因此古代的司法审判和调解,往往以儒家的情和礼作为审判依据,因此就使审判结果具有较大的自由裁量空间,于是衙役、胥吏以及讼师们才有了活动的空间和机会。

其三,讼师的存在是以刑为主的法律体系下的当然。自春秋战国法家思想崛起,以刑为主的法律体系逐渐形成,秦亡后,法家思想不再是社会主流思想,但中国传统法律儒表法里的特征已经非常明显。"这样的法律体系由于其法制内涵中不存在契约的内涵,漠视民众的基本权利,因而只能沦为统治者手中的工具,其法律基本听从权势的摆布,甚至任其玩弄和实施暴虐。"[②] 如此情况下,老百姓在不得不打官司的时候,为求自保,只好向熟悉法律的讼师寻求帮助。

其四,讼师的存在属于传统诉讼制度下的必然。中国古代诉讼基本上采取书面主义,特别是唐代以后,除了杀人、放火、强盗一类,不允许口头告诉,书面诉状对于案件的审理起着决定性的作用。随着讼案数量的增多,法律对诉讼文书的规定也渐趋严格。正如俗语所言,"无谎不成状",若如实陈述案情、文字表达过于质朴老实,这类告诉往往得不到受理,所以百姓只好找擅长刀笔的讼师代写诉状。在案件受理后讼师的作用也是重要的,他们有广杂的人脉资源,不只在民间,还包括在

[①] 杨鸿烈:《中国法律思想史》,中国政法大学出版社 2004 年版,第 5—11 页。
[②] 王立民:《中国法律与社会》,北京大学出版社 2006 年版,第 87 页。

官府，民间的积累帮助他们扩大了案源，官府的沟通提高了他们的执业声誉，讼师与衙门、胥吏打交道，可以便捷地了解案件进展，这些都是寻常百姓难以做到却又实际需要的。讼师构成有未仕的生员、胥吏、幕友，其中出色者甚至有比官员更专业的法律素养，在当时的诉讼制度下，普通人如果不得不涉足诉讼，没有讼师的帮助是非常困难的。

如本书第四章关于"讼师的民间需求"部分所述，清末讼师实际承担的使命非常复杂，地方民众向有能力的民间"权威"求助，讼师无意中出头充当了维护地方利益和民权的角色。清末司法改革前，传统社会的讼师活动处于相互矛盾的两种力量对抗中，一方面，是民间日益强烈的助讼欲求，另一方面是官方一贯明确的严格压抑态度。讼师必须在这样特殊的执业背景下寻求平衡和生存。在传统社会关系中，讼师与地方官员之间更多地表现为矛盾与冲突。如果把讼师的助讼、健讼行为放在基层社会结构中看，就可以发现其也体现出对权利的诉求。讼师为事主落刀笔，百般谋划，为牟利，也是为了体现自我价值。实际上，讼师充当起民间私权与官府公权相抗衡的力量，有不少资料记载了讼师对抗苛刻不仁的官吏、保护弱势民众免遭强势侵害的事迹。从讼师参与的许多案件看，他们已经开始承担着解决地方冲突，并提供其他法律服务的责任。虽然从全国范围来说，清末的讼师活动还不至于肆无忌惮；但是在经济发达的长三角、珠三角地区，讼师活动在民间已经有了不低的社会评价。清末讼师在民间已经具有普遍的社会影响力。

实际上，清末讼师是以一种前职业身份从事活动，有些近似于英格兰早期法律职业的下层分支的地位。欧洲的这些人群与中国的讼师不同，他们最终成为通向王室法庭的大众渠道，促进了正在王室法庭中进行的诉讼，有助于中央法院争取司法管辖权的优势地位，简言之，这些人是促使国家合法化及成长的一个因素。中国传统社会的讼师却没有这样的地位，他们始终在夹缝中求生存，官方从未考虑促成其合法化，即便讼师在民间取得大名望，也只能在法定秩序的边缘游弋。讼师的生存只能依存民间的需要，而非官方体制的需求，在传统语境下，讼师始终无法取得官方认可的地位和话语权，传统社会的主流阶层对读书人以词讼取财轻视甚至鄙视，加之讼师活动本身往往归于趋利、扰法、害民，这些必然影响官方的认可态度。讼师无意中代表了社会平民的利益诉求，干扰衙门的诉讼，让官府厌烦而憎恶，同时因为大多是下层文人的身份，更遭到官府的贬低和排斥。如此状况下，官府对待讼师的态度是冷酷无情的，他们成为中央朝廷和地方政府都希望严格控制的人群，最终在地下或半地下活动，在民权势弱的大背景下，讼师不会成为官方保护并扶持的社会群体。因为讼师活动的特殊性，在社会矛盾的对立冲突中无法两面逢源，由此必然见罪于官府，民间对个体讼师的评价越高，与官方评价差异越大，越可能催生当权者的反感，更会加重官方对讼师一行的厌恶，从而成为讼师执业合法化的逆向阻碍。到了清中晚期，累案积压现象严重，为了应对上级苛责，官吏们往往将之归咎于讼师和不安分的刁民，讼师被地方官员视为一切不安定的根源，这样的认识，对于讼师命运必然产生直接影响。

早于清末修律之前，外籍律师在华租界地的实践活动，已为中国律师制度的创设提供了最直接参照物。西方舶来品的律师制度，对于国人是陌生的，清末修律大臣的制度设计里，学习西方法律之良规属于当然，这是为应付外力压迫、收回治外法权的有效措施，如伍廷芳等接受西方思想的有识之士看来，律师制度的出现也是有利于保护人民权利的。西方律师制度的种种好处被朝廷注意到了，然而传统讼师的客观作用却完全被忽视，清末修律的制度设计者显然没有对讼师与律师分殊细加考虑，没有考虑讼师的客观存在属于"天朝国情"，没有"参与中西"，而是简单干脆地舍旧立新。"律师兴"除了完成其功利性的任务，还直接促成了"讼师灭"。晚清的修律大臣虽然意图革新，但对待传统国情的立场，不是考虑百姓需求，而是依据正统官家立场，容易"惹是生非"的讼师本就不被官方承认，其生存与否自然不必考虑，讼师的命运无须官家费神，因为在他们眼中，讼师的存在本身就是困扰司法的积痼，是传统的病灶，讼师从来是朝廷的祸患。

还有一个现象是值得注意的，当晚清政府初创律师制度之后，相关诉讼法立法草案交付各地督抚大员议定时，遇到阻碍而搁置，但随后清廷推出的《法院编制法》却视律师制度为当然。就清末创设律师制度整体进程而言，新事物未受太多质疑和阻碍，就被清廷上下接受了，这恰好证明在司法改革进程中律师制没有被重视。由此说明几个问题。其一，清末处于内忧外患的困境中，朝廷上下疲于应付危机。清末律师制度构筑设计过程中，对于许多具体问题无暇顾及，律师制度在司法体制中的突兀规定，反映出基于催生律师制度的内在动力严重不足。其二，清廷上下都认为律师制度是一个非主流问题，在中国传统体制下不会得到重视。其三，律师制度创设草率、仓促。清末简单移植了西方制度，其创设初衷带有功利性，导致国家对律师的职业期待不高。国内学者曾指出，无论"大传统"（朝廷、精英话语），还是"小传统"（民间记忆），对"讼师"的评价几乎是一边倒的负面，以致之后现代律师因为职业功能的相似性，而备受污名所累。

清朝末年即开始律师制度的酝酿、筹设，包括出国考察、舆论关注、起草法典草案并下发组织讨论等清廷修律大臣关心的重点，不是论证制度的科学性、合理性，而是通过重新确立包括律师制度在内的司法体制，进而收回领事裁判权。正因为过于仓促草率，必然产生排异反应，一旦触及统治阶层（权力阶层）利益，就会大打折扣。直到清朝灭亡，律师制度和其他诉讼制度一样都是流于形式，并没有真正建立，自始即先天不足。

百年前，如何面对本土化改造并借鉴西方经验就是个历史命题，清末的司法变革，也是促成讼师身份合法化的契机。但晚清政府选择了直接移植西方舶来品，西方律师制度被直接移植进中国的司法制度，这一过程中，忽视了讼师在传统社会生活的客观存在和现实作用，讼师从此自生自灭，最终走向了历史终局。其中原因，固然有外力压迫下的功利性选择因素，但更重要的是，因为讼师长期的弱势地位和否定性社会评价，从而导致讼师一行天然地不在官方视野之内，没有考虑将讼师纳入新体制之内，没有给讼师的传统角色转化提供任何制度的空间。

任何"兴"与"灭"之际，都不可避免地存在新旧交集，最终讼师消逝的轨迹耐人寻味，律师的发展现状也让人困扰。中国近现代构筑的律师制度，形式上在逐步推进，但是因为缺少扎实的法治土壤，其发展道路始终注定曲折而艰难。

二 从"高尚职业"到"营业职业"：律师职业精神确立与养护

民国时人云，律师"在社会上亦即为一种最高尚之职业，非其他职业之可能比较"①。据《曹汝霖一生之回忆》一书记述，袁世凯曾问曹汝霖："何必做律师，律师不是等于以前的讼师吗?"曹汝霖回答说："律师与讼师，绝对不同，律师根据法律，保障人权，讼师则歪曲事实，于中取利。"

曹汝霖是清末官费派到日本留学的高才生，执律师业前一直在北洋政府高层任职，他基于自己的理解，将讼师与律师的作用划清界限。他的解读未必准确，但可以反映当时对讼师的普遍认识，也代表了早期律师从业者的自我职业定位。民国早期的大律师对于律师的职业性质和职业使命大都有着比较明确的认识，强调"非以营利为目的"，以此区分律师职业与普遍商业的不同，"律师业务之性质，既非营业，故不能专以营利为目的，其地位自与普通之工业家农工业家商业家不同""律师基于法律而拥护正义保护弱者，为名誉职业之一，与其他一般职业迥异其性质""富贵不能淫，威武不能屈，为律师应具之精神";②"保护人权"是律师的"天职"，"盖夫律务，并非营业，保障人权，是其使命"③。

著名社会学家费孝通曾说："在乡土社会，一说起'讼师'，大家就会联想到'挑拨是非'之类的恶行。做刀笔吏的在这种社会里是没有地位的。可是在都市里，律师之上还要加个大字，报纸的封面可能全幅是律师的题名录。"④ 随着民国律师业的发展，人们渐渐发现，律师之上加一个"大"字的，满眼皆是。中国从未曾有过"大律师"这样的正式称呼，"大律师"一词源于英国对律师传统的分类，简而言之，英国将经法院审核可以出庭诉讼的律师称作大律师，只能办理非诉业务的律师称作小律师。这一名称传播到中国之后，国人眼中，大小律师当然有高下之分，没有律师甘居为"小律师"，一时坊间"大律师"遍地，更有人在大律师前加了"优等"的字样。国人对于大律师充满期待，但许多大律师只是人前高举"人权保障"大旗，以

---

① 沈国明、何勤华主编:《上海律师公会报告书》，上海人民出版社2021年版，第138页。
② 刘震:《律师道德论》，第27、71页，1926年。
③ 余树伟:《律师实践笔记》，《法学月刊》第1卷第1期，1934年1月。
④ 费孝通:《乡土中国》，生活·读书·新知三联书店1985年版，第54页。

维护"正义、法治"为宗旨，不少人渐渐背离了最初的职业使命，基于高尚目的之职业使命和职业精神逐渐模糊不清。人们渐渐发现，律师一行不尽然都是高尚的，"保障人权"只是成了幌子，律师职业成为谋生的手段，正如律师刘震所言："高尚的职业，一落而为'法律的营业'。"①

民国女作家苏青笔下刻画了上海十里洋场的律师，他们穿西装、住洋楼，做着现代职业，却嗜钱如命，"随便什么人请他帮些忙，他总要考虑到钱；没有钱的事他可以说决不肯干，不过敷衍得相当好，使人家不会怪他"，同人家所计议的，"似乎都是歪曲事实来迁就法律条文的，而且当然谁给你钱便须尽力竭智的替谁去卸脱己过或陷人于罪"，这些人的律师哲学，是："应该帮着欠债者使其不必还账，杀人者使其不必偿命，否则还要出钱请我们做律师的干吗？"② 其实"高尚的职业"原本是律师一种自我设定的角色期待，从"高尚的职业"成为"法律的营业"，不算是职业堕落，是非常现实的也是客观的职业定位。但在民国社会没有形成普遍的法律信仰、法律权威和法律尊重的情形下，以法律为"营生"的职业，对许多人而言就意味着社会地位的降低，根本无法获得职业的成就感和尊荣感。

民国时期著名法学家吴经熊的自传《超越东西方》一书中，表达了他做律师的真实感受。吴经熊在美国获密歇根大学法学博士学位，他曾在东吴大学任教授，被时人尊称为"吴博士"，1927年被江苏省政府委任为新成立的"上海法院"的法官。1930年他决定当律师，"这是我生平最好又最坏时期的开头，这段时期从物质上说来是最好的，从灵性上说是最坏的"③。当时的上海人都知道吴经熊是深谙法律的大法官，一听说吴法官自己开业了，蜂拥而至，争当他的客户，仅在开业头一个月，吴经熊就收到了四万多两银子（相当于四万美元）！一个月内赚的钱比他当法官和教授加起来都要多。但是这样的生活带来的物质享乐，给吴经熊带来的并不是满足，而是心灵的困惑。用吴经熊的话说，继续

---

① 刘震：《律师道德论》，商务印书馆1934年版，第90页。
② 苏青：《结婚十年》，江苏文艺出版社2009年版，第191—192页。
③ 吴经熊：《超越东西方》，周伟驰译，雷立柏注，社会科学文献出版社2002年版，第143页。

赚可观的钱，而每晚"花楼"晚会的应酬，让他"变成了一个不折不扣的花花公子"，即使是想起那些日子"也能闻到一股地狱的气息。在此期间，我一直对自己极为不快，对自己不满意，我却不能够将脚拔出淤泥"①。

这种失望和困惑与先前吴经熊当大法官时的热情和骄傲形成了鲜明的反差。"1927 年是我公共生活最快乐的一年。我的裁决得到中外报刊的良好评价。我感到，我正在用自己的法学观点塑造中国的法律。"②一家美国报纸报道吴经熊审判的案件，标题是"所罗门王坐在审判席上"（"Solomon Slits in Judgment"）！一家中文报纸则干脆称他为"吴青天"。在经过了近四年"最好也是最坏"的生活后，吴经熊结束了他的律师职业生涯，并皈依天主教。如吴经熊所言："生而为我这一代的中国人，便意味着要冒数不尽的生死之险。风气与意识形态一直以如此灼热的迅疾演变着，以致有时我一直被旋风夹裹，从未立足于坚实之地。鸟有归巢，树扎根于土，我的心可在何处休憩？"③

当民国律师从"高尚职业"成"营业"职业时，新兴法律知识分子陷入职业使命感的困惑是完全可以理解的。杨荫杭曾表示过"当初学法律，并不是为了做律师"，他觉得做律师很难尽是"保卫孤弱者的权益"，多是"帮人吵架"，"当律师仍是为糊口计"，因此他自己不爱律师职业，甚至反对女儿学习法律。④ 律师自身都对自己的职业有不良的感观和认识，又怎么能期待普通社会大众对律师业充分信赖。民国律师刘震认为，民初法治环境的恶劣，与民初律师职业处境不无关系，"民国肇建，品年内战，百政废弛，大法未立，律文不全，司法独立徒具虚名，据此现状之下，而侈口谈法，畴不笑其迂。律师所持以为事业之根据者，法也，法而无灵，则所谓保障人权、维护正

---

① 吴经熊：《超越东西方》，周伟驰译，雷立柏注，社会科学文献出版社 2002 年版，第 153—154 页。
② 吴经熊：《超越东西方》，周伟驰译，雷立柏注，社会科学文献出版社 2002 年版，第 129 页。
③ 吴经熊：《超越东西方》，周伟驰译，雷立柏注，社会科学文献出版社 2002 年版，第 4 页。
④ 杨绛：《回忆我的父亲》，载《杨绛作品精选·散文》，人民文学出版社 2004 年版，第 82、92 页。

义，亦已失其凭依"①。石志泉也认为，民国时人们不信赖律师，是由于"国政尚未臻于法治"，律师又流品太杂，"恶草害稼，恶马害群，社会不察，遂疑操是业者悉颠倒黑白舞弄文法之徒"②。

民国时期不良的司法环境，社会各界对律师职业性质的误解，以及律师从业者本身的问题，致使中国律师业的发展陷入了困境。天津的张家尘律师为了"使世人了然于律师制度之利益及其重要"，试图改变"社会蔑视律师之心理"，专门著写《律师要术》，指导律师执业，作为"拓展律师事业之基础"③。律师作为新兴的职业群体，其向社会提供的法律服务本就是专业服务，最早期律师的从业者多具有良好教育背景，是社会精英人物，这些人对于自身职业的期许很高，当"高尚职业"沦为"营业职业"之风渐起时，他们并不情愿接受这样的局面。如果律师职业被视为"营业"的行业，仅为"谋生""糊口"，这岂非与传统社会的讼师成为同类！又何谈新人物，何谈新气象。

1934 年，民国政府司法部针对一些律师在执行职务过程中不能积极履行职责，专门发布《整饬律师风纪通令》，该通令以"强词夺理""挑唆诉讼"等词句描述律师行为，一方面说明官方对律师职业的曲解及歧视，但该通令所列举的律师"漠视职责与德义"种种，确实从另一个方面反映了当时律师业的严重不足。失去"高尚"职业定位，而沦为"营业"之"法律职业"，律师的"营业职业"极可能堕落成为牟利而不择手段。律师接受当事人委托，为当事人提供法律服务，因为业务需要，律师必然对当事人所委托事项，包括财产买卖、商业纠纷、遗产继承等细节多有了解。民国时期虽然法律有规定，律师不得因职务之便而侵损当事人权益，包括不得收买当事人间所争之权利，但实际上，民国一些律师却利用身份便利，采取种种不法手段，侵损当事人权益，为自己牟利。有天津律师李某因代理一桩离婚诉讼，借机插足当事人之间的婚姻关系与财产关系，经天津律师公会声请并经律师惩戒委员会审查，被开除律师公会会籍，取消律师资格，失去"高尚"职业使命定位的律师，极容易被视为传统讼师穿上新装。

---

① 刘震：《律师道德论·自叙》，1926 年。
② 刘震：《律师道德论·（石志泉）序》，1926 年。
③ 张家尘：《律师要术·序》，教育印书处，1919 年。

民国时期法律业初兴，律师为"法律职业"，但何为"法律职业"应该具备的职业精神，普遍还是缺乏认识。如前文庞德在《古往今来的律师》中所言，律师作为一种专业，必须包括三要素：专业公会、专业知识和为公众服务的精神。① 民国律师界的种种新气象，已经初具法律精神萌芽，如民国律师积极参与支持政府收回治外法权运动，其中有律师基于自身职业利益的考虑，但是通过律师公会的不懈努力，还是可见民初律师对职业精神的坚守：在中华民国律师公会号召之下，各地律师公会如青岛、江宁、天津、吴县、上海等地相继成立扶助会，在社会上一时引起强烈反响，天津《大公报》发表社论赞誉贫民扶助会的成立，为贫民排忧解难，是"律师界维护人权服务社会之精神"的体现，"值得国人嘉许"②；在国民党强权控制下的法庭上，名律师章士钊为共产党员陈独秀精彩辩护；大律师吴凯声、刘崇佑等人不惧压力，冒着极大风险，为爱国人士、学生无罪辩护，他们不只是大义大智大勇，更为重要的是，这些知名律师在代理案件时执着于法律信仰的坚持；再如，女律师史良、郑毓秀等人自己确定的"维护正义"的从业使命。如此种种，都是中国社会转型阶段萌生出的宝贵的法律职业精神。民国时期社会动荡，律师执业不仅要直面强权政府，还要面对形形色色的社会恶势力。律师张耀曾在上海执业时就遭遇到凶险，有人劝他放弃律师业，他认为，律师的责任就是保障人权，如果无法为弱者说话，岂非律师之耻？"虽知与此种恶势力抗，殊多危险，然职责所在，亦不敢辞。"③

职业精神区别于利己主义与自我膨胀，它唤醒社会的良知，激发人们产生热忱和奉献。"最好的维护职业精神的办法，就是崇尚它，只有崇尚它，才能根植于心，为灵魂所有。"④ 民国初创，律师业展现了种种职业新气象，但因为各种综合而又复杂的原因，民国律师职业精神之"高尚"难以为继。客观上，法律人的"专业"态度又含糊不清，甚至受到旧传统遗留的浓重影响。从 1912 年直到 1949 年中华人民共和国成

---

① See Pound Roscoe, *The Lawwyer From Antiquity to Modern Time*, St. Paul: West Publishing Co., 1953.
② 《律师界的两种运动》，《大公报》1935 年 4 月 2 日第 2 版。
③ 张耀曾：《宪政救国之梦：张耀曾先生文存》，法律出版社 2004 年版，第 112 页。
④ [美] 罗伯特·N. 威尔金：《法律职业的精神》，王俊峰译，北京大学出版社 2013 年版，第 152 页。

立,"高尚的职业"的理想越发渺茫,而"营业"之"法律职业"已经乱象丛生。历史证明,缺乏明确职业精神指引的群体,无论人员知识结构如何之高,如果失去对法治信仰和职业追求,崭新的律师也和讼师一样,不过是以法律为生罢了,不可能期待他们给中国社会真正带来"新气象"。当律师以"高尚职业"成为职业信仰,以"法律职业"为行业自律要求,才能摆脱"营业职业"的种种弊端。做不到这些,从讼师到律师,不过是称呼不同。中国的讼师从有到无,中国的律师从无到有,这一切,都是基于由传统向现代的历史转型,基于我们对现代法治文明的期待。

参考文献

一 中文文献

（一）著作

曹汝霖：《曹汝霖一生之回忆》，中国大百科全书出版社2009年版。

陈同：《近代社会变迁中的上海律师》，上海辞书出版社2008年版。

陈无我：《老上海三十年见闻录》，上海书店出版社1997年版。

陈旭麓：《近代中国社会的新陈代谢》，上海人民出版社1992年版。

丁贤俊、喻作凤编：《伍廷芳集》，中华书局1993年版。

费孝通：《乡土中国》，生活·读书·新知三联书店1985年版。

费孝通、吴晗等：《皇权与绅权》，天津人民出版社1988年版。

傅国涌编：《追寻律师的传统》，北京联合出版公司2012年版。

海上名律师：《新诉状汇编》，上海中央书店1929年版。

韩秀桃：《司法独立与近代中国》，清华大学出版社2003年版。

黄宗智：《法典、习俗与司法实践：清代与民国的比较》，上海书店出版社2007年版。

瞿同祖：《清代地方政府》，法律出版社2003年版。

任拓书：《中华民国律师考试制度》，台北正中书局1984年版。

李启成：《晚清各级审判厅研究》，北京大学出版社2004年版。

李伟编著：《民国官场现形记》，江苏古籍出版社1998年版。

李新、孙思白主编：《民国人物传》，中华书局1987年版。

梁漱溟：《中国文化要义》，上海人民出版社2005年版。

陆林主编：《清代笔记小说类编》，黄山书社1994年版。

罗志渊：《近代中国法制演变研究》，台北正中书局1976年版。

民国春秋编辑部：《民国春秋丛书》，江苏古籍出版社1996年版。

上海档案馆编：《工部局董事会会议录》，上海古籍出版社 2001 年版。

史梅定主编：《上海租界志》，上海社会科学院出版社 2000 年版。

孙晓楼、赵颐年编著：《领事裁判权问题》（上下册），商务印书馆 1936 年版。

唐人：《金陵春梦》，上海文化出版社 1958 年版。

王健：《中国近代的法学教育》，中国政法大学出版社 2001 年版。

吴经熊：《超越东西方》，社会科学文献出版社 2002 年版。

吴鞠亭：《上海租界诉讼指南》，大东书局 1923 年版。

（清）吴麟瑞：《中国四大恶讼师传奇》，高天平编译，中国华侨出版社 2003 年版。

夏东元编：《郑观应集》，上海人民出版社 1982 年版。

谢佑平：《社会秩序与律师职业——律师角色的社会定位》，法律出版社 1998 年版。

熊月之：《西学东渐与晚清社会》，上海人民出版社 1994 年版。

徐家力：《民国律师制度史》，中国政法大学出版社 1998 年版。

徐小群：《民国时期的国家与社会——自由职业团体在上海的兴起（1912—1937）》，新星出版社 2007 年版。

阎志明主编：《中外律师制度》，中国人民公安大学出版社 1998 年版。

于润琦：《清末民初小说书系·侦探卷》，中国文联出版公司 1997 年版。

张国华、李贵连编著：《沈家本年谱初编》，北京大学出版社 1989 年版。

章伯锋主编：《北洋军阀：1912—1928》，武汉出版社 1990 年版。

中国社会科学院近代史研究所（李新、孙思白主编）：《中华民国史资料丛稿》（《民国人物传》），中华书局 1980 年版。

周利成、王向峰主编：《旧天津的大案》，天津人民出版社 2010 年版。

[法] 阿兰·佩雷菲特：《停滞的帝国——两个世界的撞击》，王国卿等译，生活·读书·新知三联书店 2023 年版。

[美] 梅利莎·麦柯丽：《社会权力与法律文化——中华帝国晚期的讼师》，北京大学出版社 2012 年版。

[日] 滋贺秀三：《清代中国的法与审判》，熊远报译，台湾创文社 1984 年版。

[英] 威尔弗雷德·波雷斯特：《欧美早期的律师界》，傅再明、张文彪

译，中国政法大学出版社1992年版。

(二) 期刊文献

陈景良：《讼师与律师：中西司法传统的差异及其意义——立足中英两国12—13世纪的考察》，《中国法学》2001年第3期。

陈景良：《讼学、讼师与士大夫——宋代司法传统的转型及其意义》，《河南省政法管理干部学院学报》2002年第1期。

达理纳嘉、尼安木：《广东律师业的百年之旅（1911—2011）》，《司法改革论评》2012年第14辑。

邓建鹏：《清代讼师的官方规制》，《法商研究》2005年第3期。

侯欣一：《民国晚期西安地区律师制度研究》，《中外法学》2004年第4期。

侯欣一：《清代江南地区民间的健讼问题——以地方志为中心的考察》，《法学研究》2006年第4期。

霍存福：《从业者、素养、才能：职业与专业视野下的清代讼师》，《辽宁大学学报（哲学社会科学版）》2006年第1期。

霍存福：《唆讼、吓财、挠法：清代官府眼中的讼师》，《吉林大学社会科学学报》2005年第6期。

李栋：《讼师在明清时期的评价及解析》，《中国法学》2013年第2期。

林乾：《讼师对法秩序的冲击与清朝严治讼师立法》，《清史研究》2005年第3期。

邱澎生：《以法为名：讼师与幕友对明清法律秩序的冲击》，《新史学》2004年第12期。

孙慧敏：《中国律师制度的建立——以上海为中心的考察（1911—1912）》，台湾《法制史研究》2001年第2期。

吴吉远：《清代的代书与讼师》，《文史杂志》2005年第3期。

吴琦：《近世知识群体的专业化与社会变迁——以史家、儒医、讼师为中心的考察》，《学习与探索》2012年第7期。

谢佑平：《差异与成因：中国古代"辩护士""讼师"与现代职业律师》，《比较法研究》2003年第2期。

徐忠明：《清代诉讼风气的实证分析与文化解释——以地方志为中心的考察》，《清华法学》2007年第1期。

尤陈俊：《阴影下的正当性——清末民初的律师职业与律师制度》，《法学》2012 年第 12 期。

张庆军、孟国祥：《民国时期的讼师》，《民国春秋》1997 年第 1 期。

张庆军、孟国祥：《民国时期的律师》，《民国春秋》1997 年第 2 期。

周瑞芳：《我国的讼师为何没有转化为现代律师》，《中国司法》2007 年第 10 期。

二 其他

《北平地方法院刑事判决案卷》，全国图书馆文献缩微复制中心 2005 年版。

《大清刑事民事诉讼法》，中国人民大学图书馆馆藏印本。

《江苏省政治年鉴》，民国十三年江苏省长公署统计处编，台湾文海出版社影印本。

《司法总长梁启超呈大总统敬陈司法计划书十端留备采择文》，载《东方杂志》第十卷第十二号"内外时报"。

《中华民国法令大全》，商务印书馆 1915 年版。

民国二十四年《申报年鉴》"司法篇"，上海申报馆发行。

上海市文物保管委员会：《上海史料丛编》，上海市文物保管委员会 1961 铅印本。

孙科：《十年来的中国法制改革》，《中华法学杂志》第一卷第二期。

王宠惠：《二十五年来中国之司法》，《中华法学杂志》第一卷第一期。

中国人民政治协商会议广东省广州市委员会文史资料研究会编《广州文史资料》第七辑、第十五辑（内部发行）。

中国人民政治协商会议天津市委员会文史资料研究会编《天津文史资料选辑》第三十七辑，天津人民出版社 1986 版。

后　　记

　　2024年的北京，酷暑难耐，这本书终于完成了最后的修改。对我来说，再用一年的时间似乎也远远不够，尽管如此，本书现有的观点毕竟代表着作者阶段性的研究成果，希望这也是我下一步研究的开始。

　　我是幸运的人，本书的写作完成得益于师长、亲人的帮助，感谢导师霍存福先生和我的父亲、我的爱人。我愿意借此机会，向他们献上我真诚的感谢，还有不能一一提到的挚友，因为他们，我才是幸运的人。

　　本书还有颇多不满意的地方，这样也好，余下的时光就继续如父亲所愿，安心做个读书人。

　　这本书献给我的父亲王凤山。

王　菲

2024年6月